中国版权新问题

——网络侵权责任、Google 图书馆案、比赛转播权

宋海燕 著

商务印书馆
The Commercial Press
2011 年·北京

图书在版编目(CIP)数据

中国版权新问题:网络侵权责任、Google 图书馆案、比赛转播权/宋海燕著.—北京:商务印书馆,2011
ISBN 978-7-100-08296-9

Ⅰ.①中… Ⅱ.①宋… Ⅲ.①版权—研究—中国
Ⅳ.①D923.41

中国版本图书馆 CIP 数据核字(2011)第 057104 号

所有权利保留。
未经许可,不得以任何方式使用。

中国版权新问题
——网络侵权责任、Google 图书馆案、比赛转播权
宋海燕 著

商 务 印 书 馆 出 版
(北京王府井大街36号 邮政编码100710)
商 务 印 书 馆 发 行
北京市白帆印务有限公司印刷
ISBN 978-7-100-08296-9

2011年6月第1版　　　开本 880×1230　1/32
2011年6月北京第1次印刷　印张 12¾
定价:28.00元

序

2010年恰逢我国第一部著作权法——大清著作权律颁布一百周年。然而,由于众所周知的原因,这一百年中出现了立法的断裂。改革开放为我国著作权立法带来了直接的动力和机会。于是,20年前诞生了新中国的第一部著作权法。虽然外国人奉承我们用10年、20年走完了西方人上百年的路,但说句真心话,我始终不以为然。平心而论,我国在著作权立法方面历史毕竟很短,经验不足,现行法律、法规多有尚待完善之处。近日,有幸拜读了宋海燕博士的这部专著,读后的第一反应是,宋博士的大作不仅对于我国今后的著作权立法具有重要的参考价值,而且对于我国著作权执法亦不无益处。

宋博士的专著由三篇独立成章的论文组成。这三篇论文虽然互相之间并无必然的逻辑关系,但都与当前我国著作权制度的建设和著作权保护的改善有着密切的关系。作者以在美攻读数年打下的坚实基础和娴熟的外语功底,通过翔实的案例与资料,不拘泥于理论研究,专从几个实际问题切入,再上升到学术层面分析、论证,最后提出解决办法,是近年来难得一见的比较著作权法佳作。

论中国网络服务提供者侵权责任理论部分虽然以网络环境

为主，但文中所述的侵权责任理论同样适用于传统环境。众所周知，由于历史原因，我国民商立法接近欧洲大陆法系，而欧洲大陆法系国家的民法（例如德国民法典）通常不专设侵权篇，侵权责任散见于各有关篇章。改革开放后，特别是我国建立知识产权法律制度后，国际、外国包括英美法系国家的立法、司法经验传入我国，对我国法制建设产生重大影响，其中有其积极的一面，也有消极方面。消极方面主要表现在英美法系经验的引进打乱了我国长期实行的责任制度。近年来，我国法律人已经认识到这种情况，纷纷著书撰文，逐步厘清了两大法系关于侵权责任规定的关系，但尚未见到系统全面的知识产权侵权责任的比较法专著。该文较系统地阐述了英美法与我国法律概念的异同，虽对我国现行民法制度有所批评，但对学术界及立法人不无借鉴意义。

论中国如何应对体育赛事转播的网络盗版问题部分，直指我国现行著作权法不能解决，但实践中确实存在的重要问题。其重要性主要反映在具有巨大市场价值的体育赛事在网络环境下的转播如果得不到法律保护，不仅投资人的巨额投入得不到应有的回报，而且国家应得到税收也大量流失。不仅如此，"谁投资，谁受益"的市场经济基本规则还将受到破坏，更有悖于政府大力推行的"文化大发展"战略计划。体育赛事与版权保护的关系，或者换个角度讲，体育赛事的经济回报与版权保护的关系，并非任何人都清楚。在此仅以两例说明。本人有幸参与了2008年北京奥运会体育赛事新媒体转播的版权保护工作。据国际奥委会介绍，当年奥运会的体育赛事转播为国际奥委会带来数以亿计的经济收入,占该届奥运会为其带来的总收入的50%以上。而NBA赛事转播的收入,更占其全部收入的70%—80%。当然,如此高额的回报必须以良好的法律环境,其中既包括执法的,也包括立法的环境为条件;否则,便成画中饼,水中月。

从各国版权法合理使用制度的法律实践看中国版权法下的合理使用制度——Google图书馆计划案引发的思考涉及的问题,虽然近年屡见于专著及历届研究生论文,但与之相比,该论文在简介Google图书馆计划案后,将重点放在引进间接侵权、帮助侵权等概念并与我国民法的共同侵权进行系统比较。更具现实意义的是该论文提出更为具体的解决办法:著作权集体管理和补偿金制度,具体说,就是发挥传统著作权集体管理组织的优势,利用其丰富的权利资源,将管理的持权人从会员扩大到非会员,将管理范围从传统环境延伸到网络环境,从而解决数字环境下海量授权引起的难题。对传统著作权集体管理制度的改造与发展,正成为当前发达国家为应对数字技术带来的挑战而选择的一条已见成效之路。我国虽为发展中国家,但在数字时代遇到的版权问题,与西方各国并无不同。正因如此,宋博士论文的实用价值尤为突出。

著作权法是一部调整人与人之间财产权关系的法律。改革开放后,社会上人与人之间的财产权关系发生巨大变化。此外,著作权法从其诞生到今日的发展,一直与科学技术的进步有密切的关系。特别是20世纪后期兴起的计算机软件、数字复制、互联网、数字环境下的技术措施等技术的发明、普及和应用,成为催生和推动著作权立法的重要动力。来自社会和科技这两大领域的巨大变化是重新审视和调整版权领域人与人之间新的财产权关系的最主要原因。宋博士新著的价值恰好表现在与当前人们关心的问题相契合。同时,我也期待一颗新星在中国版权界耀眼灿烂。

许　超

2010 年 11 月 8 日于日内瓦

自　序

本书共分三部分，源自作者在美国加州伯克利大学法学院（University of California, Berkeley School of Law）求学期间撰写的博士论文（JSD thesis）。文章主要涉及中国现行著作权法制度下一些尚存争议的热点问题，包括体育赛事转播的著作权保护、网络服务提供者的侵权责任及著作权法的合理使用制度。本书运用比较法的研究方法，通过对中国著作权法和美国、欧洲的著作权法法律制度及案例的比较分析，探讨了中国现行著作权法律制度存在的问题，并提出了相应的立法改革建议。

第一部分主要论述网络服务提供者（ISP）侵权责任的相关理论。目前，诸多法律领域（如商标法、著作权法）均可导致网络服务提供者的法律责任问题。本文着重阐述了在中国现有的网络著作权法律制度下，网络服务提供者应承担的法律责任问题。随着互联网的迅速普及与发展，网络服务提供者面临将承担由其终端用户的直接侵权行为引致的间接侵权责任的风险。因此，为使得著作权人权利之保护与网络服务提供者责任之限制两者达成平衡，很多国家都制定了限制网络服务提供者侵权责任的法律。通过回顾过去10年间——尤其是1998年美国《千禧年数字著作权法》（DMCA）和2000年《欧盟电子商务指令》生效后——美国、欧洲及其他法域的一些典型著作权侵权案件，介绍了美国及欧洲的网络服务提供者侵权责任理论，并总结出各国法院在认定网络服务提供者责任时普遍考虑的因素。本文第三、第四着重论述了中国著作权法律制度，特别是2006年《信息网络传播权保护条例》，进而通过分析中国法院关于网络服务提供者责任的审判案例，指出中国著作权法在网络服务提供者责任方面存在的问题及不确定因素。本文第五部分则参考其他国家和地区在网络服务者著作权侵权责任中已采用的指纹过滤技术和分级回应政策，对中国现状提出了立法改革建议。

第二部分主要论述了由Google图书馆引发的中国著作权法下的合理使用（"Fair Use"）制度的思考。2004年，Google图书馆计划一经发布就在世界各个主要国家引发了大量关于著作权的诉讼，人们对该计划的争议焦点是：Google图书馆的复制行为是否构成著作权法律允许的合理使用？中国现行著作权法关于合理使用规定的模糊性，再次引发了中国学界对合理使用制度的讨论热潮。本文主要通过考察世界范围内现有的三种"合理使用"的立法模式，即美国所采用的"四要素模式"、以英国为代表的大多数普通法系和欧洲大陆法系所采用的"列举模式"，以及融合英国及美国模式的"混合式"，对中国的著作权合理使用制度的立法改革提出了建议。第二和第三分别讨论了美国由一系列著作权侵权案例发展而来的合理使用原则和四因素分析法，以及普通法系国家和欧洲大陆国家著作权侵权案件中援引的合理使用原则。第四着重介绍了现行中国著作权法律制度中的合理使用原则，并结合中国著作权法第22条关于合理使用行为的具体规定,通过中国不同法院在审判中分别对于第 22 条进行严格解释、多因素分析及其他例外情况的各个案例,分析得出中国法院在审判实务中对著作权"合理使用原则"的适用标准及审判倾向,并基于此分析对 Google 在中国的图书馆计划案可能遭遇的审判结果进行了假设性分析。第五则针对中国著作权法中合理使用条款所存在的问题,结合英美等国合理使用制度之利弊及韩国、台湾地区近期在合理使用制度方面所作之尝试,提出了一系列中国未来在此领域立法改革中可供参考之建议。

  第三部分主要论述了中国体育赛事转播的网络盗版问题。北京奥运会期间,中国政府依据一系列特殊法规规章而非现行著作权法来打击网络盗版,虽然取得了良好效果,但是导致学界对于中国著作权法能否为体育赛事的网络转播提供法律保护仍然存疑。作者的观点是:如果体育赛事的转播节目具备足够的独创性(即符合"以类似摄制电影的方法创作的作品"),则现行《中华人民共和国著作权法》当然可以为体育赛事转播权之法律保护提供立法依据。第二主要介绍了美国、欧洲等地针对体育赛事转播中的网络盗版问题的法律规定及相关案例,并分析了各国法院的应对方式。第三则在中国著作权法语境下,重点分析了该法律中的"广播权"、"信息网络传播权"等术语的含义及来源,并针对中国著作权法对于体育赛事转播的保护现状,讨论了体育赛事是否属于中国著作权保护的作品及体育赛事转播权是著作权抑或邻接权等问题,并就北京奥运会的相关策略进行了评析。第四强调了中国保护体育赛事转播权的重要性,第五则从修改中国著作权法、采用网络反盗版新技术以及协调各国法律这三个方面提出了中国关于保护体育赛事转播权的立法建议。

本书的最后又收录了三项内容，分别是1)中国、美国及欧盟在相关领域制定的法律法规选摘；2)作者组织编译的美国、欧盟的部分经典案例；及3)翻译过程中整理出的数字著作权领域的中英文法律术语对照表。

在此，作者衷心感谢我的导师莫莉-凡郝琳教授（Molly Van Houweling）及中国资深著作权专家许超先生对于本书的内容所提供的专业指导及帮助。同时，作者也要感谢伯克利大学法学院的理查德-巴克斯班教授（Richard Buxbaum）、罗伯特-莫杰斯教授（Robert Merges）、美国版权局的密歇尔-沃兹女士（Michele Woods）、诸位同事及友人鲍波-盖罗特（Bob Garrett）、罗纳德-约翰斯顿（Ron Johnston）、当娜-罗森萨（Donna Rothensal）及我的家人对于本书所提供的建议、反馈和支持。最后，我要特别感谢张庐、卢璐、杨庆琳女士及复旦法学院的同学们将本书翻译成中文所付诸的努力。本书不当谬误之处还请读者指正。

宋海燕

2011年元月于洛杉矶

目 录

第一部分 网络侵权责任

一、导论 ·· 1

二、美国、欧洲的网络服务提供商侵权责任理论 ················ 3

(一)美国 ··· 3
    1. 美国的间接侵权责任理论 ································· 4
    2. 1998年美国《千禧年数字版权法》(DMCA)第512条 ···· 5
    3. 间接责任的认定标准与第512条之间的关系 ········ 6
    4. 美国的网络服务提供商的相关版权案例 ············ 12

(二)欧洲 ··· 19
    1.《欧盟电子商务指令》2000/31/EC ····················· 19
    2. 欧洲近期的网络服务提供商的侵权责任案例 ······ 21

三、中国关于网络服务提供商的立法及案例 ······················ 26

(一)中国关于网络服务提供商侵权责任的立法梗概 ······· 26

(二)网络环境下版权侵权的典型案例解析 ···················· 28
    1. 网络服务提供商直接侵权责任的案例 ··············· 29
    2. 网络服务提供商间接侵权责任的案例 ··············· 29

四、中国现行著作权法制度下网络服务提供商侵权责任的
不确定性 ··· 33

(一)"删除"通知的要求 ··· 34

(二)"知晓"情况的判断 ··· 35

（三）"迅速"标准的界定 …………………………………… 37
（四）实时在线盗版问题 …………………………………… 38

五、建议 …………………………………………………………… 40
（一）指纹过滤——网络服务提供商与版权所有人共担维权责任 …… 40
  1. UGC 原则与指纹过滤技术 …………………………… 42
  2. 关于合理使用的问题 ………………………………… 44
  3. 给予中国大陆的建议 ………………………………… 46
（二）分级回应政策 ………………………………………… 47
  1. 法国 …………………………………………………… 48
  2. 韩国 …………………………………………………… 49
  3. 中国台湾 ……………………………………………… 51
  4. 对中国大陆的分级回应政策建议 …………………… 51

六、结论 …………………………………………………………… 52

第二部分　Google 图书馆案
——Google 图书馆计划案引发的思考 …………… 53

一、导论 …………………………………………………………… 53
二、美国法律关于合理使用的规定 ………………………………… 56
（一）美国合理使用立法 …………………………………… 56
（二）四大因素平衡标准 …………………………………… 58
  1. 使用的目的和性质 …………………………………… 58
  2. 版权作品的性质 ……………………………………… 62
  3. 被使用部分的数量和质量 …………………………… 64
  4. 该使用对于市场的影响 ……………………………… 65
（三）数字环境下的合理使用案例 ………………………… 66
  1. *Kelly v. Arriba Soft Corporation* 案和 *Perfect 10, Inc. v. Amazon.com, Inc.* (2007) 案 …………………………… 67

2. Google图书馆计划 …………………………………………… 71
三、其他国家的合理使用/公平交易规则 ……………………………… 75
　（一）英国的公平交易规则 ………………………………………… 75
　　1. 立法情况 ……………………………………………………… 75
　　2. 英国的公平交易案例 ………………………………………… 78
　（二）加拿大 ………………………………………………………… 81
　　1. 立法情况 ……………………………………………………… 81
　　2. *CCH Canadian Ltd. v. Law Society of Upper Canada*(2004)
　　　案例介绍 ……………………………………………………… 82
　（三）其他欧洲国家 ………………………………………………… 86
　　1. 德国Google缩略图诉讼 ……………………………………… 87
　　2. Google图书馆计划在法国 …………………………………… 90
四、中国的合理使用/公平交易规则 …………………………………… 91
　（一）立法情况 ……………………………………………………… 91
　（二）中国的合理使用案例 ………………………………………… 94
　　1. 对第22条的严格解释 ………………………………………… 95
　　2. 对第22条的多重因素分析 …………………………………… 95
　　3. 第22条规定情形之外的其他允许合理使用的情形 ………… 97
　　4. Google图书馆计划在中国 …………………………………… 100
五、建议 …………………………………………………………………… 103
　（一）英美合理使用/公平交易规则的利弊分析 ………………… 103
　（二）中国或可选择的合理使用改革方案 ………………………… 104
　　1. 中国台湾的合理使用模式 …………………………………… 105
　　2. 韩国的合理使用模式 ………………………………………… 106
　　3. 中国将来应当采取的合理使用模式——明确性与灵活性的
　　　平衡 …………………………………………………………… 107

六、结论 …………………………………………………… 108
第三部分　比赛转播权 …………………………………… 110
一、导论 …………………………………………………… 110
二、世界各国对体育赛事网络盗版问题的应对之策 …… 111
　（一）未经授权的现场体育赛事网络转播现象 ………… 111
　（二）美国 ………………………………………………… 115
　　1. 体育赛事转播节目受到美国版权法的保护 ………… 115
　　2. 美国权利人对侵权网站提起的诉讼 ………………… 115
　（三）欧洲 ………………………………………………… 119
三、中国对于体育赛事实时转播权的规定 ……………… 121
　（一）中国《著作权法》中的相关术语解析 …………… 122
　　1. "广播权" ……………………………………………… 122
　　2. "信息网络传播权" …………………………………… 124
　　3. 现场非点播形式的流媒体播放 ……………………… 126
　　4. 点播（On-demand） ………………………………… 127
　（二）中国《著作权法》对于体育赛事转播节目的保护现状 …… 127
　　1. 体育赛事本身并非著作权保护的客体 ……………… 127
　　2. 体育赛事的转播节目 ………………………………… 127
　（三）中国在北京奥运会期间打击体育赛事转播网络盗版的相关策略 … 130
　　1. 打击奥运体育赛事违法转播的法律依据 …………… 131
　　2. 北京奥组委打击奥运体育赛事网络盗版的策略 …… 131
四、北京奥运会引发的思考——中国保护体育赛事
　　转播权的重要性 ……………………………………… 133
五、关于中国应如何保护体育赛事转播权的建议 ……… 137
　（一）依据中国《著作权法》的条款保护体育赛事转播节目 …… 138
　　1. 修改方法之一：将具有创造性的体育赛事转播节目解释为

    "以电影作品或以类似摄制电影的方法创作的作品"……… 139
   2. 修改方法之二：扩大对"广播权"或"信息网络传播权"的解释
    以保护体育赛事的网络转播…………………………… 145
  （二）采用反盗版的过滤新技术 ……………………………… 147
  （三）协调各国的相关法律 …………………………………… 149
 六、结论 ……………………………………………………………… 150
参考文献 ………………………………………………………………… 152
中英文术语对照表 ……………………………………………………… 162

附录一 法律法规 …………………………………………………… 170
 1.《中华人民共和国著作权法》(2010年)节选 ………………… 170
 2.《中华人民共和国著作权法实施条例》(2002年)节选 ……… 174
 3.《信息网络传播权保护条例》(2006年) ……………………… 176
 4.《美国1998年千禧年数字版权法》节选
  (The Digital Millennium Copyright Act) ……………………… 187
 5.《欧盟电子商务指令》节选
  (European Union E-commerce Directive 2000/31/EC) … 202
附录二 经典案例 ………………………… 宋海燕组织编译 208
 1. 米高梅制片公司等上诉人诉葛罗克斯特等案
  MGM v. Grokster（2005）……………………………………… 208
 2. 美国Perfect 10公司诉CCBill公司和CWIE公司案
  Perfect 10, Inc. v. CCBill, LLC（2007）……………………… 225
 3. 艾米斯特文件共享提供服务商版权诉讼
  In re Aimster Copyright Litigation（2003）………………… 238
 4. 艾伯特莫斯唱片公司等诉纳普斯特公司案
  A&M Records v. Napster（2001）…………………………… 246

5. 成人娱乐公司 IO Group 诉 Veoh Networks 视频网站版权侵权案
   IO Group Inc. v. Veoh Networks, Inc.（2008） ……… 269
6. 美国维亚康姆集团诉 YouTube 视频网站案
   Viacom Intern. Inc. v. YouTube Inc. ……… 278
7. 康佩尔等人诉阿卡夫玫瑰音乐公司案
   Campbell v. Acuff-Rose Music, Inc.（1994） ……… 291
8. 哈珀与罗出版公司诉国家杂志公司版权侵权案
   Harper & Row, Publishers, Inc. v. Nation Enters（1985） ……… 312
9. 美国索尼公司诉环球电影制片公司案
   Sony Corp. of America v. Universal City Studios（1984） ……… 320
10. 太阳信托银行诉霍顿米夫林公司戏仿作品侵权案
    Suntrust Bank v. Houghton Mifflin Co.（2001） … 345
11. 美国 Perfect 10 公司诉亚马逊公司案
    Perfect 10, Inc. v. Amazon.com（2007） ……… 353
12. 凯利诉阿里巴软件公司案
    Kelly v. Arriba Soft Corp.（2003） ……… 369
13. 欧洲足球联合会等诉布瑞斯科姆等案
    Union of European Football Association v. Briscomb（2006） ……… 377
14. 拳击界促销公司诉西坡俱乐部等案
    Interbox Promotion Corporation v. Hippo Club（2003） ……… 383

第一部分　网络侵权责任

一、导论

如何认定网络服务提供商(ISP)①的法律责任已经成为网络法律及政策方面最为复杂且争论最多的焦点问题之一。网络服务提供商的法律责任一般会涉及以下法律领域,如商标法、商业秘密、反不正当竞争法、名誉权与隐私权的保护及著作权法。本章主要论述中国②版权法律制度下的网络服务提供商的著作权(或版权)侵权责任问题,即网络服务提供商在未经著作权人授权的情况下通过网络传输、传播、提供受版权保护的内容时应承担何种侵权责任。③

网络服务提供商在提供网页,转发处理信息、新闻组、电子

---

① 网络服务提供商的一般定义为:"在线服务或网络接入提供商,或在线服务或网络接入设备的运营商",以及一个"在由用户指定的网络两点或者数点之间,对于用户选择的材料,不修改其传输或收到的材料内容,而提供传输、路由或提供数字在线通信接入服务的单位。"参见 17 U.S.C. §512(k)(1)。

② 本文中"中国"仅指中华人民共和国大陆地区(法域),不包括中国香港、澳门或台湾。

③ 在此明确一点:本文讨论的个人用户的版权侵权行为仅限于未经授权完整地复制版权作品、为改变观看时间而录制版权作品,包括终端用户上传未经删节的电影、电视剧、电视节目进而通过点对点文件共享或不添加任何独创性因素便利用用户制作内容服务在网络上发布以上内容的行为。本文并不意在讨论经过混音、混合的版权内容,讨论这些内容可能需要更多基于特定事实的合理使用分析。

邮件,提供在线聊天室及帮助用户链接到相应网址及服务的过程中,十分容易遭遇版权权利人的维权行为,包括基于直接侵权责任和间接侵权责任所提起的版权侵权诉讼。①

在网络服务提供商直接侵犯权利人著作权的情况下,比如其作为网络内容提供商(ICP),而非仅作为"纯粹通道"提供服务时,权利人可对该网络服务提供商/网络内容提供者提起直接侵权诉讼。然而更多情况下,网络服务提供商只是作为一种网络服务的提供者,并不涉及直接侵权,故权利人通常基于网路终端用户的直接侵权行为而追究网络服务提供商的间接侵权责任。鉴于网络传输的信息量巨大,期待网络服务提供商充当"互联网警察"的角色以肩负知识产权保护的责任并不现实。② 因此,为在保护权利人利益与限制网络服务提供商侵权责任之间达成平衡,很多国家就网络服务提供商的侵权责任问题制定了专门的法律,并从案例法中发展了相应的间接侵权责任理论,以避免网络服务提供商因其终端用户的直接侵权行为而承担过多的法律责任。

目前,世界范围内尚无统一的间接侵权责任理论。然而,回顾美国、欧洲及其它法域的著作权侵权案例,我们可以发现各国法院在认定网络服务提供商的侵权责任时,通常会考虑以下因素:网络服务提供商是否知晓其终端用户的侵权行为;是否存在主观侵权意图;是否对侵权行为提供了实质性帮助;是否具有控

---

① 参见 MELVILLE B. NIMMER & DAVID NIMMER, NIMMER ON COPYRIGHT,Section 12B.01 [A](2002),其中论述了很难认定究竟哪一方应当为网络版权侵权承担法律责任:发布者,获取该内容的用户或者是使这种获取成为可能的网络服务提供商。

② 同上 Section 12B.01 [B][2]。

制侵权行为及获取侵权内容的权利和能力;是否从侵权行为中直接获得经济利益。

本文的第二部分概述在过去10年间,尤其是1998年美国《千禧年数字版权法》(DMCA)①和2000年《欧盟电子商务指令》生效后,美国及欧洲通过一系列版权侵权案例建立的网络服务提供商的侵权责任理论。第三部分在介绍了中国著作权法律制度,特别是2006年《信息网络传播权保护条例》(《2006年条例》)之后,进而分析了中国法院近年审判的一些典型网络侵权案例。第四、五部分指出了现行中国著作权法在讨论网络服务提供商的侵权责任方面所存在的问题和不确定性,并提出将来修改法律时可供参考的一系列建议。

二、美国、欧洲的网络服务提供商侵权责任理论

(一) 美国

毋庸置疑,网络服务提供商的行为若直接侵犯了权利人的著作权,则应当承担直接侵权责任。其中,网络服务提供商直接侵权的典型案例通常包括:网络服务提供商未经授权,通过网络直接向用户提供存储在其服务器上的受版权保护的内容。在此情况下,网络服务提供商已因其"直接提供储存于其服务器上内

---

① 1998年美国《千禧年数字版权法》(DMCA)是为实施世界知识产权组织1996年两则条约而出台的美国版权法案。

容的行为"变为"网络内容服务提供商",而非简单的"网络服务提供商"。虽然网络服务提供商直接侵权的案例也散见于各国案例中,但当前各国政府及权利人所面临的一个更大挑战却是网络服务提供商因其终端用户的直接侵权行为所应承担的间接侵权责任。此为本章主要讨论内容。

1. 美国的间接侵权责任理论

美国法院沿袭了普通法体系发展出的帮助侵权责任(contributory liability)及替代侵权责任(vicarious liability)理论,并将其用于网络服务提供商侵权责任的审判中。

就帮助侵权责任而言,权利人须证明:1)直接侵权行为的存在;2)被诉间接侵权人实际知晓或者推定知晓侵权行为的存在;3)被诉间接侵权人促成或者实质上帮助了该直接侵权行为的发生。①

就替代侵权责任而言,权利人须证明:1)直接侵权行为的存在;2)被诉替代侵权人具有控制、监管该直接侵权行为的能力和权利;3)被诉替代侵权人从该直接侵权行为中直接获得经济利益。②

在 MGM v. Grokster③ 一案中,美国联邦最高法院又发展出了一种新的间接侵权责任理论,即来源于专利法的引诱侵权责任理论(inducement liability)。④ 根据联邦最高法院的判决,若网络服务提供商具备"确定的引诱意图"⑤和"积极的引诱行为"⑥,则

---

① *NCR Corp. v. Korala Assocs. , Ltd.* , 512 F. 3d 807,(6th Cir. 2008),第 816 页。
② *Gershwin Publ'g Corp. v. Columbia Arts Mgmt. , Inc.* , 443 F. 2d(2nd Cir. 1971),at 1159,1162. 另可参见 *Shapiro,Bernstein Co. V. H. L. Green Co.* , 316 F. 2d(2nd Cir. 1963),第 304,308 页;*CoStar Group,Inc. v. LoopNet,Inc.* , 373 F. 3d 544,550(4th Cir. 2004).
③ *MGM v. Grokster*,125 S. Ct. 2764(2005).
④ 参见 Grokster,第 18 页。
⑤ 同上,第 23 页。
⑥ 参见 Grokster,第 23 页。

构成引诱侵权责任,被告应为其侵权行为承担间接侵权责任。

2. 1998年美国《千禧年数字版权法》(DMCA)第512条

《在线版权侵权责任限制法案》(OCILLA)是一项美国联邦法律,其为包括网络服务提供商和其他网络中介商在内的在线服务提供商提供了有条件的"避风港",使其在一定条件下免于为他人的侵权行为承担法律责任。该法案经通过成为1998年千禧年数字版权法的组成部分,被称为"避风港"条款或"DMCA第512条款"。

根据DMCA第512条,网络服务提供商在满足一定条件下,可免于为其提供信息传输,①系统缓存,②主机服务,③或链接服务④

---

① 17 U.S.C.§512(a)是关于临时性数字网络传输的避风港条款,其使得作为消极连接者的网络服务提供商免于承担版权赔偿责任,即使其侵权行为成立。换言之,若侵权材料根据第三方的指示传输给其指定的接受者;或者对该侵权材料的处理未经人力干涉,而是通过自动的技术过程进行的,并且该侵权材料在传输过程内容没有发生改变而且仅仅临时性地存储在系统中,则该网络服务提供商即使被认定侵权成立,也不承担赔偿责任。

② 17 U.S.C.§512(b)是关于系统缓存的避风港条款,旨在保护提供缓存服务(即在服务器内储存材料的复制以求更快的访问速度)的网络服务提供商,只要该种缓存服务符合标准模式,且不干涉合理的著作权保护系统。该条文适用于网络服务提供商及其他提供商所使用的代理服务器和缓存服务器。若网络服务提供商向终端用户提供缓存材料,则其必须遵守512条(c)款关于删除、恢复的规定。需要注意的是,该款仅适用于由第三方提供该缓存材料的原始材料的情形,不适用于由提供缓存服务的网络服务提供商自己提供原始材料的情形(该情形应当认定该网络服务提供商承担直接责任)。同时,该材料的内容在缓存过程中必须没有发生改动。

③ 17 U.S.C.§512(c)是关于根据用户的指令存在系统中的信息的避风港条款,适用于为终端用户的侵权材料提供主机服务的网络服务提供商。

④ 17 U.S.C.§512(d)是关于信息定位工具的避风港条款,其免除那些通过信息定位工具——如搜索引擎将用户链接至一个保护包含了侵权材料的在线站点的网络服务提供商的版权侵权责任,只要该网络服务提供商并不实际知晓或者推定知晓该材料或者该行为是侵权的。该免责条款的适用还需满足另外一些条件,比如,一旦该网络服务提供商知晓该材料是侵权的,则须迅速断开该链接;同时,该网络服务提供商须遵守512条(c)款关于删除、恢复的规定;最后一个需满足的免责条件是,若该网络服务提供商对侵权行为具有控制的能力和权利时,其须证明未从该侵权行为中直接获得经济利益。

而产生的侵权责任而承担赔偿责任。欲援引避风港条款,网络服务提供商需满足两项前提性条件。首先,该网络服务提供商"已经采取并合理实施了"①针对"反复侵权用户"②停止服务的政策;第二,网络服务提供商必须采用且未干涉"标准的技术性措施"③。

§512(c)条款是近年来网络侵权案例中援引最多的避风港条款。该条款旨在限制为用户上传的侵权内容提供平台的网站所可能承担的侵权责任。欲援引该条款,网络服务提供商除符合上述两大前提性条件外,尚需满足以下条件:1)不实际知晓侵权行为的存在或未意识到可明显推知侵权行为的事实或情况;2)在服务提供商具有控制侵权行为的权利和能力的情况下,未从侵权行为中直接获得经济利益;3)在知晓或意识到(侵权行为)或者从著作权人或其代理人处收到侵权/删除通知后,迅速删除侵权内容或者屏蔽对其的访问。④

3. 间接责任的认定标准与第512条之间的关系

由于第§512(c)条款的语言表述与帮助侵权责任理论、替代侵权责任理论的必备要件相类似,如两者均包括"知晓"、"直接经济利益"和"控制的权利和能力"等要素,间接侵权责任的认定标准可否适用于§512(c)条款在美国学术界及司法界尚存争论。⑤ 令

---

① 17 U.S.C. §512(i)(1)(A).
② 17 U.S.C. §512(i)(1)(A).
③ 17 U.S.C. §512(i)(1)(B).
④ §512(c)(1)(B)中相同表述在§512(d)(2)中也可以看到,后者是针对提供链接服务的网络服务提供商的避风港条款。
⑤ 若想了解关于该问题争论的全面讨论,可参见 Edward Lee 撰写的《解析 DMCA 法案》,*Decoding the DMCA Safe Harbour*, 32 Clum. J. L. & Arts 233. 2009.

人遗憾的是,美国现有的判例法尚未能在此方面提供明确解答。以下笔者试图初步讨论前两种间接侵权的认定标准与第512条之间的关系。

1)帮助侵权责任理论(知晓侵权材料的存在)

根据帮助侵权责任理论,如果被告明知或者有理由知晓他人的直接侵权行为,并且为他人的直接侵权行为提供了实质性帮助,则应当承担间接侵权责任。[1] 而根据DMCA第512(c)条款的规定,仅知晓他人的直接侵权行为并为该侵权行为提供了实质性帮助并不具有决定性意义。网络服务提供商若在知晓或意识到该侵权行为的存在后,"迅速删除了该侵权材料或者屏蔽了对该侵权材料的访问",则仍可主张并获得避风港的保护。[2] 网络服务提供商一般可通过以下两种方式实际知晓或意识到侵权行为及侵权材料的存在:1)收到著作权人发出的删除通知;2)"红旗"标准。

在线服务提供商实际知晓侵权材料及侵权行为存在的第一种方式是通过其指定的代收人收到著作权人发出的书面删除通知。如果该删除通知实质性地遵守了§512(c)(3)(A)所列举的六项要求[3],该在线服务提供商则必须迅速删除被指侵权的材料或者屏蔽对该材料的访问。[4]

遗憾的是,现有判例法并未明确规定删除通知怎样才符合

---

[1] *NCR Corp. v. Korala Assocs., Ltd.*,512 F. 3d 807,(6th Cir. 2008),第816页。
[2] 17 U.S.C. §512(c)(3)(A)(iii).
[3] 17 U.S.C. §512(c)(3)(B)(ii).
[4] 17 U.S.C. §512(c)(1)(C).

要求。虽然从法律语言表述来看,只要删除通知"实质性"地符合了关于删除通知的要求即算合格,但在具体案例中,法院存在不同的解释。在 Perfect 10 v. CCBill① 一案中,成人杂志 Perfect 10 起诉一家网页主机服务提供商 CCBill。法院在审判中强调:法律要求"实质性地遵守§512(c)(3)的所有条款。"②另外,在该案审判中,法院还对侵权通知做了十分严格的解释,即符合要求的删除通知所必需的各个要素均须完整地包含在同一次信件中。③ 法院解释如下:如果允许著作权人"将几份相互独立的、存在缺陷的侵权删除通知拼凑成符合要求的侵权通知",将迫使网络服务提供商从所有信件中查找符合§512(c)(3)条款要求的所有要素,这将给网络服务提供商造成过重负担。④ 因此,虽然 CCBill 确实收到了几封关于其网站存在版权内容的删除通知,但法院认为这些通知均存在缺陷,因而认定 CCBill 即使收到了这些通知,也并不能据此认定其具备§512(c)(1)(A)所要求的"知晓"。⑤ 在 Hendrickson v. EBay⑥ 一案中亦是如此。原告发送了一份要求被告停止侵权的信件,却"并未说明哪些'Manson'复制件是侵权复制件,(而且也未)充分描述(Hendrickson 所享有的)版权利益,"⑦因此法院认为著作权人所发送的要求停

---

① *Perfect 10, Inc. v. CCBill, LLC*, 488 F. 3d(9th Cir. 2007).
② *Perfect 10, Inc. v. CCBill, LLC*, 488 F. 3d 1102, (9th Cir. 2007), 第 1108 页。
③ 同上, 第 1113 页。
④ 同上。
⑤ 同上。
⑥ *Hendrickson v. eBay*, 165 F. Supp. 2d(C. D. Cal. 2001), 第 1082 页。
⑦ 参见 165 F. Supp. 2d(C. D. Cal. 2001), 第 1084—1086 页。

止侵权的信件未能满足适当的侵权通知所应当具备的要求,被告无法从中辨识出侵权材料,因而并无义务采取行动。①

然而,在 ALS Scan, Inc. v. Remarq Cmtys, Inc.②一案中,美国联邦第四巡回法院对著作权人应当以何种程度遵守§512(c)关于删除通知的要求却持相对宽松的见解。本案中,ALS 作为原告起诉被告在明知的情况下允许其用户上传、获取包含了原告受版权保护的照片的侵权复制件的新闻组列表。ALS 所发送的删除通知将原告 Remarq 指向了两个包含侵权图片的新闻组,但没有明确说明"作为该侵权诉讼之基础的这些照片的名称。"③尽管如此,法院仍然认定 ALS Scan 的删除通知是可接受的,理由是避风港的保护"并不是推定的,而是仅仅提供给那些可以证明自己确实不知晓或无理由知晓侵权行为存在的'无辜'的服务提供商。"④通过判定著作权人并不需要确切地明确说明侵权的内容,法院无疑给网络服务提供商施加了更重的责任。

在线服务提供商知晓侵权存在的第二种方式被称为"红旗"标准。⑤"红旗"标准源自于 DMCA 第 512 条的措词,即在线服务提供商必须没有"意识到能够从中明显推出侵权行为的事实或情况"。⑥ 该标准包含主观要素与客观要素。客观上来说,该

---

① Hendrickson, 165 F. Supp. 2d, 第 1089 页。
② ALS Scan, Inc. v. Remarq Cmtys, Inc., 239 F. 3d 619(4th Cir. 2001)。
③ 同上,第 622、624 页。ALS Scan 的侵权通知将被告 RemarQ 引向包含了其图片的侵权复制件的两个新闻组,但这些侵权站点上的材料的版权并非均由 ALS Scan 享有。
④ 同上,第 625 页。
⑤ H. R. Rep. No. 105—551,第 53 页(1998)。
⑥ 17 U.S.C. §512(c)(1)(A)(ii)。

在线服务提供商必须知晓侵权材料存在于其系统;主观上来说,当"侵权行为对一个在相同或者类似情况下的理性人已然明显时,应适用'合理正常人'的行事思考标准"。①

然而,在实践中,"红旗"的认定和适用也并不明确。如在Perfect10 v. CCBill 一案中,原告根据被告所提供服务的两个网站的域名为"illegal. net"(非法网络)及"Stolencelebritypics. com(窃取名人照片)"的事实,主张"红旗"标准的存在,指出被告理应知道侵权行为的存在。然而法院却驳回了这一主张。法院认为该域名本身并不构成版权侵权,因为使用"illegal(非法)"或"stolen(窃取)"等词语可能"只是为了提高网站的色情吸引力,而并不代表被告承认这些图片确属非法或者窃取所得。"②然而在 Aimster③ 一案中,法院却持相反见解,认为若一家网络服务提供商面对侵权行为故意视而不见,则可推定其知晓。④

2)替代侵权责任(经济利益及控制的权利和能力)

根据替代侵权责任理论,如果被告"从侵权行为中直接获得经济利益"且"具有控制的权利和能力",则应当承担替代侵权责任。然而,关于替代责任的上述标准是否也可适用于§512(c)(1)(B),不同法院也持不同见解。

我们首先讨论"直接经济利益"的释义。普通法中帮助侵权责任的标准与 DMCA 条文中对该定义的解释便不尽相同。比

---

① H. R. Rep. No. 105—551,第 53 页(1998)。
② Perfect 10, Inc. v. CCBill, LLC, 488 F. 3d 1102,(9th Cir. 2007),第 1114 页。
③ In re Aimster Copyright Litigation,334 F. 3d 643(7th Cir. 2003)。
④ 同上,第 11 页。

如说,在 CCBill 一案中,第九巡回法院指出"对'直接经济利益'的解释应当与普通法中解释替代侵权责任对这一概念的解释标准保持一致"①,可见,该法院明确地认定了§512(c)(1)(B)规定的要素应当以其在普通法的解释为基础。同样地,在 A&M Records v. Napster② 一案中,法院也认定:鉴于 Napster 的预期利润与用户数量的增加休戚相关,可以认定 Napster 系统上的侵权材料对用户产生一种"吸引力",从而带来了直接经济利益。③在以上两则案例中,法院在解释§512(c)时均采用了与替代侵权责任完全一致的标准。

然而,在另外一些案例中,法院则采用了更为严格的标准以解释 DMCA 中的直接经济利益,认定直接经济利益的成立需要更高的证明标准。比如,在 CCBill 一案中,法院引用立法时的讨论文献,④并指出"从实施侵权行为的用户处收取一次性交付的安装费及单纯的、阶段性的服务费并不构成'直接从侵权行为中获取经济利益'"⑤。在 Ellison v. Robertson⑥ 一案中,第三方未经授权将 Harlan Ellison 的作品上传到 USERNET 新闻组,使得 AOL 用户可以获取。该案中,法院在解释"直接经济利益"时,同样采用了较为严格的标准,而且提高了证据要求。法院判

---

① 参见 Perfect 10, Inc. v. CCBill, LLC, 488 F. 3d 1102, 1117(9th Cir. 2007),第 1117 页。
② A&M Records v. Napster, 239 F. 3d 1004(9th Cir. 2001)。
③ 参见 Napster, 239 F. 3d,第 1023 页。
④ H. R. Rep. No. 105—551, pt. 2,第 54 页。(1998)
⑤ Perfect 10, Inc. v. CCBill, LLC, 488 F. 3d 1102, (9th Cir. 2007),第 1118 页。
⑥ Ellison v. Robertson, 357 F. 3d 1072(9th Cir. 2004)。

定,由于原告未能证明"AOL 来自订阅数的利润与在其 USER-NET 服务器上发生的侵权行为"①存在因果关系,其要求被告承担替代侵权责任的主张不能得到支持。法院认为并无任何证据表明"由于该侵权行为,AOL 吸引了或者保持了其订阅数"②。

再讨论关于"控制的权利和能力"的解释,对此应当采用何种标准,同样存在不同见解。在 Napster 一案中,法院认为由于 Napster 能够"屏蔽"用户对其系统的访问,因此认定其具有控制侵权行为的能力。③ 然而在 *Hendrickson v. eBay*④ 一案中,法院则采用与普通法中的替代侵权责任相比较为狭窄的标准解释。该地方法院在解释其判决时称,"具有控制侵权行为的权利和能力"并不只是指服务提供商删除上传至其网站或者储存于系统的侵权材料或者屏蔽侵权材料的访问的能力。该法院指出,DMCA 明确规定了在线服务提供商在收到侵权通知后应当删除或者屏蔽侵权材料,并且合理执行针对反复侵权者的相关政策。因此,国会立法时不可能意在使在线服务提供商由于采取了 DMCA 所明确要求的行动而失去受避风港保护的资格。⑤

4. 美国的网络服务提供商的相关版权案例

接下来的段落将概述近年来美国采用间接侵权责任理论(包括帮助侵权责任理论、替代侵权责任理论及引诱侵权责任理

---

① *Ellison v. Robertson*,357 F. 3d 1072(9th Cir. 2004),第 1079 页。
② 同上。
③ 参见 *Napster*,239 F. 3d,第 1027 页。
④ *Hendrickson v. eBay*,165 F. Supp. 2d(C. D. Cal. 2001),第 1093—1094 页。
⑤ 同上。

论),判定网络服务提供商侵权的相关案例。这些案例在不同程度上都涉及上文所探讨的几种尚存争议的问题。

1) Napster 案

在 Napster① 一案中,作为原告的唱片公司承认被告 Napster 并没有直接制造、发行原告的版权作品。但原告根据帮助侵权责任和替代侵权责任理论起诉 Napster,并且对其申请诉前禁令。该禁令被上诉,并且在 2001 年 2 月由第九巡回上诉法院维持。②

在审查帮助侵权是否成立时,第九巡回法院维持了下级法院的判决并且判定 Napster 实际知晓侵权行为,证据为其内部公司邮件和原告所提供的包含了 12,000 个侵权文件的列表。该法院同时认定 Napster 对侵权行为提供了实质性帮助,因为其为侵权终端用户提供了网站和设备。③ 因此,Napster 应当承担帮助侵权责任。

关于替代侵权责任理论,第九巡回法院也支持了下级法院的决定。其认定由于被告 Napster 有能力"屏蔽"用户对其系统的访问,Napster 具有控制侵权行为的能力和权利。④ 该法院同时认定 Napster 从终端用户的侵权行为中直接获得了经济利益,因为网络所提供的侵权内容"对用户产生了'吸引力'"⑤,导致了用户访问系统广告次数的增加,被告由此而得益。

---

① A&M Records v. Napster,239 F. 3d 1004(9ᵗʰ Cir. 2001).
② Napster 最终宣告破产且在终审判决其责任前已经清算完毕。
③ See Napster,239 F. 3d,第 1020 页 n.5,.
④ See Napster,239 F. 3d,第 1027 页。
⑤ See Napster,239 F. 3d,第 1023 页。

第九巡回法院并未详细讨论 Napster 根据§512(d)所提出的抗辩是否应当得到支持,但指出应在案件的实质审判阶段充分讨论这个问题。

2) Aimster 案

在 Aimster 案①中,作为原告的唱片公司沿袭其在 Napster 案件中的做法,根据帮助侵权责任和替代侵权责任理论对被告提起侵权诉讼。当该案的实质案情尚未审理终结,唱片公司就已经成功地取得了最终导致 Aimster 关闭的禁令。

第七巡回上诉法院支持了原告帮助侵权责任的诉请,②但没有完全接受替代侵权责任的诉请。在认定 Aimster 实际知晓侵权材料的存在时,法院重点评论了旨在鼓励 Aimster 用户下载受版权保护的流行音乐的"指导材料",③并认定 Aimster 的行为属于对侵权行为的"故意视而不见",④从而构成了"版权法意义上的知晓"⑤,因此应当承担帮助侵权责任。

在回应 Aimster 援引第§512款所提出的抗辩时,法院裁定:由于 Aimster 并未遵守受避风港保护的前提性条件,即"已经合理地实施了终止反复侵权用户服务的政策"17 U.S.C 512(i)(1)(A)⑥,因而 DMCA 避风港条款在此案中并不适用。法院指出:

---

① *In re Aimster Copyright Litigation*, 334 F. 3d 643(7th Cir. 2003).
② 在 *Aimster* 案中,法院讨论了 *Sony* 案中的 Betamax 抗辩,并且得出结论 Aimster 并无证据表明非侵权用途之存在。参见 *Sony Corp. Universal City Studios, Inc.* 464 U.S. 417 (1984).
③ 参见 *Aimster*,第3页。
④ 参见 *Aimster*,第11页。
⑤ 同上。
⑥ 同上。

Aimster 邀请反复侵权人,向他们展示甚至指导他们如何侵犯原告的著作权。① 因此,法院否认了 Aimster 的避风港保护抗辩。

3) *Grokster* 案

在 *MGM v. Grokster*② 一案中,尽管作为原告的娱乐公司最初依据帮助侵权、替代侵权理论提起诉讼,但最高法院并未支持这些请求,而是提出了一种源自专利法的全新的版权法上的"引诱侵权责任"理论③,即:"发布某种工具的人如果有意地强调该工具的版权侵权用途,并有明确的鼓励他人侵权的意思表示或采取了其他现实步骤鼓励他人侵权,则应对第三人的侵权行为承担法律责任。"④

根据最高法院的解释,引诱侵权责任理论要求被告同时具备"确定的侵权意图"⑤及"积极的引诱行为"⑥两大要素。该案中,法院指出了可用以认定被告基于引诱目的而采取的"积极的引诱行为"的一系列事实:如吸引用户使用 Grokster 服务器的广告⑦、讨论该软件侵权用途的文章之链接的新闻邮件⑧以及为下载侵权材料时碰到困难的用户提供的客户支持等。⑨ 对于"确定的侵权意图"的认定,法院认为有足够的证据表明 Grokster 存在

---

① 参见 *Aimster*,第 11 页。
② *MGM v. Grokster*,125 S. Ct. 2764(2005)
③ 参见 Grokster,第 18 页。
④ 同上,第 19 页。
⑤ 同上,第 23 页。
⑥ 同上。
⑦ 同上,第 11 页。
⑧ 同上,第 25 页。
⑨ 同上,第 24 页。

侵权的"确定的意图",比如公司之间的内部交流、广告用语、为吸引 Napster 前用户的各种努力、被告未实施过滤或其他技术以屏蔽侵权内容的事实等。

4) IO Group Inc. v. Veoh Networks Inc. 案

在 IO Group Inc. v. Veoh Networks Inc.[①]一案中,被告 Veoh 是一家 Flash 视频网站,其通过提供软件与网站(Veoh. com)使得其用户通过互联网上传、分享用户提供的视频内容。原告 IO Group 诉称 Veoh 因为允许其用户上传、观看未经授权的 IO Group 的受版权保护的电影及剪辑,应当承担版权侵权责任。IO Group 基于直接侵权责任、帮助侵权责任及替代侵权责任请求法院给予简易判决。

法院首先否决了 IO Group 提出的直接侵权诉由。法院认为"Veoh 仅仅建立了一种系统,由软件自动处理用户递交的内容并将其转换为用户更易于观看的格式……但 Veoh 自身没有积极参与、指导文件上传行为。在上传完成前,其也并未浏览、挑选这些文件。相反,这些视频文件完全是通过根据用户的指令而发起的自动过程而上传的"[②]。

继而,法院分析 Veoh 的间接侵权责任问题。有趣的是,法院并未直接回应原告所提出的帮助侵权责任、替代侵权责任的诉由,而仅分析了 Veoh 是否有资格享受 DMCA § 512(c)规定的避风港条款之保护。

---

① 参见 IO Group Inc. v. Veoh Networks, Inc., court's decision available at http://docs.justia.com/cases/federal/district-courts/california/candce/5:2006cv03926/181461/117/.

② 同上,第 20 页。

具体而言,法院进行了如下分析:1)侵权行为是否根据用户的指令所为;2)Veoh 对侵权行为是否有实际的知晓或者可被推定知晓;3)Veoh 是否迅速删除了侵权材料或者屏蔽了对该等材料的访问;4)Veoh 是否具有控制侵权行为的能力和权利;若有,5)其是否从侵权行为中直接获得经济利益。

就第一点而言,法院认定侵权行为完全由 Veoh 的用户发起。Veoh 既未积极参与文件上传行为,也未对该行为提供指导。[1] 之后,法院对被告是否明知或者可推定知晓侵权行为展开分析。法院认为由于原告在提起诉讼前并未向 Veoh 发送删除通知,因而 Veoh 对侵权行为并不实际知晓。[2] 同时,通过援引 Corbis Corp 案例[3],法院明确了"红旗标准"应作如下解释:"服务提供商是否在已经意识到了那些很显然的事实后,仍然故意地继续不作为。"[4]据此,法院认为并无证据表明 Veoh 可被推定知晓侵权行为的发生。关于迅速删除或者屏蔽访问这一问题,法院表示尽管 Veoh 从未收到过来自原告的删除通知,但 Veoh 自觉地从其网站上删除了所有成人内容。同时,法院似乎对 Veoh 常规性作出的对删除通知的迅速反应印象深刻,指出 Veoh"必要的话,可在收到通知的同一天内作出回应,并删除通知指出的侵权内容"[5]。最后,就被告控制侵权的权利和能力这一

---

[1] 参见 *IO Group Inc. v. Veoh Networks, Inc.*, court's decision available at http://docs.justia.com/cases/federal/district-courts/california/candce/5:2006cv03926/181461/117/,第 20 页。

[2] 同上。关于"红旗标准",即"明显的侵权行为",法院判定,因为 Veoh 用户上传的被指侵权的视频文件均不包含 IO Group 的版权提示,因此 Veoh 也不能被推定知晓。

[3] 参见 *Corbis Corp. v. Amazaon.com, Inc.*,351 F. Supp. 2d(W. D. Wa. 2004)。

[4] 参见案例 Veoh,第 21 页。

[5] 同上,第 23 页。

问题,法院对网络服务提供商控制"其系统"及控制"侵权行为"的两种控制权利和能力做出了区分,并认定 Veoh 并不具有控制侵权行为的权利和能力。① 最终,法院得出结论,认定 Veoh 有资格获得§512避风港保护,因此批准了 Veoh 提出的简易审判、驳回原告诉求的动议。

5)Viacom International Inc. v. YouTube Inc.

在 Viacom International Inc., v. Youtube, Inc., & Google 案②中,隶属于 Google 公司的被告 Youtube 是一家视频分享网站,其为用户提供视频上传、储存和分享服务。原告 Viacom 诉称 Youtube 允许用户免费上传未经 Viacom 授权的受版权保护的视频片断及剪辑内容,因此应当承担版权直接侵权责任和间接侵权责任(包括帮助侵权及替代侵权)。

在论述 Youtube 是否应当承担帮助侵权责任时,法院认为本案的关键问题在于"……第§512(c)条款中要求的'实际知晓系统或网络上所用的材料是侵权的'及'能够从中明显推出侵权行为的事实或者情况',究竟是指大致地知晓侵权内容的存在,还是指实际知晓或推定知晓具体且可辨识的侵权材料的存在"。③ 法院进一步指出"仅仅大致地知晓侵权行为的存在是不够的",④网络服务提供商必须通过权利人发出的侵权删除通知或者"红旗的存在"明确地知晓具体的侵权内容,才能被认定为"实际知晓"。⑤

---

① 参见案例 Veoh,第 25—26 页。
② 参见 Viacom International Inc., v. Youtube, Inc., & Google,2010 WL2532404(S. D. N. Y.)。
③ 同上,第 3 页。
④ 同上,第 8 页。
⑤ 同上。

此外，法院认为 Viacom 在数月内积累了 100,000 个视频并且向 Youtube 发出了一个大批量的删除通知，Youtube 在收到通知后的第一个工作日就将通知中的所有侵权内容彻底删除，①被告因此已做到了避风港条款的要求，不应承担帮助侵权责任。

在分析替代侵权责任时，法院认为无论网络服务提供商是否直接从侵权内容中获益以及是否具有控制的权利和能力，都必须事先知晓具体特定的侵权内容。然而，正如上文分析的，Youtube 并不知晓具体特定的侵权内容，因此也不可能"控制"相关内容，从而也不承担替代侵权责任。② 由此法院最终得出结论，即 Youtube 应当受到第§512(c)条款的保护，并否定了原告的所有诉请。③ 2010 年 8 月 11 日，Viacom 正式通知曼哈顿联邦法庭，它将就法院的该判决结果提出上诉。

(二) 欧洲

1.《欧盟电子商务指令》2000/31/EC

《欧盟电子商务指令》2000/31/EC 采用了 Directive 98/34/EC 指令之第 1.2 条下"信息社会服务商"④的定义，用以代指网

---

① 参见 *Viacom International Inc.*, *v. Youtube*, *Inc.*, & *Google*, 2010 WL2532404(S. D. N. Y.)，第 8 页。
② 同上，第 13 页。
③ 同上，第 14 页。
④ 参见《欧盟电子商务指令》第 17 条，See Article 17, E-Commerce Directive, full text available at http://eur-lex. europa. eu/LexUriServ/LexUriServ. do? uri＝CELEX：32000L0031：en：NOT。

络服务提供商,并且界定了充当中介人的网络服务提供商的民事、刑事责任。[1] 该指令规定:当严格责任之适用可能损害电子商务在欧盟范围内的扩张,则网络服务提供商免于承担任何法律领域下的责任。该规定适用于任何领域的法律责任,无论该主张该责任的理由是什么,因此被称为"平行的"法律。该指令规定不仅仅适用于版权法领域,也同样适用于诸如诽谤、猥亵等其他法律领域。[2]

虽然欧盟各国已经根据欧盟电子商务指令第 12 至 14 条的具体条款,对于网络服务提供商的侵权责任案例作出了各式案例判决,但欧盟判例法似乎并未明确形成如美国的所谓三种间接侵权责任理论。根据欧盟的电子商务指令,如果网络服务提供商仅仅作为"纯粹通道"(第 12 条)或者提供"临时缓存"(第 13 条)服务,且其唯一目的是使得内容的传输更为高效,并具有机械的、自动的、被动的性质,而且其对传输、储存的内容既不知情也无权控制,则免于承担法律责任。[3] 对于那些提供内容存储服务的网络服务提供商,即"主机服务商"(第 14 条),如果他们对于非法行为并无"实际知晓或者意识到相关事实和情形",并且在知晓或者意识到后"迅速删除或者屏蔽"对该内容的访问,则也免于承担法律责任。[4] 尽管该指令第 15 条规定各成员国不得

---

[1] 参见《欧盟电子商务指令》前言第 40 条(Preamble 40, E-Commerce Directive)

[2] 参见 Andrea Schultz 著《与电子贸易相关的法律问题》(Legal Aspects of An Ecommerce Transaction 42, 2006). 相应美国立法可见 CF CDA 230.

[3] 参见《欧盟电子商务指令》第 12 条、13 条 EU E-Commerce Directive, Article 12 and 13.

[4] 同上,第 14 条。

给网络服务提供商施加"一般性的监管责任",但并不排除在特定、有限的个案中,成员国的法院或者行政机关有权利向其施加监管责任。①

2. 欧洲近期的网络服务提供商的侵权责任案例

在欧洲各国法院审判的关于网络服务提供商侵权责任的案例中,电子商务指令第 14 条规定的为"主机服务商"所提供的避风港条款似乎是最为常用的条款。在判定此类型案件时,法院一般要首先确定被诉的网络服务提供商是否有资格被认定为主机服务器。如果答案是肯定的,法院则需继续分析其是否应当免于承担侵权责任。

1) *MySpace*(法国　2007 年 6 月)

2007 年 6 月,法国滑稽演员 Jean-Yves L.(别名"Lafesse")向网站 MySpace 提起诉讼,指控被告允许其用户将原告受版权保护的滑稽短剧上传到被告网站,从而侵犯了原告的版权及其他权利。本案中,原告胜诉。②

法国巴黎高等法院(一审)驳回了被告提出的其提供的是"主机服务"因而有资格获得电子商务指令第 14 条之避风港保护的抗辩。此案中,法院将被告 MySpace 归为"出版商"③,理由是其允许用户在特定的框架结构下建立个人主页,包括视频上

---

① 参见《欧盟电子商务指令》第 12 条、13 条 *EU E-Commerce Directive*,Article 12 and 13,第 15 条。

② 参见 B. Spitz 对于 MySpace 诉讼案的报道:*The Buttock Sues MySpace for Copyright Infringement*,http://www.juriscom.net/actu/visu.php? -ID=942,Nov. 7,2007.

③ 在法国,印刷品、视听内容的出版者的侵权责任仅根据以下法案认定:Article 42 of the *Loi du 29 juillet 1881 sur la libete de la presse*(出版自由法 1881 年 7 月 29 日)。

传和在线视频播放,并从广告中获取收益。由此,法院判定电子商务指令第 14 条所规定的免责条款并不适用于 MySpace,MySpace 应当承担直接版权侵权责任。①

2) *Dailymotion*(法国 2007 年)

在 *Dailymotion* 一案中,原告为电影"Joyeux Noel"的制片人、导演兼发行人,其起诉 UGC 网站 Dailymotion 为该电影的侵权复制品提供主机服务。② 法院同意被告 Dailymotion 是一家主机服务商,符合电子商务指令第 14 条的主体资格,但仍然判定被告版权成立,理由如下:被告 Dailymotion 实际知晓其服务器上存有侵权内容,且为这些非法行为提供了技术手段,而且其收益正是建立在为用户提供这些由其用户上传的版权作品之基础上。③ 因此,法院认为第 14 条规定的避风港保护并不能适用于 Dailymotion。④ Dailymotion 根据 LCEN⑤(电子商务指令第 15 条之执行条例)第 6-I-7 条的规定,主张网络服务提供商不应负有一般性的监管责任。但法院驳回了上述抗辩,并指出以

---

① 参见 B. Spitz 对于 MySpace 诉讼案的报道,*The Buttock Sues MySpace for Copyright Infringement*,http://www.juriscom.net/actu/visu.php? I-D=942,Nov.7,2007.

② *Christian,C.,Nord Quest Production v. DailyMotion,UGC Images*,Tribunal de Grande Instance de Paris(3rd chamber,2nd Section)decision of July 13,2007,http://www.juriscom.net/actu/visu.php? ID=949. July 2007.

③ 同上。

④ 同上。

⑤ 根据法国法律,网络服务提供商的责任由《欧盟电子商务指令》n°2000/31,(June 8th,2000,)、法国法律 n°2004—575(June 21st,2004)和"Loi pour la confiance dans l'économie numérique"(LCEN)规定。LCEN 第 6-I-2 条规定:若主机服务商并不实际知晓非法性质或者明显可看出这种非法性质的事实和情形,或者当其知晓后迅速删除、屏蔽该等数据,则其不需要为其用户所为的侵权行为、用户指令下存储于其服务器的侵权信息承担民事责任。

上监管责任的排除仅仅适用于终端用户的直接侵权行为,并非由中介商自身引发或者引诱产生的情形。① 对于那些为终端用户提供了侵犯版权方式的中介商,其应当承担一种事先监管的责任,以防止用户侵权行为的发生。② 该案判决后,Dailymotion 宣布将采用指纹过滤技术,过滤并删除其网站上的侵权内容。③

值得注意的是,尽管电子商务指令为各成员国保护知识产权提出了基本要求,各法域在如何解释并适用该指令方面仍存在分歧。接下来讨论的 *Google*(2007)、*eBay*(2008)以及 *SAR-BAM*(2007)案例分别由法国及比利时法院审判。而上述法院的不同判决也体现出不同法域的法官对于同一指令的不同诠释。

3)*Lancôme v. eBay*(比利时 2008 年 7 月)

在 *Lancôme v. eBay*④ 一案中,原告 Lancôme 指称拍卖网站(eBay)上卖的标有 Lancôme 商标的化妆品中有很大比例为假冒产品⑤,因此要求 eBay 采取制止侵权行为的必要措施。由于 eBay 并未对此采取行动,Lancôme 在比利时对 eBay 在制止商

---

① 参见 Christian, C., *Nord Quest Production v. DailyMotion*, UGC Images, Tribunal de Grande Instance de Paris(3rd chamber, 2nd Section)decision of July 13, 2007, http://www.juriscom.net/actu/visu.php? ID=949. July 2007.

② 参见 Christian, C., *Nord Quest Production v. DailyMotion*, UGC Images, Tribunal de Grande Instance de Paris(3rd chamber, 2nd Section)decision of July 13, 2007, http://www.juriscom.net/actu/visu.php? ID=949. July 2007.

③ 参见 DailyMotion, *Dailymotion Selects Audible Magic's Fingerprinting Solution for Detecting Copyrighted Video*,(May 10, 2007), available at http://www.dailymotion.com/press/AudibleMagic.pdf.

④ *Lancôme Parfums et Beautie & Cie v eBay International AG*, *eBay Europe S. A. R. L.*, *eBay*, Belguim, 2008, A/07/06032.

⑤ Lancôme 从该拍卖网站 www.ebay.com 上订购了近 100 瓶标有其商标的香水,以估算网上假冒产品所占比例。结果其订购的 85 瓶香水中,有 77 瓶为假冒产品。

标权侵权方面未做足够努力而提起诉讼。eBay 辩称其身份为主机服务提供商,不应承担一般性的监管义务。比利时商事法院接受了 eBay 的抗辩,并指出:作为在线拍卖商,eBay 并不承担监管用户在其网站发布了何种产品的一般性责任。法院同时认定 eBay 并不实际知晓本案中的侵权行为;被告在收到侵权删除通知后,立刻删除了网站上的侵权产品;且被告对用户发布的内容并无"编辑控制权"。① 基于此,法院驳回了 Lancôme 的诉讼请求,认定 eBay 不承担侵权责任。②

4) Google(法国 2007 年 10 月)

然而在 Google 案③中,法国法院却判令网络服务提供商应承担更高的注意义务以保护知识产权。在该案中,原告 Zadig Productions 是一家法国电影公司,其因 Google 未经授权而擅自提供原告受版权保护的电影"Tranquility Bay",而对 Google 提起侵权之诉。法院承认 Google 应当被认定为电子商务指令之 14 条所定义的"主机服务商"。④ 然而,法院判定 Google 仍应承担间接侵权责任,理由是 Google"并未采取足够的行为"以保护知识产权。⑤ 尽管 Google 每次收到侵权通知后,都将该未经授

---

① 参见 Lancôme Parfums et Beautie & Cie v eBay International AG, eBay Europe S. A. R. L. , eBay, Belguim, 2008, A/07/06032.

② 参见 Lancôme v. eBay, Belgium 2008, A/07/06032.

③ SARL Zadig Productions, Jean-Robert Viallet et Mathieu Verboud v. Ste Google Inc. et AFA, Tribunal de Grande Instance de Paris(3rd Chambre, 2nd Section), decision of October 19, 2007. http://www.juriscom.net/actu/visu.p-hp? ID=976.

④ 同上。

⑤ B. Sptiz, Google Video held liable for not doing all it could to stop the broadcasting of a film, Nov. 29, 2007. See http://copyrightfrance.blogspot.com/2007/07/dailymotion-hosting-provider-liable-for.html.

权的影片从其网站删除,但该影片却依然反复被用户上传。法院认为 Google 在得知电影侵权的复制件存在后,就应当承担并采取必要的措施以防止将来侵权内容的继续传播。① 由于 Google 未能遵守 LCEN 6 - I - 2 条关于后续上传的条件,法院判定其应当承担版权侵权责任。②

5) *SABAM v. Scarlet*(比利时 2007 年)

在 *SABAM v. Scarlet* 一案中,原告为"比利时作家、作曲家、出版商协会"(SABAM),其起诉比利时的一家网站 Scarlet 在知情的情况下,允许其用户从其网站上通过 P2P(点对点文件共享)技术非法下载 SABAM 所保护的作品。③ 布鲁塞尔初审法院判令 Scarlet 应采取更为积极主动的措施以制止其订阅者未经授权而交换受版权保护的材料,并且安装内容管理及指纹识别系统。

类似的有关网络服务提供商责任的案例还包括德国的 *RapidShare* 案例(2008 年④),瑞典的 Pirate Bay(2009 年⑤)等。

---

① B. Sptiz, *Google Video held liable for not doing all it could to stop the broadcasting of a film*, Nov. 29, 2007. See http://copyrightfrance.blogspot.com/2007/07/dailymotion-hosting-provider-liable-for.html.

② 同上。

③ *SA Scarlet v. SABAM*, Tribunal de Premiere Instance de Bruxelles, 22 October 2008.

④ 参见 *Court rules against Rapidshare in Germany*, June 25, 2009. http://www.afterdawn.com/news/archiv-e/18392.cfm. 作为判决的一部分,该法院判令 RapidShare"积极过滤"德国版权协会(GEMA)目录下的 5000 部版权作品。目前该案处于上诉阶段。

⑤ 参见 *Court jails Pirate Bay founders*, BBC News April 17, 2009, available at http://news.bbc.co.uk/2/hi/t-echnology/8003799.stm. Pirate Bay 后来以利益冲突和存在偏见为由要求重新审判,但该请求被瑞典上诉法院驳回。参见 *Swedish Appeals Court Denies Pirate Bay Retrial—Says No Bias By Judge*, available at http://www.t-echdirt.com/articles/20090625/0949185362.shtml.

这些案例中，法院均认定网络服务提供商提供的是"主机服务"，但依然判定这些网络服务提供商应当承担版权侵权责任，理由是他们未能满足欧盟电子商务指令第14条之避风港条款所需的条件。

三、中国关于网络服务提供商的立法及案例

（一）中国关于网络服务提供商侵权责任的立法梗概

中国现行的著作权法为著作权人在数字环境下提供了一定程度的保护。比如，1990年制定、2001年修订的《中华人民共和国著作权法》及其《实施条例》为著作权人、邻接权人提供了基本的著作权保护。① 中国随后于2006年制定的《信息网络传播权保护条例》(《2006年条例》）又为网络环境下著作权的保护提供了立法依据。② 该条例参考了美国千禧年数字版权法中的相关原则，如涉及网络服务提供商侵权责任的避风港条款等。

《2006年条例》第20条规定，如果网络服务提供商根据服务对象的指令提供网络自动接入服务（纯粹通道），未选择并且未改变所传输的作品，或者仅向指定的服务对象提供该作品、而非向公众提供作品，则不承担责任。第21条规定，如果提供自动存储服务的网络服务提供商（自动缓存）未改变自动存储

---

① 参见《中华人民共和国著作权法》第10条、第37条、第41条、第47条。全文可见http://www.chin-aiprlaw.com/english/laws/laws10.htm.

② 该条例的英语翻译版本可见http://www.cpahkltd.com/Archives/063A p00.Pdf.

的作品,而且并不影响提供该作品的原网络服务提供商掌握服务对象获取该作品的情况,则不承担责任。第22条规定,为服务对象提供信息存储空间的网络服务提供商(主机服务商)如果未改变服务对象所提供的作品,不知道也没有合理的理由应当知道服务对象提供的作品侵权,未从服务对象提供作品中直接获得经济利益,则不承担责任。同时,为免于承担责任,网络服务提供商须在接到权利人的删除通知书后,立即删除侵权材料。第23条规定,为服务对象提供搜索或者链接服务的网络服务提供商,在接到权利人侵权通知后,立即断开与侵权作品的链接的,且不知道或者不应知该链接内容侵权的,不承担责任。

  网络服务提供商为其终端用户的直接侵权行为承担侵权责任的法律基础源于中国的《民法通则》[①]及2010年生效的《中华人民共和国侵权责任法》[②]中"共同侵权责任"的理论。在中国同样具有法律效力的最高人民法院的司法解释就"共同侵权责任"问题也陆续颁布过一些司法解释。譬如,于2000年颁布的《最高人民法院关于审理涉及计算机网络著作权纠纷案件适用法律若干问题的解释》第4条规定,在以下情形下应当追究网络服务提供商与其他侵权人的共同侵权责任:"1)网络服务提供商通过网络参与他人侵犯著作权行为,或者通过网络教唆、帮助他人实

[①] 参见《中华人民共和国民法通则》(1987年民法)第130条关于"共同侵权责任"的定义。

[②] 《中华人民共和国侵权责任法》于2008年11月26日通过,将于2010年7月1日起生效。见本法第9条和第36条。

施侵权著作权行为的;或者 2)明知网络用户通过网络实施侵犯他人著作权的行为,或者经著作权人提出确有证据的警告,但仍不采取移除侵权内容等措施的。"①

中国虽然也认同直接侵权责任与间接侵权责任理论,但在间接侵权责任方面,却并未如美国般细分为具体的"帮助侵权"、"替代侵权"及"引诱侵权"。在认定间接侵权责任方面,中国似乎与欧洲大陆更为相似:即法院在认定网络服务提供商的侵权责任时会综合考虑各方面因素,如网络服务提供商是否知晓该侵权行为②,是否具备主观的侵权意图,是否具有控制侵权行为发生的权利和能力,是否从侵权行为中直接获得经济利益,以及是否对侵权行为提供了实质性帮助等,从而作出网络服务提供商是否侵权的结论。

(二) 网络环境下版权侵权的典型案例解析

根据北京市高级人民法院提供的数据,在近几年向中国法院提起的所有知识产权诉讼案件中,著作权侵权案件占了很大比重。2007 年著作权相关案件占 40%,2009 上半年则上升至 47%。③ 在有关网络服务提供商责任的著作权侵权案件中,《信息网络传播权保护条例》第 22 条(主机服务)和 23 条(搜索/链接)是最常涉及的条款。

---

① 《最高人民法院关于审理涉及计算机网络著作权纠纷案件适用法律若干问题的解释》第 4 条。
② 该条例 21、23 条。
③ 北京市高级人民法院资深法官(知识产权庭庭长)陈锦川在 2009 年 11 月 18 日于北京召开的"中美互联网版权保护前沿和热点问题"论坛上发表了以上评论。

1. 网络服务提供商直接侵权责任的案例

1)美国哥伦比亚电影公司诉搜狐案(北京,2006年11月)

在美国哥伦比亚电影公司诉搜狐一案①中,哥伦比亚公司对搜狐提起著作权侵权诉讼,诉由为搜狐未经许可在 www.sohu.com 网站上向注册用户有偿提供百余部美国电影作品的在线收看、下载等服务。上述电影包括哥伦比亚电影公司出品的电影及其他电影公司受版权保护的电影。哥伦比亚公司要求搜狐赔偿经济损失100万元人民币(约15万美元)及20.1万元诉讼成本(约3.5万美元)。②

北京市第一中级人民法院判定搜狐侵犯了哥伦比亚公司的信息网络传播权,并责令其立即停止侵权、在其娱乐主页上公开道歉连续三天,并赔偿哥伦比亚公司经济损失人民币191,000元(约2.3万美元)。③

2. 网络服务提供商间接侵权责任的案例

1)提供"主机"服务的网络服务提供商(2006年条例第22条):

成功多媒体诉阿里巴巴/Yahoo.cn(北京,2008年12月)

在成功多媒体诉阿里巴巴著作权纠纷案④中,原告诉称其享有电视剧《奋斗》的中国独播权,而阿里巴巴未经许可,擅自在其

---

① 《美国哥伦比亚电影公司诉搜狐》,北京市第一中级人民法院,2006年12月27日。参见一中民初字第11932号(2006)民事判决书。
② 同上,第1页。
③ 同上,第5页。
④ 《宁波成功多媒体通信有限公司诉北京阿里巴巴信息技术有限公司》,北京市第二中级人民法院,(2008)二民终字第19082号。

旗下的中国雅虎网(http://cn.yahoo.com)的用户制作内容部分上支持电视连续剧《奋斗》(第1—15集)的上传和分享。

阿里巴巴辩称,其作为提供自动存储/主机服务的网络服务提供商,应当适用《信息网络传播权保护条例》第22条(主机服务)的避风港条款。因为其未改变用户上传的作品、不知道也没有合理的理由知道该传输材料的侵权性质而且未从侵权材料的传输中直接获得经济利益。① 阿里巴巴进而辩称在接到原告的删除通知后,其立即删除了侵权材料,因而不应承担著作权侵权责任。②

北京市朝阳区人民法院支持了阿里巴巴的主张,判定阿里巴巴不承担著作权侵权责任。③ 北京市第二中级人民法院推翻了初审判决,认为阿里巴巴虽然应被认定为主机服务提供者,但其知道或应当知道该上传内容侵权,因此应当为著作权侵权承担共同侵权责任。④

在分析被告是否"知晓"时,北京二中院指出该电视连续剧在被告网站上传时,正是该剧在当地电视台首轮播映期间。⑤ 而且,阿里巴巴公司在其网站首页上提供了涉案电视剧的详细介绍,包括剧照、演员、导演和剧情介绍等。⑥ 因此,被告知道或者有合理理由知道用户是在未经许可的情况下上传该电视连续剧

---

① 《宁波成功多媒体通信有限公司诉北京阿里巴巴信息技术有限公司》,北京市第二中级人民法院,(2008)二中民终字第19082号,第1页。
② 同上。
③ 同上,第2页。
④ 同上,第3页。
⑤ 同上。
⑥ 同上,第3—4页。

的。综上所述,第22条避风港条款在此案中不适用,阿里巴巴应当承担著作权侵权责任。①

2)提供"搜索/链接"服务的网络服务提供商(第23条):

①国际唱片业协会(IFPI)诉百度(北京市高级人民法院,2007年12月)

在国际唱片业协会起诉百度一案②中,国际唱片业协会对中国最大的互联网门户网站百度提起诉讼,称百度的行为构成对著作权的直接侵犯。百度辩称其仅仅为用户提供"搜索/链接服务",因此并未直接侵犯著作权人的权利。③北京市第一中级人民法院(北京一中院)支持百度的主张,将百度认定为链接服务提供者,可适用《2006年条例》的第23条避风港条款。④

在讨论第23条关于"通知—删除"之规定时,北京一中院认为国际唱片业协会的警告信是"存在缺陷的通知",并判定由于国际唱片业协会未能发送符合要求的删除通知,百度对侵权行为并不知晓,因此不应承担著作权侵权责任。⑤北京市高级人民法院维持了北京一中院的这一判决。⑥

---

① 《宁波成功多媒体通信有限公司诉北京阿里巴巴信息技术有限公司》,北京市第二中级人民法院,(2008)二中民终字第19082号,第3—4页。
② 《国际唱片业协会诉百度》(北京市第一中级人民法院,2005年第7965号),(2005)一中民初字第7965号。2007年北京市高级人民法院维持了这一判决。参见国际唱片业协会诉百度(北京市高级人民法院,2007年第594号),(2007)高民终字第594号。
③ 参见《国际唱片业协会诉百度》(北京市第一中级人民法院,2005年第7965号),第2—3页。
④ 同上,第16—17页。
⑤ 同上,第3页。
⑥ 参见《国际唱片业协会诉百度》(北京市高级人民法院,2007年第594号),(2007)高民终字第594号。

②国际唱片业协会诉阿里巴巴/cn. Yahoo. com(北京市高级人民法院,2007年12月)

然而,在六个月后由同一原告(国际唱片业协会)对类似的被告①(搜索引擎"阿里巴巴/cn. yahoo. com")提起的著作权侵权诉讼中,北京市高级人民法院所作出的审判结果却截然相反:法院判定被告应当为著作权侵权承担共同侵权责任。

此案中的被告是与百度类似的搜索引擎公司,用户可通过搜索结果显示的网页链接下载歌曲。本案中,原告国际唱片业协会同时以直接侵权和间接侵权起诉被告。北京市高级人民法院首先驳回了原告的直接侵权责任的主张,理由是阿里巴巴仅提供"搜索/链接服务",因此并不承担著作权直接侵权责任。②

在讨论间接侵权责任主张时,法院援引了《2006年条例》的第23条,并指出阿里巴巴明知或者应知搜索结果包含侵权内容,因为原告已经重复发送了删除通知。③该法院进一步论证道,由于阿里巴巴并未采取足够措施以删除/断开侵权内容的链接——阿里巴巴只删除了通知书中明确列明的链接地址,但未删除通知中指明的歌曲的其他搜索链接,阿里巴巴在保护权利人著作权中存在"重大过失",④因此应当对著作权侵权行为承担共同侵权责任。

---

① 《国际唱片业协会诉阿里巴巴》(北京市高级人民法院,2007年第1190号),(2007)高民终字第1990号。
② 同上,第9页。
③ 同上,第33页。
④ 同上。

法院对于两大搜索引擎公司提供的类似的链接及协助下载的行为所做出的不同判决引起了业界的广泛争议。各方关注的焦点在于:为何同一法院在同一时期审理的相同类型的案件却有不同的结果?是案件具体事实不同,证据相异,引用法律不同,还是地方保护主义作祟?种种猜测甚嚣尘上,业界所能做的大概只有继续关注此类案件的发展,以期逐渐了解法院判案的依据及规律。值得一提的是,北京高院在这方面似已作出积极回应。2010年5月北京高院内部发行的《北京市高级人民法院关于审理网络著作权纠纷案件若干问题的指导意见》(一)(下称"指导意见")不仅为北京基层法院在审理此类型案件时提供了统一标准的指导性意见,同时也为增加中国法院法官判案的透明性作出了很好的表率。①

四、中国现行著作权法制度下网络服务提供商侵权责任的不确定性

近年来虽然我国已经制定并实施了《信息网络传播权保护条例》、《侵权责任法》等法律法规,法院在案件审理中对网络服务提供商的侵权责任问题也形成了主流意见,但实践中仍存在某些亟待解决的问题,需要在将来著作权法的修改时进一步加以明确。鉴于中国并非判例法国家,法院审判的在先案例对于

---

① 《北京市高级人民法院关于审理网络著作权纠纷案件若干问题的指导意见》(一)由北京高院审判委员会2010年5月17日第七次会议通过,详见http://wenku.baidu.com/view/f54ca30216fc700abb68fc72.html。

未来法院的审判并不必然具有法律约束力,我们注意到各地法院在对《2006年条例》的第20条至第23条避风港条款的解释方面常常存在不同的审判意见。同时,由于该条例仅解决"点播/即个人指定时间和地点获得作品"(VOD)的问题,[①]而并不涉及"通过互联网实时转播版权作品"的问题,因此,《2006年条例》尚无法适用于未经授权的互联网实时转播的网络盗版问题。下面仅从几个方面浅谈一下笔者注意到的中国现行著作权法所存在的问题。

(一)"删除"通知的要求

关于删除通知怎样才算符合要求,各法院意见不一。在"国际唱片业协会诉百度"案中,北京第一中级人民法院认为,虽然国际唱片业协会向百度发送了警告信,但由于该警告信没有包含足够的信息,比如没有包括权利人的详细信息及侵权内容链接的具体网络地址,因此该删除通知并不符合要求。[②]法院因此判定原告未尽通知的积极责任,被告并未被通知到,因此不应当承担著作权侵权责任。[③]

然而在"国际唱片业协会诉阿里巴巴"一案中,北京第二中级人民法院却作出了截然相反的判决。二中院认为尽管国际唱

[①]《信息网络传播权保护条例》第26条将"信息网络传播权"定义为:"以有线或者无线方式向公众提供作品、表演或者录音录像制品,使公众可以在其个人选定的时间和地点获得作品、表演或者录音录像制品的权利。"

[②] 参见《国际唱片业协会诉百度》(北京市第一中级人民法院,2005年第7965号),(2005)一中民初字第7965号。

[③] 同上。

片业协会发送的删除通知仅包含一些指向侵权歌曲的网址示例,而不包含所有的侵权链接的网址列表,①但该侵权通知已经包含了足够使被告知晓侵权情况的信息。因此,法院认定阿里巴巴没有删除所有的侵权链接构成"重大过失",应当承担侵权责任。

(二)"知晓"情况的判断

网络服务提供商是否"知晓"侵权行为。根据美国《千禧年数字版权法》的规定,在分析被告是否构成帮助侵权责任及可否援引避风港保护时,须考虑网络服务提供商是否知晓侵权行为的发生。中国的2006年《信息网络传播权保护条例》亦是如此,在分析网络服务提供商的侵权责任时,"知晓"是法院需要考虑要件之一。比如,若要免予承担责任,提供主机服务的网络服务提供商必须"不知道也没有合理的理由应当知道服务对象提供的作品、表演、录音录像制品侵权"(第22条)。同样,提供链接/搜索服务的网络服务提供商如果"明知或者应知所链接的作品、表演、录音录像制品侵权的",则不能主张避风港保护。(第24条)

然而,中国版本的"红旗标准",即1)明知,2)有合理理由知道,与3)应知,在具体案件中应当如何解释、如何适用也并无统一的标准。比如,在"国际唱片业协会诉百度"(2007)一案中,判定百度不承担著作权侵权责任的一个原因是法院认为原告国际唱片业协会发出的删除通知没有包含版权证明及准确的指向侵

---

① 在"国际唱片业协会诉阿里巴巴"一案中,国际唱片业协会的删除通知中包括可能被侵权的34名歌手、48张CD以及指向136首侵权歌曲的链接的网络地址的一些例子。

权网站的链接地址,即未包含足够的细节,故属于"有瑕疵的删除通知"。在原告争辩即使上述通知存在瑕疵,但通知中涵盖的内容及其他证据应视为被告"有合理理由知道"或者"应知"侵权内容时,法院却没有支持原告的主张。

然而在随后的"国际唱片业协会诉阿里巴巴/雅虎"一案中,法院对"红旗标准"却采用了较为宽泛的解释,认为尽管原告所提供的链接地址列表并不详尽,但足以使被告知晓侵权事实,因此被告应承担侵权责任。①

在上海高级人民法院审理的"中凯文化诉数联软件"一案②中,该院也采用了较为宽松的"红旗标准"的认定原则。该院认为,由于涉案电影的公映时间是 2005 年 11 月,对于被告广州数联来说,其终端用户于 2005 年 11 月 19 日上传该电影的行为应属于"明显"未经过授权的侵权行为。③ 同时考虑本案中的其它因素,如被告诱使并积极帮助用户下载 POCO 软件,即一种 P2P 文件共享软件,并上传电影的事实,法院判定被告应当承担著作权侵权的共同侵权责任。④ 在此,法院对于"红旗标准",即侵权行为对于处于相同或类似情形下的理性普通人是否显而易见,采取了较为宽泛的解释。⑤

虽然上述案件在判断"知晓侵权"这一主观因素时尚无统一

---

① "国际唱片业协会诉阿里巴巴"案。
② 《广东中凯文化发展有限公司诉广州数联软件技术公司》(2008,上海市高级人民法院第 7 号)2008 沪高民三(知)终字第 7 号民事判决书。
③ 同上,第 8 页。
④ 同上,第 9 页。
⑤ 同上,第 8 页。

的审判标准,但中国法院近年来审理此类型案件的趋势似乎是对欲主张避风港保护的特定类型的网络服务提供商要求"更高的注意义务"。比如在"中凯文化诉数联软件"一案中,上海市高级人民法院明确指出:"网络服务提供商就防止侵权行为应承担的注意义务,应当与其具体服务可能带来的侵权风险相对应。"[①] 法院指出由于被告在网站专门设立了"影视交互区",并且提供了 P2P 软件以便用户下载,其"应当知道或者有理由知道其商业模式相对应的侵权风险"[②]。因此,认定被告在审查是否存在侵权行为方面应当承担更大注意义务。这种思维方式似乎逐渐成为法院审判时的主流意见。

(三)"迅速"标准的界定

在"国际唱片业协会诉阿里巴巴"一案中,尽管被告阿里巴巴在收到删除通知的一个月后最终断开了指向侵权内容的链接,但法院认为阿里巴巴未能"立即"删除侵权内容、断开链接,从而构成了"重大过失",因此判定阿里巴巴承担著作权侵权责任。[③]

在"刘京胜诉搜狐爱特信信息技术公司"一案[④]中(北京第二中级人民法院,2000),作家同时兼任翻译工作的原告刘京胜起

---

① 参见《中凯文化诉数联软件》案,第 9 页。
② 同上,第 9 页。
③ 国际唱片业协会于 2006 年 7 月 4 日向阿里巴巴发送了第一封删除通知,要求其在收到通知的 7 日内删除通知中指出的歌曲的所有侵权链接。此后,国际唱片业协会分别于 7 月 20 日、7 月 28 日、8 月 3 日及 8 月 1 日通过后续电话、书面请求敦促阿里巴巴。阿里巴巴承认其直到 2006 年 8 月 3 日才删除所有侵权链接。参见《国际唱片协会诉阿里巴巴》(北京市高级人民法院,2007 年第 1190 号)2007 高民终字第 1990 号,第 23—24 页。
④ 《刘京胜诉搜狐爱特信信息技术公司》(北京第二中级人民法院,2000 年 12 月)。

诉被告(搜索引擎公司)直接侵权、间接侵权。被告被指在未经许可的情况下,擅自在其网站上提供原告的译著。关于直接侵权主张,法院认为搜狐爱特信作为搜索引擎仅提供"搜索/链接服务",因而不承担直接侵权责任。① 而在处理间接侵权主张时,法院判定由于被告在收到删除通知后没有立即删除侵权内容,而是过了7天才删除,导致侵权行为持续发生,因此搜狐爱特信应当承担著作权侵权责任。②

尽管目前的立法和判例中均未明确怎样才算符合"迅速"删除的条件,大部分权利人主张:鉴于互联网如病毒似的传播速度,任何发布在网络上的作品,包括版权作品(如新上映的电影)一旦被上传到网络,24小时内便会在全世界由数百万的用户观看、浏览、阅读、下载并继续传播,因此删除条款中的"迅速"应当界定为收到删除通知的"24—48小时内"。③

(四) 实时在线盗版问题

现行的中国著作权法,尤其是2006年《信息网络传播权保护条例》所存在的一大缺陷为其没有解决网络的实时在线侵权问题。《2006年条例》的第26条将"信息网络传播权"定义为:"以有线或者无线方式向公众提供作品、表演或者录音录像制品,使公众可以在其个人选定的时间和地点获得作品、表演或者

---

① 《刘京胜诉搜狐爱特信信息技术公司》(北京第二中级人民法院,2000年12月),第2页。
② 同上,第2页。
③ 在许多国家,包括美国电影协会(MPAA)在内的内容厂商频繁地游说立法者,要求其规定网络服务提供商需在24—48小时内回复删除通知。

录音录像制品的权利。"换句话说,该条例仅解决"点播"(VOD)问题,而并不管辖未经许可通过网络实时转播节目的行为。

　　针对该立法漏洞,部分学界人士认为,鉴于中国已是世界知识产权组织版权条约(WCT)的缔约国,而该条约的第 8 条为传播权给出了更为宽泛的定义①,故可以此作为立法制止网络实时流媒体直播这一在线盗版方式的法律基础和渊源。而另一派学者则认为,对于网络的实时在线侵权问题,可适用《中国著作权法》第 10 条第 17 款的兜底条款的规定,最近颁布的北京高院的《指导意见》正式采纳了这一主张。②

　　笔者虽然赞同上述见解,但认为无论是 WCT 条款的自动执行,或是第 10 条第 17 款的兜底条款似乎都并不足以解决"网络实时在线侵权"的问题,其中最大障碍主要存在于"删除通知"的规定及如何证明被告的"知晓"等方面。若按照《2006 年条例》的解释,原告须通过向网络服务提供商发送"删除通知"的方法来证明被告的知晓,那么这一要求对于网络实时在线侵权的现状可谓毫无可操作性。众所周知,实时在线侵权的特点正是"实时"二字。而从权利人发送删除通知、网络服务提供商回复删除通知、并删除侵权内容的整个过程,少则十几个小时,多则几天

---

① WCT 第八条规定:在不损害《伯尔尼公约》第 11 条第(1)款第(ii)目、第 11 条之二第(1)款第(i)和(ii)目、第 11 条之三第(1)款第(ii)目、第 14 条第(1)款第(ii)目和第 14 条之二第(1)款的规定的情况下,文学和艺术作品的笔者应享有专有权,以授权将其作品以有线或无线方式向公众传播,包括将其作品向公众提供,使公众中的成员在其个人选定的地点和时间可获得这些作品。
对于该条文中"包括",似乎存在一种共识,即点播和实时转播服务均受该条款控制。WCT 全文可见于http://www.wipo.int/treaties/en/ip/wct/trtdocs_wo033.html#P7-8_9739.

② 见《指导意见》第 10 条。

甚至几周。因此若依据现行的"通知—删除"制度应对实时在线盗版,常常为时已晚,收效寥寥。

五、建议

在试图廓清现行法律制度的迷雾以期更好地应对网络侵权问题的各种立法建议中,有两大建议值得特别关注:1)指纹过滤技术(pre-upload fingerprint filtering technology);2)分级回应政策(Graduated Response)。指纹过滤技术由用户制作内容服务商原则(UGC 原则)[①]所倡导。该原则是 UGC 网站和内容服务的权利人于 2007 年专门针对网站中的用户上传服务(UGC)而制定签署。分级回应政策(GR)则更多关注运用点对点文件共享服务而进行的著作权侵权问题。

(一)指纹过滤——网络服务提供商与版权所有人共担维权责任

目前中国大多数 UGC 网站商业模式的主要收益来源为其广告收入,即网站上广告的浏览次数。因此,若该网站上含有未经授权的版权内容,则自然会吸引用户流量,从而提升该站点的点击率,增加其收益来源。[②] 基于上述商业模式,冀望中国的 UGC 网站和版权所有人共同承担著作权的维权责任显然是合理的要求。

[①] *Principles for User Generated Content Services*,http://ugcprinciples.com/(最后访问于 2009 年 1 月 16 日)。

[②] 引自 *Napster*,239 F. 3d at 1023.

然而,美国《千禧年数字版权法》和中国《2006年条例》均把维护版权、制止版权侵权的责任施加于版权所有人身上,而网络服务提供商并不承担主动的维权责任,只需在必要时与版权人配合来删除侵权内容,即可豁免侵权责任。① 在侵权法原则在著作权间接侵权案件中的应用方面,彼得-梅内尔教授(Peter Menell)和戴维-尼默教授(David Nimmer)将传统的侵权法理论定义为"平衡社会矛盾的预设框架"。② 他们将纷繁复杂的版权间接侵权责任理论归纳为两种,即共同侵权责任和代理(企业)侵权责任。③ 他们建议对那些侵权的企业和个人苛以严责,因为这些企业和个人直接造成了侵权损失并且从侵权行为中获益。同时,相较于无辜受害的原告而言,此类侵权企业及个人更有能力控制侵权行为。这种制度框架是建立在最低意外成本防范、有效风险负担以及最佳威慑理论基础上的。上述理论在判例法的侵权原则下已经发展得十分充分。④ 梅内尔教授和尼默教授特

---

① 参见 generally 17. U. S. C. §512(2000)及2006年条例第20—23条。
② Peter Menell and David Nimmer,"Unwinding Sony,"*California L. Rev.* Vol. 95:941,at 1006(2007).
③ 笔者将共同侵权责任和其他侵权责任理论在侵权法以及版权法的帮助(引诱)侵权理论下进行类比,发现两种侵权理论都包含"意图"及"知晓"要件。相似地,笔者认为版权法下的替代侵权责任理论也适用于间接侵权责任分支中的代理(企业)侵权责任。更多关于此论题的讨论请参见同上,第1012—1014页。
④ 同上,第1006页,引用了诸多关于最低以外成本防范和其他理论的文献。参见 Guido Calabresi,"Some Thoughts on Risk Distribution and the Law of Torts,"70 *Yale L. J.* 499(1961); William M. Landes & Richard A. Posner,The Economic Structure of Tort Law (1987); Steven Shavell,Economic Analysis of Accident Law(1987). 也可参见 Restatement (Third)Torts: Prod. Liab. §2,reporter's notes, cmt. a(1998)citing James Henderson, Jr. & Aaron D. Twerski,"Closing the American Products Liability Frontier: The Rejection of Liability Without Defect,"66 *N.Y.U. L. Rev*.1263(1991).

别主张:法院在考量版权侵权人间接责任时,应当考虑是否存在某种"合理的替代性方案"。如果存在一种合理的替代性方案,既可以充分发挥被告产品或服务的功用,又可以同时降低侵权风险,那么被告就有义务使用这种合理的替代性方案来避免侵权责任。① 根据这种主张,我们需要考虑一种更为平衡的标准,以更公平地分配 UGC 网站和版权所有人之间保护知识产权的责任。② 换而言之,在今后的立法及审判中,仅仅将所有的维权责任推给权利人未必是最好的解决途径。我们应当鼓励并且要求 UGC 网站与权利人共同承担保护知识产权的责任,而运用指纹过滤技术就提供了一种具体的技术解决方案。

1. UGC 原则与指纹过滤技术

2007 年 10 月,包括 MySpace,Veoh,DailyMotion 及 Soapbox(经由 Microsoft)在内的若干家 UGC 网站与包括迪士尼(Disney),哥伦比亚广播公司(CBC),国家广播公司(NBC Universal)及维亚康姆娱乐公司(Viacom)在内的内容所有人合作并签署了一项合作备忘录——"用户制作内容服务商原则"(UGC Principles)。③ 该原则涉及内容识别及指纹过滤技术的应用。

UGC 原则所倡导的指纹过滤技术可使网络服务提供商自

---

① 笔者将共同侵权责任和其他侵权责任理论在侵权法以及版权法的帮助(引诱)侵权理论下进行类比,发现两种侵权理论都包含"意图"及"知晓"要件。相似的,笔者认为版权法下的替代侵权责任理论也适用于间接侵权责任分支中的代理(企业)侵权责任。更多关于此论题的讨论请参见同上,第 1017 页。

② 同上,第 463—465 页。

③ *Principles for User Generated Content Services*,http://ugcprinciples.com/(最后访问于 2009 年 1 月 16 日)。

动将用户上传的内容与著作权人提供的版权内容的样本(参考材料)进行对比。① 如果用户上传的内容与内容权利人所事先提供的任一参考材料相匹配,而且该上传内容并未得到权利人的授权许可,也并不属于版权合理使用的范围,②那么该内容在上传时就会被网站所安装的指纹过滤技术自动屏蔽。③ 这无疑是当前针对用户上传未经许可版权作品的网络侵权现象所能采用的最切实有效的版权保护技术措施。通过版权所有人与 UGC 服务商的分工合作——即版权所有人提供受版权保护的作品的指纹数据库,而网络服务提供商则负责安装指纹过滤技术以对比、屏蔽、删除其网站上的侵权内容——可在以下几个方面达到相关利益的最大平衡:1)屏蔽用户上传侵权内容;2)允许上传完全原创及获得授权许可的内容;3)允许版权制度下的合理使用。④

迄今已有不少指纹过滤技术(包括 YouTube 自己开发的过滤技术、⑤Audible Magic、⑥Vobile⑦ 及 Enswer⑧ 公司所提供的

---

① *Principles for User Generated Content Services*, http://ugcprinciples.com/(最后访问于 2009 年 1 月 16 日),第 3 条。
② 内容所有人可以确定一些特定的说明,比如允许上传不超过 5 分钟的短片剪辑,从而允许合理使用。
③ 同上,第 3 条第(e)款。
④ 同上,第 3 条第(d)款。
⑤ BBC, *YouTube Rolls out Filtering Tools*, 16 October 2007, 可见于 http://news.bbc.co.uk/2/hi/technology/7046-916.stm.(最后访问于 1/17/10)。
⑥ DailyMotion 公司在 Joyeux Noel 案中败诉后在其网页上安装了 Audible Magic 公司开发的指纹过滤技术。参见 DailyMotion, *Dailymotion Selects Audible Magic's Fingerprinting Solution for Detecting Copyrighted Video*,(May 10, 2007)。
⑦ Vobile 公司开发的指纹过滤技术旨在防止未经授权的体育赛事网络转播。
⑧ Enswer 的指纹过滤技术是韩国公司开发的指纹技术。

指纹过滤技术)得到开发,并相继应用于 UGC 网站,而越来越多的中国 UGC 网站也逐渐安装了上述指纹过滤技术。①

2. 关于合理使用的问题

对指纹过滤技术持批判意见者则担心计算机和技术是否能够允许版权制度下的合理使用。迈克尔-索耶(Michael Sawyer)在其论文《合理使用及反馈:用户制作内容原则及美国千禧年数字版权法》(Fair Use and Feedback: User-Generated Content Principles and the DMCA)指出:计算机或许在计算和定量分析方面表现出色,但并不具备考虑某些因素的能力,比如合理使用分析中所需的定性分析。②索耶指出美国合理使用的四要素分析中的前两个要素,即"使用的目的和性质"及"所使用版权作品的性质"③都需要人工判断,而非技术判定。④ 即使是第三个因素,即"所使用的部分占被使用作品的比例以及该部分是否构成其实质性部分",⑤虽然需要作定量分析,但根据毕比(Beebe)教授的实证研究结果,该要素在整个案件的分析中也并非决定性因素。⑥ 而就最后一个判断合理使用的因素,即"该使用对于被使用作品的潜在市场价值的影响"而言,⑦索耶指出对此要素作

---

① 迄今为止,56.com,优酷 Youku.com 等 UGC 网站已安装了指纹过滤技术。

② 迈克尔-索耶:《合理使用及反馈:用户制作内容原则及美国千禧年数字版权法》,Michael S. Sawyer, Filters, *Fair Use and Feedback : User-Generated Content Principles and the DMCA*, Berkeley Technology L. J. 24:1(2009),第 29 页。

③ 17 U.S.C. § 107(2006).

④ 参见迈克尔-索耶:《合理使用及反馈:用户制作内容原则及美国千禧年数字版权法》,第 29 页。

⑤ 17 U.S.C. § 107(2006).

⑥ 同上,第 29 页。Sawyer 引用 Beebe 教授的实证主义合理使用研究,该研究表明在整个版权作品都被复制的情况下,27% 仍被法院认定为构成合理使用。参见 Barton Bee, *An Empirical Study of U. S. Copyright Fair Use Opinions*, 156 U. PA. L. REV. 549, 616(2008).

⑦ 17 U.S.C. § 107(2006).

出判断,需要作品本身之外的信息,任何计算机或者人工智能都无法对该要素独立作出判断。①

对于 UGC 原则是否能够兼容合理使用提出质疑的并非只有 Sawyer 先生。电子前沿基金会(EFF)其后也提出了"用户制作视频内容的合理使用原则"(合理使用原则),作为对 UGC 原则的回应。② 合理使用原则建议使用定性标准来判断合理使用的构成。然而,笔者认为其提出的某些建议存在主要推理上的瑕疵。

比如,合理使用原则建议只有在音频与视频都与同一作品相匹配、且 90% 或以上的上传内容来自同一作品时,该上传内容才应被屏蔽。③ 这一标准存在逻辑上的瑕疵。可以试想根据该标准,一部摘自两小时电影的,但时长仅三分钟的短剪辑或许会因为上传材料与参考材料中的指纹完全匹配而被屏蔽,而实际上该剪辑是可能构成合理使用的。相反,若上传用户将三部未经删节的电影拼接在一起上传至网站,该上传视频却有可能因为其总量仅与每一参考材料的 1/3 相匹配,未被屏蔽而导致上传成功。因此,就这点而言,合理使用原则所提出的建议尽管在出发点上是好的,但却并未考虑某些极端的可能性,因此具有瑕疵。

---

① 参见迈克尔-索耶:《合理使用及反馈:用户制作内容原则及美国千禧年数字版权法》,第 30 页。
② 次电子边界基金会发表的《合理使用原则》,The Electronic Frontier Foundation, *Fair Use Principles for User Generated Video Content*,可见于 http://www.eff.org/issues/ip-and-free-speech/fair-use-principles-usergen(最后访问于 2010 年 1 月 17 日),后文简称为合理使用原则。
③ 同上,第 2(a)页。

另外,合理使用原则建议在指纹过滤技术自动屏蔽、删除侵权内容时,应保留通知与删除程序。① 笔者认为此项建议与各国现行著作权法的规定并无区别。而事实已经证明,现有的通知—删除程序作为一种事后防范措施,并不能很好地解决网络侵权盗版的问题。内容所有人在打击网络侵权时面临的一大挑战是:当侵权内容最终被删除时,受版权保护的电影已经被观看、下载了数百万乃至千万次,且该电影的复制本已被进一步的复制,并向更广泛的观众范围传播。因此,若运用指纹过滤技术进行事前防范时,仍要求保留现有的"通知—删除"程序则对解决现有的问题毫无帮助,只会弱化 UGC 网站和版权所有人为保护版权所作出的努力。

最后,合理使用原则建议:成立非正式的"海豚"对话热线,建立用户和内容所有人之间的对话机制,以解决将符合版权制度下合理使用的上传内容错误删除的问题。② 这是一项为错误屏蔽所提供的救济手段的很好建议。

3. 给予中国大陆的建议

正如上海高级人民法院在中凯文化诉数联软件一案中指出的:网络服务提供商就防止侵权行为应承担的注意义务,应当与其具体服务可能带来的侵权风险相对应。③ Web2.0 时代下,基

---

① 次电子边界基金会发表的《合理使用原则》,The Electronic Frontier Foundation, *Fair Use Principles for User Generated Video Content*,可见于http://www.eff.org/issues/ip-and-free-speech/fair-use-principles-usergen(最后访问于 2010 年 1 月 17 日),后文简称为合理使用原则,第 3 页。
② 这一热线被称为"海豚"热线的原因是合理使用陷于侵权困境中正如海豚被鱼网捕获。
③ 参见《中凯文化诉数联软件》,第 9 页。

于中国 UGC 网站的现行商业模式,要求中国 UGC 网站与版权所有人共同承担保护版权的责任是公平与合理的。为此,笔者建议中国 UGC 网站可通过与内容所有人签署类似 UGC 原则的自愿协议来分担保护版权的责任。甚至中国政府可考虑通过制定明确的法律法规来确保 UGC 网站在主张避风港保护之前,应采用适当的过滤技术屏蔽删除侵权的内容。

(二)分级回应政策

前文关于指纹过滤技术的讨论,仅针对提供主机服务的网络服务提供商(UGC 网站),而并不涉及使用 P2P 技术的网站。除了需要应对 UGC 网站带来的版权侵权的挑战之余,权利所有人仍需面对 P2P 文件共享服务所带来的版权侵权问题。而分级回应政策则应此而生。

分级回应政策(Graduated Response)又称"三振出局法案",简称 GR,主要针对反复侵权的终端用户。根据此项法案,若同一位终端用户收到了三次或三次以上的侵权警告却仍不停止其侵权行为,网络服务提供商则应将上述反复侵权的用户名单报至法院或行政部门,由法官或行政官员对此进行评审,并根据具体情形作出处罚决定。惩罚措施包括罚款或切断网络等。

分级回应政策作为政府、网络服务提供商及权利人三方会谈的结果,最初产生于法国(Elysee/Oliveness Agreement[①])。

[①] *Accord pour le développement et la protection des œuvres et programmes culturels sur les nouveaux réseaux*, vendredi 23 novembre 2007,可见于 http://www.culture.gouv.fr/culture/actualites/conferen/albanel/acco-rdolivennes.htm。

迄今为止,世界各法域中,中国台湾①和韩国②已经制定了"三振出局法案"。另外一些法域,如法国、英国、澳大利亚、新西兰、新加坡及美国③也正致力于在法律或者实践中实施这一规则。在考察各法域所采取的分级回应政策时,我们发现各地的法案存在一些耐人寻味的差异。

1. 法国

法国的分级回应政策,又称 HADOPI 法案④,于 2009 年出台,2010 年 10 月起正式生效。该法案试图将控制网络链接作为鼓励遵守版权法的方式。HADOPI 是依法成立的监管互联网用户的政府机构。⑤ HADOPI 法案的草案初稿曾于 2009 年 4 月 9 日被法国国会否决。后法国国会与法国参议院分别于 2009 年 5 月 12 日及 5 月 13 日通过了该发案的修改案。然而,该法案中备受争议的核心部分于 2009 年 6 月 10 日再遭法国宪法委员会的否决,理由是"访问网络是表达自由的体现之一"及"法国法律坚持无罪推定的原则,只有法官才能根据法律给予制裁。"⑥

---

① 2009 年 5 月出台的中国台湾版权法修正案为网络服务提供商施加了针对侵犯版权的用户的三振出局政策。台湾知识产权办公室(TIPO)随后于 2009 年 11 月制定了执行条例。见台湾版权法案第 90 条第 4 款。可见于http://www.tipo.gov.tw/en/AllInOne_Show.aspx?path=2557&guid=26944d88-de19-4d63-b89f-864d2bdb2dac-&lang=en-us.

② 韩国的版权法修正案于 2009 年 7 月 23 日生效。133—2 规定了由韩国文化体育观光部(MCST)建议的"GR 政策"。

③ *Verizon ends service of alleged illegal downloaders*, January 20, 2010, http://news.cnet.com/8301-10233-10437176-93.html?tag=TOCmoreStories.0.

④ In French *Loi Favorisant la diffusion et la protection de la creation sur Internet*. French Senate. http://www.senat.fr/dossierleg/pjl07-405.html.

⑤ HADOPI 是政府机构"Haute Autorite pour la Diffusion des Oeuvres et la Protection des Droits sur Internet"(艺术作品网络传播及网络版权保护高级管理机构)的简称。

⑥ France 24, Top legal body strikes down anti-piracy law, June 10, 2009. http://www.france24.com/en/20090610-top-legal-body-strikes-down-anti-piracy-law-hadopi-constitutional-council-internet-france.

2009年10月22日,法国宪法委员会通过了再次修改的HADOPI法案,即 HADOPI 2法案(分级回应机制的制裁),该修改后的法案要求在对个人断网前需要经过司法审查,其他要求则和修改前的法案相似。①

现今,HADOPI终于开始实际运作。2010年10月1日起,法国主要的网络服务提供商(ISP)开始以 Hadopi 的名义向终端用户发出侵权通知。HADOPI备受期待的网站www.hadopi.fr也在当天正式上线,这对 Hadopi 的信息战略具有重大的补充作用。HADOPI法案并不局限于分级回应政策,它还涉及了网站屏蔽功能,并且权利持有人还将配备一种自动工具以探查和报告严重的侵权行为。值得注意的是,根据 HADOPI 法案,网络服务提供商应在8天时间内向 HADOPI 提供用以辨别网络服务订阅者的数据以及15天时间提供相关的支持文件。如果网络服务提供商在相应的时间内无法提供相应信息,则会受到1,500欧元的处罚,第二次无法完成,罚金便会翻倍。如果其没有执行 HADOPI 的账户取消命令,则会受到5,000欧元的处罚。

2. 韩国

在韩国,韩国著作权委员会(此为行政机构,而不是司法机关)对是否取消终端用户的网络订阅服务进行正当程序审查。②

---

① Pfanner Eric,*France Approves Wide Crackdown on Net Piracy*,New York Times,October 22,2009,可见于http://www.nytimes.com/2009/10/23/technology/23net.html.

② 参见133-2,2009年7月修改的韩国版权法案。第一段规定:通过信息传播网络传输非法复制品的,MCST可以责令相关在线服务提供者:(i)向该复制品的复制者和/或传输者发送警告通知而且/或者(ii)经由韩国版权委员会审议后删除该等复制品或者停止该等复制品的传输。

韩国著作权委员会为主持著作权侵权纠纷调解而成立,其同时也审议著作权侵权案件,并可请求法院下达禁令。

韩国实施的"三振出局法案"不仅针对反复制作和上传版权侵权内容的终端用户,[①]也针对那些收到三次以上警告仍然不执行删除命令的消息版,即若该消息版被认为损害了版权作品在互联网上的健康使用,也会受到类似停止账号的惩罚。[②]

近期,韩国文化体育观光部在其官方政府公报上公布了一批收到三次著作权侵权警告的个人名单。这批个人用户如果在24天的窗口期内无法成功解除警告,他们三次侵权的在线服务提供商(OSP)账户则会被取消。如果在线服务提供商拒不执行政府的账户取消命令,则会面临罚金惩处。[③] 需要特别注意的是,任何取消指令仅仅针对个人的三次侵权在线服务提供商账户,而不针对个人的网络账户本身,也不涉及个人可能拥有的任何其它在线服务提供商账户。[④] 韩国的"三振出局"措施的实际执行具有重大意义,相信账户取消命令会对韩国在线社区,特别

[①] 参见133-2,2009年7月修改的韩国版权法案。133-2第二段。133-2第二段规定:MCST若发现同一复制者及/或传输者已经收到以上条款规定的警告通知(i)进行该等未经授权的传输行为超过三次,则在经由韩国版权委员会审议后,MCST可以责令该在线服务提供者注销该用户账号时间不超过6个月。

[②] 同上,133-2第四段。133-2第四段规定:MCST若发现在线公告板已收到以上条款规定的警告通知超过3次,继续扰乱公共秩序,比如著作权,则经由韩国版权委员会审议后,MCST可以责令该在线服务提供者注销与非法复制及/或传输相关账号的时间不超过6个月。

[③] 参见韩国文化体育观光部于2010年2月24日的"亚洲版权会议"上发表的《网络反盗版措施(韩国)》,Seung Joon PARK,可见于http://www.bunka.go.jp/chosakuken/kaizokuban/asia_kaigi/01/pdf/korea_seifu.pdf.

[④] See James Gannon, *Music's Biggest Hit in 2009? Graduated Response*,可见于http://jamesgannon.ca/2010/04/30/musics-biggest-hit-in-2009-graduated-response/

是对侵权的自动监管、辨别和通知程序产生广泛影响。

3. 中国台湾

2009年5月出台的中国台湾版权法修正案授权网络服务提供商对侵犯用户实施"三振出局法案"。台湾智慧财产局(TIPO)又于2009年11月制定了《网路服务提供者民事免责事由实施办法》。① 根据版权法修正案和《实施办法》，网络服务提供商若未执行"三振出局法案"，则无法享受避风港条款保护。因此，在点对点技术背景下，若某网络服务提供商没有转发权利人的最初及反复侵权通知或者没有在第三次侵权后终止(完全或者部分)反复侵权者的网络订阅，则将被剥夺避风港保护。

然而，中国台湾智慧财产局并未具体说明"三振出局法案"应当如何执行。根据台湾智慧财产局之前的草案，政府似乎无意参与三振出局政策的具体执行。② 该政策主要被视为网络服务提供商和其终端用户之间类似合同性质的协议。因此，网络服务提供商应如何执行该政策，尤其是如何认定侵权行为、取消侵权行为者账号、及以何种标准决定全部或部分取消用户上网服务的不明确性引发了权利人对于该政策具体执行时的有效性所产生的担忧。

4. 对中国大陆的分级回应政策建议

通过P2P文件共享的形式侵犯版权的现象在中国十分普

---

① 参见台湾版权法第90条第(4)款，http://www.tipo.gov.tw/en/AllInOne_Show.aspx? path=2557-&guid=26944d88-de19-4d63-b89f-864d2bdb2dac&lang=en-us.

② 参见 国际知识产权协会2010年关于台湾地区的《第301特别报告》，IIPA—TAIWAN 2010 Special 301 Report on Copyright Protection and Enforcement, at 4, 可见于http://www.iipa.com/rbc/2010/2010SPEC301TAIWAN.pdf.

遍。针对此种现状，政府或许可以考虑在中国采用分级回应政策以防止终端用户的反复侵权行为。法院或者行政机构可作为审查主体，以确保程序正当；通过规定对多次忽视侵权通知的反复侵权者处以全部或者部分断网的制裁。

六、结论

由未经授权的终端用户在互联网上传、发布、传输受版权保护的作品的网络侵权行为已成为版权所有人日益担心的问题。版权所有人通常不对终端用户提起诉讼，而是根据间接侵权责任理论或者共同侵权责任理论将为终端用户提供互联网服务的网络服务提供商告上法庭。尽管包括中国、美国在内的大多数法域均制定了规制网络服务提供商侵权责任的法律法规，但如何解释及适用这些法律法规仍然众说纷纭。

为了更好地打击在线盗版，业界已提出一系列建议以指出作为侵权行为之中介商的网络服务提供商所应承担的责任。比如，引入指纹过滤技术或许是规制 UGC 网站版权侵权的好方法；而分级回应政策则旨在更好地制止运用 P2P 文件共享服务进行的盗版问题。尽管上述措施的应用或许存在关于合理使用、隐私权及其他权利滥用的质疑，笔者仍相信采用设计得当的机制，如具备正当法律程序的分级回应政策，将有可能较好地平衡权利人和社会公众之间的利益，从而最终推动创新及公共福利。

第二部分　Google 图书馆案

——Google 图书馆计划案引发的思考[①]

一、导论

2004 年底，Google 公司（Google）宣布推出庞大的图书数字化计划。该计划如能顺利实施，将会极大地改变人们阅读图书、获取知识的途径和方式。然而该计划对版权作品的扫描和展示却颇受版权人质疑，因而推出不久便诉讼缠身，频频遭到全球出版界的抗议和诉讼。在中国，Google 数字图书馆未经授权将 570 位中国作家的 17,922 种作品非法扫描上网，此举引起了中国作家的公愤。2009 年 11 月 18 日，中国作协向 Google 发出维权通告，而国内作家棉棉则于 11 月 6 日以一纸诉状将 Google 告上法庭。这是国内第一例以个人名义起诉 Google，主张权利的案件。人们对 Google 图书馆计划争议的焦点是：Google 图书馆的复制行为是否构成法律允许的合理使用？遗憾的是，现行中国《著作权法》所规定的合理使用行为并不包括 Google 的行

---

① 本内容首次发表于美国 Franklin Pierce Law Center 旗下的 *IDEA: The Intellectual Property Law Review* 杂志（2011 年第 51 期），纳入本书时略有增删。

为。学界对此的态度莫衷一是,大致分为两派:认为Google行为违反著作权法规定的批判派,及认为其符合著作权法规定的赞同派。之所以会出现这样的分歧,一方面是因为中国《著作权法》关于合理使用的规定存在模糊性;另一方面,是这些规定主要出自数字时代前的传统环境,诸多限制使其无法适应新技术发展带来的挑战。在将Google图书馆在法律上是否构成合理使用的不确定性和模糊性分析研究之后,本文试图重审中国版权法下的合理使用问题。

在最近关于修改中国《著作权法》①的讨论中,有学者建议修改合理使用的条款。所谓合理使用,即允许出于评论、批评、新闻报道、研究及教学等目的,不经著作权人许可而无偿使用受著作权保护的作品之实体部分的法律原则。② 现行中国《著作权法》中的合理使用条款仅适用于符合明文罗列之目的的情形,因其过于限制性及缺乏灵活性而受到批评。③

合理使用原则肇始于英国法官造法"合理删节摘录",该规则由18世纪一系列案例发展而来,这些案例中,英国法院对在何种情况下除作者以外的人可以不经过作者许可而"删节摘用"作品持较为宽松的态度。④ 如今,合理使用规则在普通法国家和欧洲大陆国家也被称为公平交易⑤,已编纂进入伯尔尼

---

① 该文中"中国"仅指中华人民共和国大陆地区法域,不包括中国香港、澳门及台湾地区。
② 《中华人民共和国著作权法》第22条。
③ 王迁,《论认定"模仿讽刺作品"构成"合理使用"的法律规则》,载于《科技与法律》2006年第1期。
④ Gyles v Wilcox, Barrow, and Nutt. 1740 2 Atk 143; Tonson v Walker 1752 3 Swans (App)762; Millar v Taylor(1769)98 ER 201.
⑤ 普通法系国家(如加拿大、澳大利亚及英国)及欧洲大陆国家(比如德国、法国等)普遍规定了公平交易规则。因此,本文所谈的英国公平交易模式并非作为普通法法域的代表,而是作为普通法系及欧洲大陆国家公平交易模式的代表。

公约①、罗马公约②、TRIPS协议③、世界知识产权组织版权条约（WCT）④及世界知识产权组织表演和录音制品条约（WPPT）⑤，且为世界多国广泛接受，尽管各国的合理使用规则不尽相同。

合理使用/公平交易大致表现为三种立法模式：1）美国所采用的模式，即不明文列举各种允许使用的情形，而是规定一系列可供考虑的法定因素以便加以判断是否构成合理使用；⑥ 2）以英国为代表的大多数普通法系及欧洲大陆法系所采用的模式，即明文列举构成版权的例外和限制的各种情形，⑦ 3）融合英国及美国模式之混合式，中国台湾著作权法⑧及最近修改的韩国

---

① 参见伯尔尼公约第9条第（2）款及第10条。http://www.wipo.int/treat-ies/en/ip/berne/tr-tdocs_wo001.html#P140_25350.

② 参见罗马公约第15条规定：任何缔约国可以依其国内法律与规章，在涉及下列情况时，对本公约规定的保护做出例外规定：（甲）私人使用；（乙）在时事报道中少量引用；（丙）某广播组织为了自己的广播节目利用自己的设备暂时录制；（丁）仅用于教学和科学研究之目的。http://www.wipo.int/treaties/en/ip/rome/trtdocs_wo024.html#P132_12542.

③ TRIPS协议第13条明确规定了伯尔尼公约规定的"三步检验标准"：全体会员均应将专有权的限制或例外局限于一定特例中，该特例应不与作品的正常利用冲突，也不应不合理地损害权利持有人的合法利益。

④ WCT第10条规定：(1)缔约各方在某些不与作品的正常利用相抵触、也不无理地损害作者合法权益的特殊情况下，可在其国内立法中对一本条约授予文学和艺术作品作品的权利规定限制或例外。http://www.wipo.int/treaties/en/ip/wct/trtdocs_wo033.html#P83_10885.

⑤ WPPT第16条规定：(1)缔约各方在其国内立法中，可在对表演者和录音制品制作者的保护方面规定与其国内立法中对文学和艺术作品的版权保护所规定的相同种类的限制或例外。http://www.wipo.int/treaties/en/ip/wppt/trtdocs_wo034.html#P133_18440.

⑥ 17 U.S.C. §107(2000).

⑦ U.K. 1 & 2 Geo. V, c. 46, Section 2(1)(i).

⑧ 台湾著作权法(2010)第43—63及第65条规定了如下几种构成合理使用的情形："政府机构、教育、学术研究、文化保留及促进、新闻报道、非营利性目的、计算机程序改编等。"另外也规定了类似于美国的四大分析因素。全文可见于http://www.tipo.gov.tw/en/AllInOne_Show.aspx?path=2557&guid=26944d88-de19-4d63-b89f-864d2bd2dac&lang=en-us.

版权法①即采用该立法模式,即明文列举允许使用的各种情形(类似英国模式),同时也规定一系列在判断特定情形是否构成合理使用时可供考虑的因素(类似于美国模式)。

本章通过考察世界各国所采纳的合理使用规则,对中国在其立法改革中应当采取何种合理使用立法模式提出建议。第二部分讨论美国由一系列版权侵权案例中发展而来的合理使用原则及如何运用四因素分析法加以判断合理使用的构成。② 第三部分将聚焦于普通法系国家(比如英国和加拿大)、欧洲大陆国家(如德国和法国)的公平交易原则,分析其版权侵权案例中涉及的公平交易原则。第四部分将讨论中国《著作权法》法律制度下关于著作权的例外和限制的规定,并考查中国法院审判的几则合理使用案例。第五部分则提出现行中国《著作权法》中的合理使用条款存在的问题,并且提出一系列将来立法改革中可供参考的建议。

二、美国法律关于合理使用的规定

(一)美国合理使用立法

根据美国版权法的规定,合理使用即对版权人专有权利的

---

① 最近提出的韩国著作权法修正案(草案)中,除了韩国著作权法第 23 条至 35 条及 101—3 条至 101—5 条列举的各种可构成合理使用的情形之外,该草案建议新增条文,即第 35 条第(2)款"作品的合理使用"也包括类似于美国的四大分析因素。参见韩国版权法第 23 条至 35 条及 101—3 条至 101—5 条所规定的"版权 x 限制"。http://eng.copyright.or.kr/law_01_01.html.

② 17 U.S.C. § 107(2000).

一种限制。① 在版权侵权诉讼中,被告须将合理使用作为一种积极抗辩。② 该原则源于 *Gyles v. Wilco* 等案例中对英国第一部版权法案即"安妮法案"所做出的司法解释。③ 1841 年,Story 大法官在 *Folsom v. Marsh* 一案的审判意见中援引了这些英国案例,并将合理使用这一概念引入了美国版权法。④ 后来,1976 年版权法案编入了合理使用条款,即美国法典第 17 篇第 107 条。⑤

美国版权法第 107 条由三部分组成:1)前言部分:将对版权作品的合理使用界定为版权人专有权利的一种例外,并且为阐释之需要而列举了几个非排他性的允许使用的例子,如"批评、评论、新闻报道、教学(包括为课堂使用而进行的多份复制)、学习及研究"。⑥ 2)列举在判断特定情形是否构成合理使用时必须考虑的四大因素。⑦ 3)1992 年关于未出版书籍的补充规定。⑧

---

① 见美国版权法第 17 条 17 U.S.C. §107(2000)。此外,美国版权法也规定了针对教育机构、图书馆、档案馆及博物馆,复制档案馆收藏作品、为残疾人复制版权作品的特定例外。参见 17 U.S.C. §108—112,117,119,121—122。

② 参见案例 Campbell v. Acuff-Rose Music, Inc., 510 U.S. 569, 590(1994); Harper & Row, Publishers, Inc. v. Nation Enters., 471 U.S. 539, 561(1985); Video Pipeline, Inc. v. Buena Vista Home Entm't, Inc., 342 F.3d 191, 197(3d Cir. 2003).

③ Gyles v. Wilcox 1740 2 Atk 141.

④ Folsom v. Marsh, 9 F. Cas. 342(C.C.D. Mass. 1841)(No. 4901). 关于该案的评论,可参见 R. Anthony Reese, The Story of Folsom v. Marsh: Distinguishing between Infringing and Legitimate Uses, in Intellectual Property Stories 259(Jane C. Ginsburg & Rochelle Cooper Dreyfuss eds., 2006).

⑤ 17 U.S.C. §107(2000).

⑥ 同上。

⑦ 同上。

⑧ 美国版权法 1992 年 10 月 24 日修正案规定(Act of Oct. 24, 1992, Pub. L. No. 102—492, 106 Stat. 3145):"作品尚未出版这一事实本身并不影响合理使用的认定,若该认定是考虑上述因素而做出的。"

在判断某一具体使用是否合理时,第107条并不能自动适用。在每个特定的合理使用案件中,都需考虑上述四大因素。

(二)四大因素平衡标准

1. 使用的目的和性质

第107条所列的第一个因素即"使用的目的与性质,包括该使用是商业性使用或是基于非营利性教育目的之使用。"[①]总体上说,与非营利性教育目的相比,若某种使用为商业性使用,则往往不利于合理使用的认定。[②]然而在大多数案例中,如何区分"充满贪欲的商业性使用"[③]及"具有启发意义的利他的使用"[④]并不容易。正如尼默教授(Nimmer)所说:"教科书出版商和专事诽谤的小报出版商一样都追求利润;一名以其学术研究赚钱的严肃学者也不该因此被鄙视,从而无法受到法律保护。[⑤]"

1) 商业性使用

早期的案例中,法院在解释1976年版权法时认为对版权作品的商业性使用应被推定为非版权意义下的合理性使用,即判

---

① 17 U.S.C. § 107(2000).

② *Harper & Row Publishers v. nation Enterprises*, 471 U.S. 539, 105 S. Ct. 2218 (1985),第14页。

③ *Salinger v. Random House, Inc.*, 650F. Supp. 413. 425(S. D. N. Y. 1986), revised, 811F. 2d 90(2d Cir. 1987), cert. denied, 484 U.S. 890(1988).

④ 同上。

⑤ Melville B. Nimmer & David Nimmer, *Nimmer on Copyright*, § 3.05 The Defense of Fair Use(2009) at 3, quoting cases *Salinger v. Random House, Inc.*, 650 F. Supp. at 425 and *Sunderman v. Seaja Society, Inc.*, 142 F. 3d 194, 202—203(4th Cir. 1998).

定商业性使用不构成合理使用。在 *Sony Corp. of America v. Universal City Studios*① 一案中，Betamax 录像机被用以家庭"改变观看时间"即录制电视节目。最高法院将"改变观看时间"认定为"非商业性使用"，并在其附带意见中指出："任何版权作品的商业性使用均应推定为不合理的。"②

然而，后来的 *Campbell v. Acuff-Rose Music*③ 一案否定了这一用以判断合理使用的明确标准。在 Campbell 一案中，被告是一个名为 2 Live Crew 的乐队，因对罗伊-奥宾逊(Roy Orbinson)主唱的歌曲《漂亮女人》(Pretty Woman)进行了"滑稽模仿"而遭版权侵权诉讼。第六巡回法院推翻了初审法院的意见，认为根据 Sony 案提出的推定原则，该乐队的行为不构成合理使用。④ 然而，最高法院推翻了这一判决并指出：某项作品的商业性质并不应是决定性的。⑤ 该法院认为："非营利性的教育使用不一定免于侵权之构成；同样地，商业性使用也未必不能构成合理使用。"⑥结合以上两个判例，可将第 107 条所列的第一个因素即"使用的目的与性质，包括该使用是商业性使用或是基于非营利性教育目的之使用"做一小结：第一，商业性使用应推定为不合理；第二，既然是"推定"，就可被相反事实推翻。也就是说"商业性使用"不是判断是否构成合理使用的绝对条件；第三，如果事实证明，被告的行为虽具商业性目的，但若符合第 107 条规定

---

① Sony Corp. of America v. Universal City Studios,464 U.S. 417,104 S. Ct. 774(1984).
② 同上，第 451 页。
③ Campbell v. Acuff-Rose Music ,510 U.S. 569,114S. Ct. 1164(1994).
④ Campbell v. Acuff-Rose Music ,972 F. 2d 1429(6th. Cir. 1992).
⑤ Campbell v. Acuff-Rose Music ,510 U.S. 569,114S. Ct. 1164(1994),第 581 页。
⑥ Campbell v. Acuff-Rose Music ,510 U.S. 569,114 S. Ct. 1164(1994),第 584 页。

的"使用的目的与性质",也不能认定为不合理;第四,个案审判中,商业性使用仍作为推定不合理的首要考虑因素,而不是在推定是否合理时完全不予考虑的因素。因此,商业性使用的认定仍然更有利于原告。

在 Harper & Row Publisher v. Nation Enterprises① 一案中,联邦最高法院对商业性使用和非营利性使用做出如下区分:"区分标准不在于使用者是否将营利作为唯一动力,而在于其是否不遵守惯例支付许可费用、并企图通过剥削版权作品而从中获利。"②换言之,判断版权作品的使用是否属于商业性使用,关键在于若法律规定需要支付惯常费用而未支付的,不论被告是个人还是机构(例如个人从互联网下载音乐或电影时,本应支付费用,但未支付),都应被视为商业性地剥削利用了版权作品。

2)转换性使用

在 Campbell v. Acuff-Rose Music 一案中,最高法院将"转换性使用③"定义为"该新作品仅仅是代替了原有的独创性内容④,或是增加了新的用途或特色。"⑤法院指出,"对转换性作品的创造正是对版权法宗旨的进一步体现"⑥,因而得出如下结论:"新作品越具有转换性,其他不利于合理使用的认定因素(如商业性使用)所具备的重要性就越小。"⑦

---

① Harper & Row Publishers v. Nation Enterprises,471 U. S. 539,105 S. Ct. 2218(1985).
② 同上,第14页。
③ "转换性使用"这一术语源自 Leval, Toward a Fair Use Standard,103 Harv. L. Rev,1105,1111(1990).
④ 参考案例 Campbell v. Acuff-Rose Music,510 U. S. 569,114 S. Ct. 1164(1994),第579页。
⑤ 同上。
⑥ 同上。
⑦ 同上。

就滑稽模仿而言,法院认为,滑稽模仿若在创作新作品的过程中"具有明显的转换性价值"且"通过评论先前作品而有利于社会",则与其他评论、批评一样,可根据版权法第107条主张构成合理使用。① 联邦法院将"滑稽模仿"定义为:"使用原先作者的创作成分创作出新作品,该新作品至少有一部分构成了对原先作者作品的评论",②并进而确认 2 Live Crew 的新创歌曲包含滑稽模仿所需的批评性要素,因而属于滑稽模仿。③

尽管联邦法院在审理 Campbell 一案中并未指出所有的滑稽模仿均属合理使用④,在之后的许多滑稽模仿的案件中,法院均将滑稽模仿认定为合理使用。⑤ 比如,在 *Suntrust bank v. Houghton Mifflin Co*⑥. 一案中,原告对小说《风逝》(*Wind Done Gone*)的出版提起侵权诉讼。该小说采用了另一名著《飘》(Gone with the Wind,又译《乱世佳人》)中大量的人物背景介绍,却以奴隶而非奴隶主的视角叙事。第十一巡回法院引用 Campbell 案,认为小说《风逝》是对《飘》"关于奴隶制及黑人、白人之间关系的描写所作的特定批评、驳斥"⑦,因而应当被认定为受法律保护的滑稽模仿,并且撤销了地区法院做出的禁止出版

---

① 参考案例 *Campbell v. Acuff-Rose Music*,510 U.S. 569,114 S. Ct. 1164(1994),第579页。
② 同上,第580页。
③ 同上,第582页。
④ 同上,第581页。
⑤ 参见 Pamela Samuelson,*When world collide:Intellectual Property at the Interface Between Systems of Knowledge Creation:Article:Unbundling Fair Uses*. 77 Fordham L. Rev. 2537,该文引用了过去十年间多起关于滑稽模仿是否构成合理使用的案例,第5页。
⑥ Suntrust Bank v, Houghton Mifflin Co.,268 F.3d 1257,1267(11th,Cir. 2001).
⑦ 同上,第1269页。

的禁令。

2. 版权作品的性质

法院在分析该因素时考虑的是:被使用的作品是描述事实的叙事作品或是独创性很强的虚构作品;以及该作品属于已出版作品或尚未出版的作品。

1)描述事实的作品或虚构类作品

总体上说,创造性越强的作品越应该受到法律的保护。当然,一部作品首先须具备受版权保护所需要的独创性,才能被称之为版权作品。若该作品连最起码的独创性都不具备,那么就不应属于受版权保护的版权作品,则其后讨论也无必要了。此外,我们在此讨论的独创性,即评判合理使用时的独创性标准,应该高于判断版权作品时的独创性标准。[1] 法院在审判 Campbell 一案时指出,判定合理使用的第二项因素"让人认识到某些作品比其他作品更接近版权保护的核心意义,因此复制更具有独创性作品的行为不应被轻易地认定为构成合理使用。"[2]根据上述原则,虚构作品因为更具有创造性,因此对虚构作品的使用往往较难被认定为合理使用。另一方面,描述事实的作品因其创造性和独创性较弱,对这种作品的使用更易被认定为合理使用。

但若对涉案作品的使用存在着"转换性使用",则被使用的

---

[1] 见尼默著《版权法》第三章论合理使用的抗辩(Melville B. Nimmer, Nimmer on Copyright, §3.05"The Defense of Fair Use"2009)第 11 页,援引以下案例 Campbell v. Acuff-Rose Music,510 U. S. 569,114 S. Ct. 1164(1994),Monster Communications, Inc. v. Tuner Broadcasting Sys. ,Inc. ,935 F. Supp. 490. 494(S. D. N. Y. 1996).

[2] Campbell v. Acuff Rose Music,510 U. S. 569,114 S. Ct. 1164(1994).

版权作品究竟是虚构的还是事实性的就不再那么重要了。比如，法院在审理 *Campbell* 一案时指出，第二项因素"版权作品的性质"的"作用不大"；(第二项因素)"在审理滑稽模仿案件中，对于区分何为合理使用、何为侵权行为的作用不大，因为滑稽模仿一般都针对那些人尽皆知的、富有表现力的作品进行。"①另外，在 *Bill Graham Archives v. Dorling Kindersley Ltd.* 一案中，法院也作了类似的评论，即："然而，我们承认，在转换性使用创造性作品的情形下，第二项因素的作用是十分有限的。"②

2) 尚未出版的作品

在 *Harper & Row Publishers v. Nation Enterprises*③ 一案中，联邦最高法院指出：尚未出版这一状态对一部作品来说是"其'性质'的关键因素"④；"若作品尚未出版，对该未出版作品的使用行为很难判断为合理使用。"⑤法院认为："通常情况下，作者决定何时首次公开其尚未传播的作品的权利远远重要于使用者所提出的合理使用的抗辩。"⑥因此，法院判定"尚未出版"这一因素是不利于被告的。Brennan 大法官在其反对意见中却提出不同的见解。他指出，上述表述"将否定出版前存在合理使用的绝对化推定引入了本案的分析。"⑦在 1992 年美国国会正式修改版

---

① *Campbell v. Acuff Rose Music*, 510 U. S. 569, 114 S. Ct. 1164(1994)，第 586 页。
② 参见案例 BillGraham Archives v. Dorling Kindersley Ltd. , 448 F. 3d 605(2d Cir. 2006)，第 612 页。
③ 同上，第 546 页。
④ 同上，第 564 页。
⑤ 同上。
⑥ 同上，第 555 页。
⑦ 同上，第 595 页。(Brennan, J. , dissenting.)

权法之前,很多法院都沿用了 Nation Enterprises 一案中的判定标准,即若某作品属于"尚未出版的作品",则对该作品的使用就自然推定为不合理使用。① 这一实践直到 1992 年才发生改变。该年,美国国会出台了版权法修正案,该条修正案其后正式被编入了美国版权法第 107 条,该条规定:"某作品尚未出版这一事实本身并不影响合理使用的认定,只要这一认定是在考虑上述所有因素的基础上做出的。"②

3. 被使用部分的数量和质量

考虑该因素时不仅需要进行定量分析,也需要实质性的定性分析。有时,从数量上而言,使用部分或只占版权作品的很少量,但若使用的部分正是版权作品的核心部分,那么法院仍有可能判定该等使用为不合理使用。反之,若被告复制了整个版权作品,但若法院认定该使用为转换性使用,且使用的数量为实现上述转换性目的所必须,那么法院也可能会做出支持被告的判决。③

在 Harper & Row Publishers v. Nation Enterprises 一案

---

① 参见案例 Wright v. Warner books, Inc., 953 F. 2d 731, 737(2d Cir. 1991),法官的评论"作品尚未出版是第二项因素最中意的儿子";"若某作品尚未出版,则在先判例并未给这一因素留下讨论空间"。在案例 New Era Publ'ns International v. Henry Holt & Co., Inc., 873 F. 2d 576, 583(2d Cir. 1989)中,法官认为,"若使用的是尚未出版的作品,则即使关于合理使用判断的第二项因素是有利于侵权者的,我们在此不会作出如此认定"。另见案例 Ass'n of Am. Med. Colls. v. Carey, 728 F. supp. 873, 885(N. D. N. Y. 1990),法官指出,"与尚未出版的虚构作品相比,使用已出版的、事实描述性的版权作品更易构成合理使用。"rev'd sub no.

② 关于未出版作品的合理使用问题(Fair Use of Unpublished Works, Pub. L. No. 102—492, 106 Stat. 3145, 1992)后来被编入美国法版权案第 17 篇第 107 条。

③ 即使不存在转换性使用,复制整个版权作品也可能构成合理使用。参考 Sony 案,464 U. S., at 4490450, 104 S. Ct., at 2232。该案中,法院判定:为家庭观看而复制整个电视节目与通常复制整个版权作品的后果不同,因此并不妨碍合理使用的认定。

中,尽管作为被告的 Nation 公司仅引用了原告福特先生(Ford)创作的长达 20 万字传记中的区区 300 字,但法院通过定性分析,判定 Nation 公司使用了"该书的核心部分"①,从而对该因素做出了不利于被告的认定。

当然,美国的案例法中也存在被告复制了整个作品,但能证明是为了新的目的而使用,因此导致法院在该因素的认定上支持被告的情形。譬如,在 *Bill Graham Archives v. Dorling Kindersley Ltd.*②一案中,被告在其记叙 Grateful Dead 乐队历史的书上使用了 Bill Graham Archives 享有版权的演唱会海报,法院判定被告的该行为不承担版权侵权责任。第二巡回法院指出,被告在其书中以缩略图形式使用七幅演唱会海报的目的是为了以时间表为线索贯穿全书,以描述纪念 Grateful Dead 的演唱会。由于上述使用是以缩略图的方式复制海报,其使用量也十分合理,仅限于说明性使用而必须引用的数量,因而该使用对于原告的版权作品来说"影响不大"③。法院因此判定该使用为实现转换性目的所必须的使用,是合理使用。④

4. 该使用对于市场的影响

版权法的意义在于为作者创作提供经济动力。因此,未经许可而使用版权作品的行为若减少了版权人的收益,则该行为

---

① 参见 *Harper & Row Publishers v. Nation Enterprises*, 471 U. S. 539, 105 S. Ct. 2218(1985),第 565 页。
② 参见 *Bill Graham Archives v. Dorling Kindersley Ltd.*, 448 F. 3d 605,(2d Cir. 2006)。
③ 同上,第 13 页。
④ 同上,第 17—18 页。

可能被认定为不合理。然而，法院区分了版权人收益减少的两种不同情形：一是被告通过滑稽模仿等方式对原告的作品进行批评，从而造成原告的作品需求量减少；二是剥削原告版权作品继而损害原告现有市场及潜在市场的利润。在 *Campbell* 一案中，法院认为"意在批评的滑稽模仿作品，比如用语刻薄的戏剧评论，可能减少了对于原作的现有市场需求，但这并不构成版权法意义上的损害，"①从而判定被告不应对原告可能遭受的市场损失承担责任。而在 *Basic Books v. Kinko's Graphics Corp.* ②一案中，法院认为被告复制课程讲义并向大学生售卖的行为很可能减少对内容完整的书籍的购买需求，因而损害了原告售卖内容完整的书籍的现有市场，也损害了原告收取许可费用的潜在市场。因此，法院对该因素做出了不利于被告的认定。③

（三）数字环境下的合理使用案例

近年美国判例法中出现了不少涉及互联网的版权合理使用案例。在这些案例中，搜索引擎公司为了索引方便或者使公众更易获取作品信息，往往会对整个版权作品进行复制。其中最典型的纠纷情形包括：互联网搜索引擎公司通过网页抓取程序获得版权作品的复制件，对版权复制内容提供索引，生成版权作品的缩略图，并展示原网站链接等。④ 美国法院根据四因素分析

---

① 参见 *Campbell v. Acuff-Rose Music*, 510 U. S. 569, 114 S. Ct. 1164 (1994), 第 591—592 页。
② 参见 *Basic Books v. Kinko's Graphics Corp.*, 758 F. Supp. 1522 (S. D. N. Y. 1991).
③ 同上。
④ 参见帕米拉-赛缪尔森 (Pamela Samuelson) 著作《当世界倒塌时》(*When World Collide: Intellectual Property at the Interface Between Systems of Knowledge Creation: Article Unbundling Fair Use.*), 77 Fordham L. Rev. 2537 (2009), at 26.

法,通常将以上行为认定为合理使用。

1. *Kelly v. Arriba Soft Corporation* 案和 *Perfect 10, Inc. v. Amazon.com, Inc.* (2007)①案

在 *Kelly v. Arriba Soft Corp.*②一案中,作为被告的 Arriba Soft 公司提供图片搜索引擎服务。该搜索引擎以缩略图的形式显示搜索结果。用户在点击 Arriba 提供的缩略图后,可在 Arriba 网页上通过新窗口观看尺寸完整的图像。③ 原告莱斯莉-凯莉(Leslie Kelly)是一名商业摄影师,其就被告未经授权使用版权作品的缩略图和完整图像对被告提起了版权侵权诉讼。④

首先,地区法院认定被告对于缩略图和完整图的使用均构成合理使用,因此批准了 Arriba 提出的简易审判请求。⑤ 第九巡回法院在再审程序中,确认了地区法院对于缩略图的认定,但推翻了地区法院对于完整图的认定,理由是该认定不应当在当时的诉讼阶段做出。⑥

---

① 参考案例 Perfect 10, Inc. v. Amazon.com, Inc, 508 F. 3d. 1146(9the Cir. 2007),修改意见参考 487 F. 3d 701(9th Cir. 2007)。

② 案例 *Kelly v. Arriba Soft Corp.*, 336 F. 3d 811(9th Cir. 2003)。

③ Arriba 的软件有两大特点,即抓取内容及提供内嵌式链接。首先,抓取软件将尺寸完整的图像下载至 Arriba 服务器。该程序继而用这些复制件制作图像的缩略图。缩略图制作完成后,该软件程序将完整尺寸的图像从服务器删除。其二,Arriba 软件的第二个功能在用户双击缩略图时发生作用。用户双击缩略图后,缩略图通过内嵌式链接可展示完整尺寸的原始图像,旁边伴有图像尺寸的描述、指向原始网站的链接指引、Arriba 的标语及广告等内容。第九巡回法院在其判决中仅就软件的第一个功能进行了分析,即认定缩略图为合理使用。但对软件的第二个功能,即完整尺寸的图像是否构成合理使用的问题,并未做答复,而只是将此问题发回地区法院作进一步审理。

④ 同上,第815页。

⑤ 同上,第815页。

⑥ 同上,第817页。法院基于如下理由做出该认定:原被告双方均未针对完整尺寸的图像的版权侵权问题提出简易审判的动议,且 Arriba 并没有机会主张这些图像的侵权问题证据确凿,因而法院不能在双方均未提出(动议)的情况下对某争议进行简易审判。据此,法院推翻了地区法院对"完整尺寸图像"的审判意见并发回重审。

该案中,第九巡回法院运用四因素分析法,认定 Arriba 制作缩略图的行为构成合理使用。就使用目的而言,法院认为被告制作缩略图的目的是提供预览,观看者并不能以原图相同的像素观看图像,因而该种使用构成实质上的"转换性"使用。① 同时,法院认为被告 Arriba 制作缩略图的目的在于"提高这些图片的网络点击率"②,而并非在于"取代"原告凯莉创作的摄影作品所赋予消费者的审美体验。③ 据此,法院在第一项因素的认定上支持被告。

关于使用作品的性质这一因素,法院认为尽管被复制的作品具有高度创造性,但考虑到 Kelly 已经在其网页上发布了这些照片的事实,法院在这一因素的认定上认为原告仅稍胜一筹。④

就使用部分这一因素而言,法院既不支持原告也不支持被告。原因在于,法院认为尽管被告对整个作品进行了复制,但该等复制行为"对于用户辨识这些图片,并据此决定是否搜寻关于该图片及原始网页的相关信息来说是必须的"。⑤ 因此,就这个因

---

① Arriba 的软件有两大特点,即抓取内容及提供内嵌式链接。首先,抓取软件将尺寸完整的图像下载至 Arriba 服务器。该程序继而用这些复制件制作图像的缩略图。缩略图制作完成后,该软件程序将完整尺寸的图像从服务器删除。其二,Arriba 软件的第二个功能在用户双击缩略图时发生作用。用户双击缩略图后,缩略图通过内嵌式链接可展示完整尺寸的原始图像,旁边伴有图像尺寸的描述、指向原始网站的链接指引、Arriba 的标语及广告等内容。第九巡回法院在其判决中仅就软件的第一个功能进行了分析,即认定缩略图为合理使用。但对软件的第二个功能,即完整尺寸的图像是否构成合理使用的问题,并未做答复,而只是将此问题发回地区法院作进一步审理,第 819 页。
② 同上,第 819 页。
③ 同上,第 820 页。法院在审理中确认了如下事实:若用户放大这些缩略图,则图像清晰度下降。据此,法院确信这些缩略图并不能替代消费者对原始照片的需求。
④ 同上,第 820 页。
⑤ 同上,第 821 页。

素而言，原被告双方打了个平手。

关于最后一项因素，即该使用对潜在市场的影响，法院认为制作这些缩略图非但不会减少对原始作品的市场需求，反而有助于使更多的用户发现 Kelly 的摄影作品从而向 Kelly 或其被许可人处购买这些作品①。权衡上述四大因素，法院判定 Arriba Soft 不应承担版权侵权责任。

与 *Kelly v. Arriba Soft Corporation* 案相似，在 *Perfect 10, Inc. v. Amazon.com, Inc.*②（2007）案中，法院也做出类似的判决。

本案的原告为 Perfect 10 是一家提供订阅服务的成人杂志网站网络，其以直接侵权、间接版权侵权为由起诉 Google 公司，理由是 Google 从未经许可发布原告要求付费的图片的第三方网站上抓取原告享有版权的图片，对这些图片进行缓存，并制作缩略图。③

---

① Arriba 的软件有两大特点，即抓取内容及提供内嵌式链接。首先，抓取软件将尺寸完整的图像下载至 Arriba 服务器。该程序继而用这些复制件制作图像的缩略图。缩略图制作完成后，该软件程序将完整尺寸的图像从服务器删除。其二，Arriba 软件的第二个功能在用户双击缩略图时发生作用。用户双击缩略图后，缩略图通过内嵌式链接可展示完整尺寸的原始图像，旁边伴有图像尺寸的描述、指向原始网站的链接指引、Arriba 的标识及广告等内容。第九巡回法院在其判决中仅就软件的第一个功能进行了分析，即认定缩略图为合理使用。但对软件的第二个功能，即完整尺寸的图像是否构成合理使用的问题，并未做答复，而只是将此问题发回地区法院作进一步审理，第 821 页。经查明，原告并不存在缩略图许可市场，因而法院判定被告制作缩略图并使用的行为并不会损害原告缩略图领域的潜在市场。

② *Perfect 10, Inc. v. Amazon.com. Inc*, 508 F. 3d. 1146 (9th Cir. 2007)。判决修改见 487 F. 3d 701 (9th Cir. 2007)。

③ 同上，原告诉称 Google 提供链接的行为构成间接侵权，而其复制作品从而制作缩略图的行为则构成直接侵权。

对于 Google 制作缩略图这一行为,第九巡回法院推翻了地区法院的判决,并根据四因素分析法认定 Google 的行为构成合理使用。针对使用目的这一因素,法院援引了 Kelly 案,认为 Google 使用缩略图的目的与"原告 Perfect 10 所追求的目的有着本质的区别",①且"明显有利于公众",②从而判定 Google 使用缩略图的行为是极具"转换性"的。③ 尽管 Google 基于商业性目的而使用缩略图,且该等使用对原告的版权许可市场存在潜在危害,④第九巡回法院仍然判定"Google 搜索引擎所具备的转换性性质,尤其是对公众提供的利益,超过其使用缩略图的取代性目的及商业性目的,"⑤从而在这一因素的认定上强烈支持作为被告的 Google。

针对版权作品的性质这一因素,法院认定原告的作品极具创造性,但由于其已在网络上发布,即使被告行为不存在,公众亦可登录原告网站获得原告作品。鉴于这一背景,法院在考虑版权作品性质这一因素时仅略微偏向原告。⑥

针对使用数量这一因素,法院再次引用 Kelly 案,认为该等使用为实现转换性目的所必须,是合理的;因而在该因素的认定上,法院既不支持原告,也不支持被告。⑦

---

① *Perfect* 10, *Inc. v. Amazon.com. Inc*, 508 F. 3d. 1146(9th Cir. 2007)。判决修改见 487 F. 3d 701(9th Cir. 2007),第 15466 页。
② 同上,第 15466 页。
③ 同上。
④ 同上,第 15471 页。原告将其缩略图卖给手机厂商,可见原告拥有缩略图许可市场。
⑤ 同上,第 15471 页。
⑥ 同上,第 15472 页。
⑦ 同上,第 15473 页。

对于最后一项因素,法院认为原告的主张,即"Google 对其缩略图市场造成了潜在危害",仅仅是"假想"。因而,对于该因素,法院既不支持原告,也不支持被告。① 综上所述,第九巡回法院判定 Google 的行为构成合理使用。

2. Google 图书馆计划

2004 年末,Google 与几家检索图书馆合作,启动了图书检索图书馆计划。该计划宣称将把上百万册书籍扫描进入网络数据库,以供读者检索。另若扫描作品已经进入公有领域,Google 还将向读者提供这些图书的完整内容或者图书摘录。② 不到一年,作者及出版商代表已就大规模的版权侵权对 Google 提起诉讼,诉称 Google③ 将书籍扫描进入图书检索数据库及提供检索结果的行为直接侵犯了版权人独享的复制权。④ 这些诉讼后来被合并为一起集体诉讼。⑤

原告(作者及出版商)声称,即使这些作品已经存在于相关大学的图书馆中,或者经授权允许在 Google 图书搜索计划中使用,也不意味着版权人允许 Google 任意复制其作品或者在 Google 图书馆计划中使用该作品。虽然 Google 辩称扫描这些书籍并将其

---

① *Perfect 10, Inc. v. Amazon. com. Inc*, 508 F. 3d. 1146(9th Cir. 2007)。判决修改见 487 F. 3d 701(9th Cir. 2007),第 15474 页。

② 最初五所合作图书馆为:哈佛大学、密歇根大学、纽约州公共图书馆、牛津大学及斯坦福大学。参与合作的机构目前已有所增长。目前合作机构列表参见 http://books.google.com/googlebooks/library.html。

③ Google 是美国最大的互联网搜索引擎公司,其为网络用户提供免费的搜索服务,原告指称其 98% 的收入来自网站的广告费。

④ *The Authors Guild, Inc., et al. v. Google Inc.* No. 05-CV-8136(S. D. N. Y); *The McGraw-Hill Companies, Inc. v. Google Inc.*, No. 05-CV-8881(S. D. N. Y)。

⑤ 同上。

电子化的行为是帮助用户搜索到相关作品的必要步骤,但实际上,就此目的而言,Google 的行为是完全没有必要的。原告指出:Google 的根本目的完全是为了增加其网站流量及广告收入,"公众通过 Google 搜索获取书籍的电子版本,这会增加 Google 网站流量,从而提高网站广告价格"①。原告继续指出,Google 持续不断的侵权行为窃取了出版商以数字化方式复制、存储、搜索及向公众发布其作品的商业机会,这将对出版商版权作品的潜在市场造成实质性的负面影响。② 针对 Google 要求出版商提供一份不愿意被收录到 Google 图书馆计划中的作品清单的提议,原告认为:既然出版商已经明确告知 Google 未经允许不可复制传播其作品,他们并没有任何义务向 Google 提供更多信息。③

针对这些指控,Google 抗辩称:虽然其扫描了相关大学图书馆中的作品,但大部分作品已经进入公有领域,或者相关权利人已经丧失或放弃版权,因此扫描此类作品的行为并不构成侵权④。

对于其他尚未进入公有领域的作品,Google 以合理使用的理由进行了抗辩。⑤ Google 援引 Kelly 案辩称,将版权作品转化为数字版并存入可供检索的网络数据库的行为极具转换性目的,⑥应当属于"转换性使用"。另外,Google 只是通过页面链接将读者

---

① *The Authors Guild*, *Inc.*, *et al. v. Google Inc.* No. 05 - CV - 8136(S. D. N. Y);*The McGraw-Hill Companies*, *Inc. v. Google Inc.*, No. 05 - CV - 8881(S. D. N. Y).

② 同上。

③ 同上。

④ 同上。

⑤ 参见 Adam Mathes *The point of Google Print*, The Official Google Blog, Oct. 19, 2005. 可见于http://googleblog.blogspot.com/2005/10/point-of-google-print.html.

⑥ 同上。

指引到销售该书的在线零售商网站,Google 本身并没有从中赚取一分钱利益,而且 Google 也没有在图书显示页面添加任何广告,①因此上述使用也不是商业性使用。针对"使用质量及数量"这一因素,Google 辩称,其在向用户显示作品搜索结果时,已经充分考虑了不同作品的版权保护状态。譬如,对于那些未进入公众领域的受版权保护的作品,Google 只会向公众提供一些出版信息,或者根据作品的类型至多再提供三英寸长甚至更短的摘要,而不会提供其他更多资料。② Google 进一步辩称,数据库及摘要并不会对原始作品市场造成损害;相反,该图书馆计划能更好地让用户发现自己感兴趣的书籍从而促进书籍的销售。③基于以上几点理由,Google 认为自己的行为是"合理使用",因而不需要得到版权人的允许。

2008 年 10 月 28 日,Google 和原告达成了 1.25 亿美元的和解协议,根据该协议,Google 可以继续推行其图书馆计划。④ 该和解协议的公布引起各方关注,其中包括美国司法部⑤、美国版权局、⑥

---

① 参见 Adam Mathes *The point of Google Print*, The Official Google Blog, Oct. 19, 2005。可见于http://googleblog.blogspot.com/2005/10/point-of-google-print.html.

② *The Authors Guild, Inc., et al. v. Google Inc.* No. 05 - CV - 8136(S. D. N. Y); *The McGraw-Hill Companies, Inc. v. Google Inc.*, No. 05 - CV - 8881(S. D. N. Y).

③ 参见 Adam Mathes, *The point of Google Print*, The Official Google Blog, Oct. 19, 2005。可见于http://googleblog.blogspot.com/2005/10/point-of-google-print.html.

④ 纽约时报对此的报道,见 *Miguel Helft & Motoko Rich, Google Settles Suit Over Book-Scanning*, N. Y. TIMES, Oct. 28, 2008.

⑤ 司法部建议法院驳回该和解协议,因为其认为该和解协议违反了美国反垄断法。更多内容可见http://www.justice.gov/opa/pr/2010/February/10 - opa - 128.html.

⑥ BNA 报道的关于美国版权局对和解协议的异议。*Copyright Office Opposes Google Settlement, Orphan Works Issue Also Topic at Hearing*, BNA's Patent, Trademark & Copyright Journal, 78 PTCJ 588.

Google 的竞争对手①等。2009 年 11 月,双方修改了和解协议,将外国作品排除出在和解协议的适用范围之内,并且删除了可确保 Google 获得最高的电子使用许可率的"最惠国条款"。② 另外,该协议还修改了对孤儿作品的安排,孤儿作品即版权人较难或无法确定的版权作品。新协议规定:孤儿作品不受图书版权登记处之管辖,而是将其交由独立受托人管理。③ 2011 年 3 月纽约州南区联邦地方法院再次驳回了已修改第三次的和解协议,主审法官称该协议:"不全面、不合理、不公平"。④

从以上三个案件,我们看到:第一,法院在运用版权法第 107 条规定的四因素分析法判断被告行为是否适用合理使用规定时,第一因素"使用的目的与性质"往往是最关键的;第二,关于何为"使用的目的与性质",判断的关键已从过去的"商业性使用",逐渐转到"转换性使用";第三,判断网络环境下是否属于合理使用时,虽然"转换性使用"扮演的角色十分重要,但并不是唯一的考虑因素,而需在个案中综合考虑四个因素,这在前两个案例中已得到印证;第四,Google 图书馆计划案比较特殊,由于法院未做最后判决,美国司法界的意见和态度不得而知。笔者认

---

① 《数字趋势》杂志报道的微软、雅虎等公司对此和解协议的反对之声。*Geoff Duncan*, *Amazon, Microsoft, Yahoo Take Stand Against Google Books*, Digital Trends, August 21, 2009, 可见于 http://www. digitaltrends. com/lifestyle/amazon-microsoft-yahoo-take-stand-aganist-google-books/.

② 修改后的和解协议见 http://www. googlebooksettlement. com/agreement. html.

③ 同上。

④ CNET 新闻对于法官拒绝此和解协议的报道。Creg Sandoval, *Judge in Google Books case says no ruling Thursday*, CNET news, Feb. 18, 2010 http://news. cnet. com/8301 - 31001_3 - 10455667 - 261. html.

为,本案不同于 Kelly 案,本案被告有复制并上传(特别是复制)他人作品的行为,没有被告的行为,公众不可能获得原告的作品;而 Kelly 案被告是以缩略图的形式显示搜索结果,即使被告行为不存在,公众亦可直接登录原告网站获得原告作品。因此,虽然 Google 图书馆计划案被告的其他行为如其所抗辩,属于合理使用,但是在未经许可复制他人作品这一点上,并非无懈可击,这恐怕也是被告愿意以巨资和解的原因。

三、其他国家的合理使用/公平交易规则

以英国、加拿大为代表的普通法系国家及以德国、法国为代表的欧洲大陆法系国家在公平交易/合理使用的概念上虽然法律渊源不同,但也算是殊途同归,都概指版权法的限制与例外规则,并以"明文列举式"的方式详细列明各种版权例外的情形。因此,公平交易规则被指过于限制性、缺乏灵活性。[①]

(一) 英国的公平交易规则

1. 立法情况

英国的公平交易规则源于英国法官造法"合理删节摘录"

[①] 参见雷迪法官 1996 年在《欧洲知识产权杂志》上评论公平交易的文章。Justice Laddie, *Copyright: Over-Strength, Over-regulated, Over-rated*, 18 *European Intellectual Property Review*(1996)253,258—259;另可参见 1977 年委员会《关于版权和图样的立法报告》*Report of the Committee to Consider the Law on Copyright and Designs*, 1977 (Cmnd672)。该报告建议英国应当采取一种开放式的合理使用的抗辩机制,但该提议最终被英国立法机构否决。另可见《新加坡国会 2004 年辩论纪要》,Sing.,(2004),78 Hansard Parliamentary Debates 10(Jayakumar)[Debate 2004](S. Jayakumar)。其中新加坡副总理兼律政部长认为有必要摒弃过于限制性的英国模式,改革合理使用的模式。

原则,①后来被编入英国1911年版权法案。② 目前,1988年的《版权、外观设计和专利法》第三章将关于公平交易的条文命名为"关于版权作品经允许的行为"。③ 第29节、第30节规定的公平交易条款明文列举了如下几种允许使用的情形:1)研究及个人学习;2)批评及评论;3)时事新闻报道。④

根据英国法律,被告若主张其行为构成公平交易,则需举证说明具备以下三大要素:1)该等行为必须属于法律明文列举的允许使用的情形之列;2)该等行为需符合普通法标准所要求的合理性;3)若是为了评论、批评及时事新闻报道,则必须充分标明作者姓名。⑤ 与美国法所采取的并不列明每种允许使用的情形的立法形式不同,英国的公平交易规则要求被告首先须证明其行为属于法律明文列举的情形之一,然后才可考虑该交易的"合理性"。

英国的公平交易规则中的"合理性"标准所需考虑的因素与

---

① 案例 Gyles v. Wilcox, Barrow, and Nutt, (1740)3 Atk 143。在该案中,Hartwicke大法官判定:删节可以分为两类:"合理删节摘录"和"润饰性修短"。前者体现了编者创作新作品所付出的努力,因而该行为并不侵犯原作的著作权。而在审阅了被告的行为后,法官判定该案中重新装帧的书籍不构成合理的删节摘录,属于后者,因此是企图规避法律的版权侵权行为。

② U. K. 1 & 2 Geo. V, c. 46, Section 2(1)(i)。

③ 1988年的《版权、外观设计和专利法》(U. K.),1988, c. 48[CDPA], at http://www.opsi.gov.uk/acts/acts1988/ukpga19880048en3#pt1-ch3-pb2-11g29。

④ 同上。此外,1988年的《版权、外观设计和专利法》第31节列举了几项允许附带性包含版权作品的情形;第32—36节列举了几种基于教育性目的的使用;第37—44节是关于图书馆、档案馆合理使用的规定;第45—50节是关于版权管理组织的条款;第51—53节关于外观设计;第54—55节涉及字体;第56节是关于电子版作品的条款;第57—75则是兜底条款;第76节规定了针对改编行为的抗辩。参见(U. K.),1988, c. 48[CDPA]。

⑤ 须注意以录音、电影、广播或有线电视节目形式报道时事新闻时,不需标明作者姓名。参见 Section 30(3)(U. K.),1988, c. 48 [CDPA]。

美国判断合理使用的因素相类似。Hubbard v. Vosper① 一案"第一次界定了 1956 版权法第 6 节规定的公平交易条款中的'合理性'概念"。② 审判 Hubbard 案的法院指出,某项交易是否合理是个事实问题,该特定案例的所有相关情形都应得到充分考虑。③ 迄今为止,英国判例法已发展出如下几个用以判断某项交易之合理性的因素:1)作品的性质;④2)获取该作品的途径;⑤3)使用作品的数量;⑥4)使用目的;⑦5)该使用对市场的影响;⑧6)该交易是否存在其他选择。⑨

---

① Hubbard v Vosper,(1971),[1972]1 ALL E. R. 1023,[972]2 W. L. R. 389(C. A.)[Hubbard cited to ALL E. R.].为符合国际版权法及技术发展,英国通过了 1956 版权法。可见于http://www.opsi.gov.uk/acts/acts1956/pdf/ukpga_19560074_en.pdf.

② Guiseppina D' Agostino 著的关于加拿大、英国的公平交易原则和美国的合理使用模式的文章。(*Healing Fair Dealing? A comparative Copyright Analysis of Canada's Fair Dealing to U. K. Fair Dealing and U. S. Fair Use.*,)200 53 McGill L. j. 309. ,at 341. citing Cary Jane Craig, *Fair Dealing and the Purposes of Copyright Protection.*

③ Hubbard v Vosper,(1971),[1972]1 ALL E. R. 1023,[972]2 W. L. R. 389(C. A.)[Hubbard cited to ALL E. R.]. at 1027.

④ 若某作品尚未发表,则该因素的认定不利于被告。参见 *Hyde Park Residence Ltd. v. Yelland*,[2000]EWCA Civ 37,[2000]3 W. L. R. 215.

⑤ 若某人窃取或违反保密协议获取作品,则该等使用较难被认为具有合理性。参见 *Beloff v. Pressdram Ltd.* (1972),[1973]1 ALL E. R. 241 at 264.

⑥ 该因素的判断与美国所采用的方式相似。换言之,总体上来说使用的数量越少,则越容易构成合理使用。然而,法院也可能认定复制整部作品的行为也是合理的。参见 *Hubbard*.

⑦ 该因素考虑的是该等使用是出于商业性目的、转换性目的抑或是利他性目的。参见 *Newspaper Licensing Agency Ltd. v. Marks & Spencer PLC*,[1999]R. P. C. 536,[1999]E. M. L. R. 369(C. A.); *Hyde Park Residence Ltd. v. Yelland*,[2000]EWCA Civ 37,[2000]3 W. L. R. 215. ,at para36; *Pro Sieben Media AG v. Carlton U. K. Television Ltd.* (1998),[2000]E. C. D. R. 110.

⑧ 若该作品可代替原作,则较难成立公平交易。参见 *Hubbard*.

⑨ 若该交易存在其他选择,则较难成立公平交易。参见 *Hyde Park*.

2. 英国的公平交易案例

(1) *Pro Sieben Music AG v. Carlton U. K. Television Ltd.* (1998)

在 *Pro Sieben* 一案中,原告(一家德国电视公司)起诉被告(一家英国电视台)侵犯其版权,原因是被告在未经许可的情况下在其一档节目中使用了原告版权所有的 30 秒的片段。[①] 被告这一节目旨在批判有偿新闻。[②] 在播放该原告节目片段时,画面右下角以明显的方式显示该节目名称,画面右上方则以相对不明显地方式显示原告的标志(造型化的数字 7)。[③]

初审法院驳回了被告关于上述使用属于 1988 年《版权、外观设计与专利法》第 30(1)、(2)节规定的"批评、评论及新闻报道目的"的公平交易的抗辩。[④] 同时,法官指出,被告的节目中仅在不明显处显示原告商标标志的做法并未充分标明作者的姓名,因此也违背了"标识原作品出处"的规定。[⑤] 基于此,法官总结如下:即使被告的使用确属第 30(1)及/或(2)节规定的情形,但综合本案的各方面事实,该使用也并不具备合理性,因此被告应当承担版权侵权责任。[⑥]

上诉法院推翻了地区法院的判决,认为"批评或评论及时事

---

① Pro Sieben Media AG v. Carlton U. K. Television Ltd. (1998),[2000]E. C. D. R. 110,第 3 页。
② 同上,第 3 页。
③ 同上,第 4 页。
④ 同上。
⑤ 同上。
⑥ 同上。

新闻报道"这一表达的范围是"宽泛且不确定的",应当予以"自由地"解释,①从而判定该案中使用版权作品的行为属于第 30(1)、(2)节规定的范围。关于行为的合理性,法院在综合考虑了使用片段的长短(仅 30 秒)、摘录片断并未引用被采访者的原文,以及被告的使用并不存在影响原告行使其权利的不正当竞争等因素,得出该使用是合理使用的结论。② 关于被告的片断是否充分地标明了作者姓名这一要素,上诉法院认为:被告节目中显示了原告的商标标志,即可认为充分标明了作者的姓名,并引用说"尤其在电视节目的作者将标志作为自我识别的惯常方式的情况下更是如此"。③ 综上所述,上诉法院推翻了地区法院的判决,并判定被告的行为构成公平交易。

(2) *Ashdown v. Telegraph Group Ltd.* (2001)

在 *Ashdown* 一案中,阿什当先生(Ashdown:一位英国的政要名人)起诉一家英国日报侵犯其版权,理由是被告发表了其与总理召开的关于悬而未决的英国新政府组成会议的机密会议记录。④ 初审法院判定被告应承担版权侵权责任,并且批准了原告提出的禁令请求。随后被告上诉。

上诉法院援引 *Pro Sieben's* 一案中对"时事"的宽泛解释,认定该案中被告使用版权作品属于第 30 节规定的"新闻报道需要"。⑤

---

① Pro Sieben Media AG v. Carlton U. K. Television Ltd. (1998),[2000]E. C. D. R. 110,第 7—8 页。
② 同上,第 10 页。
③ 同上,第 10 页。
④ *Ashdown v. Telephone Group* Ltd,2002 [E. S. D. R]32.
⑤ 同上,第 13 页。

在分析该使用的合理性时,法院并未依据以往判例法衍生出的一系列开放性标准来判案,而是列出一系列应考虑的因素,并按照其重要性的先后顺序进行分析:1)商业竞争性,即新作品是否与版权人的原作品形成商业竞争关系;①2)原作品是否已出版,即原告的作品是否已出版或已向公众公开。若尚未公开,则被告的使用很难被认定为公平交易,尤其被告在通过第三方泄密及其他不正当手段获得该作品的情况下更是如此。② 3)被告使用作品的数量及使用部分的重要性。③

上述因素中最重要的因素是被告作品与原告作品是否存在商业竞争性。上诉法院认为被告复制原告作品的部分"使得对该事件的描写更为生动"并"更吸引读者",因而增加了该报纸的商业价值。④ 更重要的是,上诉法院认为:会议记录在被告报纸上的发表打乱了原告打算自己出备忘录的计划,伤害了原告的经济利益,而相关的证据也充分证明了这点。⑤

关于原告作品是否已发表的次要因素,上诉法院认定被告复制的内容从未发表过,且被告以侵犯机密的方式获取该内容,因而对该因素做出了不利于被告的认定。⑥

关于使用作品的数量及使用部分的重要性这一因素,上诉法院同意初审法院的认定,即被告作品"复制了原告会议记录的

---

① *Ashdown v. Telephone Group* Ltd,2002 [E. S. D. R]32,第 14 页。
② 同上,第 14 页。
③ 同上,第 15 页。
④ 同上,第 15 页。
⑤ 同上,第 15 页。
⑥ 同上,第 15 页。

很大部分",因而对该因素也做出了不利于被告的认定。权衡上述因素,上诉法院同意初审法院的审判决定,驳回了被告的上诉。

(二)加拿大

1. 立法情况

公平交易条款于1921年首次规定于加拿大版权法,①此后经历了两次修改。② 同英国版权法类似,加拿大的版权法也规定:基于"研究或个人学习、批评或评论及新闻报道"的目的使用版权作品为公平交易,不构成版权侵权。③ 同时,加拿大版权法也效法美国版权法的相关规定,列出了"为教育机构、图书馆、档案馆、博物馆、复制档案馆馆藏作品及为残疾人复制版权作品"所设立的特定版权例外情形。④

依照加拿大版权法的判例发展来看,加拿大传统上将公平交易作为版权侵权的一项抗辩事由。与英国版权法公平交易的规定相同,加拿大版权法亦要求被告须举证说明以下三点要素,方可豁免侵权的追究,包括:1)该等行为必须属于法律明文列举的允许使用的情形之列;⑤2)该等行为须具有合理性。而对于合

---

① 加拿大版权法,S.C.1921,可见于http://laws.justice.gc.ca/eng/C-42/index.html(最后访问于2010年3月11日)。

② 参见 *North American Free Trade Agreement Implementations Act*, S.C.1993, C. 44 S.64(1), 生效于1994年1月1日, *An Act to Amend the Copyright Act*, S.C.1997, C. 24, S.18. 生效于1997年9月1日。

③ 加拿大版权法,S.C.1921,第29节。

④ 同上,ss. 29.4—30.4, 32.

⑤ 加拿大版权法,S.C.1921,第29节。

理性的判断标准则与美国判断合理使用的因素相类似;3)若被告的使用是为了评论、批评或进行时事新闻报道,被告须充分标明作者姓名及出处。①

然而,加拿大最高法院近年在 *CCH Canadian Ltd. v. Law Society of Upper Canada* 一案中做出的判决却似乎改变了上述传统。该案中,加拿大最高法院指出:公平交易不应当仅仅被解释为版权侵权的"抗辩事由",而应被看作"版权法的组成部分,即使用者之权利"。② 根据这种理论,最高法院显然将使用者之权利提升到其他权利之上,从而扩展了合理使用的范围。

2. *CCH Canadian Ltd. v. Law Society of Upper Canada* (2004)案例介绍③

在 *CCH* 一案中,原告(某出版社)以被告(当地的法律协会)侵犯了其版权为由起诉了被告。诉由是被告在未经原告许可的情况下,向其协会会员律师提供了案例丛集的裁决书、案例摘要、立法及规则之复印件,以支持其会员向客户提供法律建议、起草法律文书及代理案件等营利性活动。④

(1)第 29 条规定的版权例外情形

对于律师为从事营利性的法律业务而展开的"研究"是否属

---

① Guiseppina D'Agostino, *Healing Fair Dealing? A comparative Copyright Analysis of Canada's Fair Dealing to U. K. Fair Dealing and U. S. Fair Use.*, 200 53 McGill L. J. 309., 第 319 页.

② *CCH Canadian Ltd. v. Law Society of Upper Canada* (2004) SCC 13, [2004] 1 S. C. R. 339, 236 D. L. R. (4th) 395, 第 48 段.

③ *CCH Canadian Ltd. v. Law Society of Upper Canada* (2004) SCC 13, [2004] 1 S. C. R. 339, 236 D. L. R. (4th) 395, [CCH].

④ 同上,第 3 段。

于加拿大版权法第 29 节所列的版权例外情形这一问题,法院对第 29 条做出了较为自由的解释,并指出(我们)"不应过于限制性地解释"第 29 条。① 法院认为,应当对"研究"这一概念做出"宽泛而自由的解释以确保使用者的权利不过分受限",同时该解释"不应仅限于非商业性目的使用或者个人使用的情形"。② 因此,法院认为律师开展的研究活动属于第 29 条规定的情形。③

法院对于第 29 条规定的版权例外情形的"研究"所做出的如上宽泛解释与其他在先判例中对公平交易做出的限制性解释存在着尖锐冲突。在 1996 年加拿大地区法院 Michelin-Michelin & Cie v. Caw Canada National Automobile, Aerospace, Transportation and General Workers Union of Canada(CAW-Canada)④ 案中,当地法院对于第 29 条的范围做出了十分狭隘的解释。本案中,原告米其林轮胎公司起诉一家劳工组织侵犯其版权,理由是被告在关于劳工纠纷的宣传单上使用了"米其林人像"标志。被告辩称:使用该标志属于滑稽模仿,应当属于加拿大版权法第 29.1 条规定的"基于批评目的"的版权例外情形之一。然而,法院驳回了上述主张,指出根据加拿大版权法,滑稽模仿不同于批评,⑤因此不属于版权侵权的例外情形。⑥ 法院进而指出,对于

---

① CCH Canadian Ltd. v. Law Society of Upper Canada (2004) SCC 13, [2004] 1 S. C. R. 339, 236 D. L. R. (4th) 395, [CCH],第 5 段。
② 同上,第 5 段。
③ 同上,第 5 段。
④ 参见 Compagnie general des etablissments Michelin-Michelin & Cie v. National Automobile, Aerospace, Transportation and General Workers Union of Canada(CAW-Canand, (1996), [1997] 2 F. C. 306, 124. F. T. R. 192 (F. C. T. D)。
⑤ 同上,第 61 节。
⑥ 同上,第 60 节。

第29条的解释应当从严,不宜随便扩张,因为加拿大版权法已经全面详尽地规定了可构成公平交易的各种情形。①

(2)交易的合理性

就交易的合理性而言,法官援引了英国的 Hubbard 一案,指出以下因素是判断该交易是否合理的根据,即:该交易的目的(及其商业性质),②交易的性质,③交易的数量,④作品的性质,⑤该交易是否存在其他选择,⑥及该交易对作品产生的影响。⑦

对于第一项因素,法院认为被告的图书馆政策为确保资料用于研究及个人学习目的提供了合理保障,从而认定该交易的目的是合理的,因此对该因素做出了有利于被告的认定。⑧

关于该交易的性质这一因素,因为被告仅提供一份复制件,法院在该因素上也同样支持被告。⑨

---

① 参见 Compagnie general des etablissments Michelin-Michelin & Cie v. National Automobile, Aerospace, Transportation and General Workers Union of Canada(CAW-Canand, (1996),[1997]2 F. C. 306,124. F. T. R. 192(F. C. T. D),第 5 节。引用 Bishop v. Stevens,[1990]2. S. C. R. 467 at 483—484,72 D. L. R. (4th)97,31 C. P. R. (3d)394.

② 法院将考查该交易的目的是否属于加拿大版权法第 29 节规定的允许使用的情形。同上,第 54 节。

③ 若大量发行复制品,则较难被认定为合理。但若仅提供一份复制品,则较易被认定为公平交易。同上第 55 节。

④ 法院认为该因素无关紧要。同上,第 56 节。

⑤ 与美国、英国法院不同,CCH 审判法院认为若作品尚未出版,则更易认定为公平交易。理由是复制该作品且标明作者能使得该作品得以更广泛得出版发行。同上,第 58 节。

⑥ 对于该因素,法院会考虑:是否存在与该作品类似的不受版权保护的作品可供使用及/或若不复制批评的作品是否可达到相当的批评效果。同上,第 57 节。

⑦ 若该复制品可能与原作产生市场竞争,则较难被认定为公平交易。但法院强调该因素并非判断公平交易的唯一因素,也非六大因素中最为重要的因素。同上,第 59 节。

⑧ 同上,第 66 节。

⑨ 同上,第 67 节。

关于交易数量这一因素，法院认为被告已经充分考虑到这一因素，即通过行使自由裁量权以确保交易数量的合理性，因而在该因素的判断上也做出了有利于被告的认定。①

关于该交易是否存在其他选择这一因素，法院认为被告所提供的图书复印服务并无其他可选择性方案，原因如下：1)被告20%的读者群来自于多伦多之外的县市，他们每来一次图书馆都并不容易；2)该馆的现行政策不允许研究人员外借馆藏资料，因此被告向其会员提供复印是唯一的选择。② 显然，法院在得出上述理论时，考虑的更多的是读者（即律师）获取这些作品的便捷程度，而并非这些作品是否真的只能从被告图书馆处获得，即"用户中心论"的观点。

关于作品的性质这一因素，法院持与英国、美国判例法相反的观点。他们认为："若作品尚未出版，则更易被认定为公平交易。理由是：被告在标明了原作出处的前提下，对原告作品的复制行为有利于对该作品更广泛的出版传播。"③该观点再次体现了法院的"用户中心论"，即将用户/消费者权利置于其他权利之上。该最高法院赞同上诉法院的如下意见："保障公众有获取司法意见及其他法律资源的渠道是符合公众利益的"，因而在该因素的认定上支持被告。④

关于市场影响这一因素，法院认为应当由原告举证说明受

---

① 若该复制品可能与原作产生市场竞争，则较难被认定为公平交易。但法院强调该因素并非判断公平交易的唯一因素，也非六大因素中最为重要的因素。同上，第68节。
② 同上，第69节。
③ 同上，第58节。
④ 同上，第71节。

到了该交易的不利影响,而不该由被告承担举证责任,理由在于被告"较难获取可证明交易对出版者市场造成影响的证据"。① 法官再次强调,公平交易例外并不应被解释为是一种被告承担举证责任的积极抗辩事由,而是一种"使用者权利"。②

从CCH一案中,我们可以清晰地看到加拿大最高法院向用户中心主义的转变,即将公平交易从被告的积极抗辩提升为一项用户的权利。该法院对加拿大版权法立法宗旨所做出的诠释或许能更好地说明他们这一主张。该法院指出,加拿大版权法有双重目的,即"在致力提升公众传播艺术、才智作品的兴趣与为创作提供合理的报偿之间建立一种平衡。"③CCH案的法律意见随后引发了激烈的争论。一方面,法院在该案中对公平交易所作的宽泛解释使得以后根据加拿大版权法判断公平交易更具灵活性。而另一方面,版权人则担心将用户权利无限扩大,可能导致以后判例法的诸多不确定性。④

(三) 其他欧洲国家

尽管欧洲大陆法系国家与英美法系国家关于著作权(版权)

---

① 若该复制品可能与原作产生市场竞争,则较难被认定为公平交易。但法院强调该因素并非判断公平交易的唯一因素,也非六大因素中最为重要的因素。同上,第72节。

② CCH Canadian Ltd v. Law Society of Upper Canada (2004)SCC 13,[2004]1 S. C. R. 339,36 D. L. R. (4th)395,第48段。

③ 同上,第10节。引用 Theberge v. Galerie d' Art du Petit Champlian,2002SCC 34,[2002]2. S. C. R. 336 at para. 30—31,310 D. L. R. (4th)385。

④ Guiseppina D' Agostino,*Healing Fair Dealing? A comparative Copyright Analysis of Canada's Fair Dealing to U. K. Fair Dealing and U. S. Fair Use.*,200 53 McGill L. j. 309.

产生的法律基础不同,①但是在法律允许特定条件下、不经权利人许可、免费使用其作品或贡献的限制与例外方面的规定方面,欧洲大陆法系国家的立法形式却十分接近英国法的规定,即全面列举各种可构成公平交易的版权例外情形,而非美国开放式的诠释。换句话说,根据欧洲大陆法系国家的立法原则,适用所谓合理使用或公平交易规定的情形,应当由法律规定,即所谓"例外法定主义"。法律未规定的情形,一般不考虑适用不经权利人许可、免费使用其作品或贡献的例外规定。因此 Google 提出的合理使用抗辩在包括德国、法国的欧洲国家难觅法律依据。

1. 德国 Google 缩略图诉讼

2008 年 10 月,德国汉堡法院判定 Google 在其搜索引擎的链接结果中显示缩略图的行为侵犯了原图版权人之版权。② 在两起诉讼中,德国漫画作家 Thomas 和德国摄影家 Michael Berhard 对 Google 图片搜索及其他搜索引擎在搜索结果中显示其版权所有的图片的缩略图提起诉讼。③ 法院未接受 Google 提出的"转换性使用"的辩称意见,指出"缩略图比原图小、分辨率低与本案并无关系……以缩略图形式使用图片,并未创造新作品",从而判定 Google 应当承担版权侵权责任。④ 法院建议

---

① 前者以自然法思想为基础,后者以国家对精神劳动的鼓励与扶持思想为基础。详见 Urheberrecht, Manfred REHBINDER, 2003 C. H. Verlag Muenchen(著作权,[德]M. 雷炳德著,慕尼黑 C. H. 出版社 2003 年出版,第 72 段)。

② Bloombery, *Google Loses German Copyright Cases Over Image-Search Previews*, October13, 2008, http://www.bloombery.com/apps/news?pid=20601204&sid=a_ClwVkCvPww&refer=technology#.

③ 同上。

④ Adi Robertson, *Google Image Search thumbnails "infringement" under German ruling*, Public Knowledge October 17, 2008,可见于http://www.publicknowledge.org/node/1803。

Google 可采用文字描述以替代缩略图以避免诉讼纷争,而 Google 则认为该解决方案不便操作,对用户而言不够直观。① Google 随后提出上诉。

2010 年 4 月,德国联邦最高法院对 Google 缩略图一案作出判决,判定 Google 的缩略图不构成版权侵权。② 值得注意的是,德国最高院在审理此案中并没有认定 Google 的缩略图符合德国版权法下"可不经权利人许可、免费使用其作品或贡献的法定例外情形",而是通过认定"原告并未使用任何有效的反爬虫软件的技术措施防止 Google 的软件对其网站的图片进行搜索"③这一事实,直接推论出"该艺术家已默许了 Google 对其照片的使用"④,并得出 Google 对于原告照片的使用(包括其缩略图的产生)不构成侵权这一结论。

在分析 Google 缩略图的使用是否满足德国版权法下"可不经权利人许可、免费使用其作品或贡献的法定例外情形"时,德国最高法院的结论是否定的。它认为 Google 缩略图的使用不属于"非盈利性质",因此不符合德国版权法第 44 条 a 款的规定。⑤ 同时,缩略图的使用也不属于版权法第 51 条"引用评论"的性质,⑥因此

---

① Adi Robertson,*Google Image Search thumbnails"infringement" under German ruling*,Public Knowledge October 17,2008,可见于http://www.publicknowledge.org/node/1803.

② See Federal Supreme Court(BGH),1 ZR 69/08. 值得注意的是:尽管此案的被告亦是 Google,涉及的侵权事实也与搜索引擎显示的缩略图有关,但此案的原告却并不是前述德国汉堡法院审理案中的艺术家 Thomas 和德国摄影家 Michael Berhard。根据法院的判决,此案的原告亦是一位艺术家,但为女性。

③ 同上,第 36 段。

④ 同上,第 36 段。

⑤ 同上,第 25 段。

⑥ 同上,第 26—27 段。

不满足任何法定例外情形。

虽然德国最高院的结论与美国第九巡回法院在 *Perfect 10, Inc. v. Amazon.com, Inc.* 一案中做出的结论相同——即 Google 的缩略图不构成版权侵权,但两案中,德国与美国法院所使用的不同法律依据却引人深思。笔者认为:德国最高院的法律依据并不值得借鉴,其弊端有二,试阐述如下:

其一,德国法院在此案中采用的"默许"理论不恰当地将维权责任施加于权利人身上;即权利人如果未能使用有效的技术手段防止搜索软件的搜索,即视为默许,视为权利人对其网站上展示的作品某些权利的放弃。这种过于片面的诠释显然是值得推敲的。众所周知,由于网站的日益普遍及简约化,个人建立网站的趋势愈演愈盛。本案中的原告即为此种情形。对于这些个人用户而言,将个人作品(包括文字、摄影作品及图片等)上载到网站上并不需要什么太高的技术门槛,但额外要求他们使用防护性软件或加载防护密码来防止搜索软件的探索,否则将视为对搜索行为的默许,却无形中将维权的责任与义务倒置,加重了权利人的负担。

其二,德国法院在本案中仅将"技术手段"作为权利人是否默许的因素进行考量,这种单一的考量因素也未必妥当。试问:若权利人没有使用技术手段,而只是使用了"文字性的警告提示",如将"禁止他人搜索、转载、下载及传播"的文字标示于网站显著位置,法院又将如何认定呢?这依然属于权利人"默许"的情形吗?答案似乎应该是否定的。在此情形下,如果 Google 抓取信息并在搜索结果中展示缩略图的行为是否构成侵权呢?依照德国最高院的推论逻辑,若然没有了"默许",甚至许可人已经命令"禁止"了搜索抓取及下载等行为,Google似乎就面临着败诉的命运。但是对于Google类型的搜索引擎公司而言,其搜索软件的性质决定了它只能读得懂"技术性防护手段"的设置,而未必读得懂各国文字的表述。那么仅因为权利人说"不"的手段不同,即选择技术性防护手段或文字性警示手段,Google就面临着胜诉或败诉两者完全不同的命运,这未免也过于戏剧化了。

当然,笔者理解德国最高院作出此判决是充分考虑了公众利益、并平衡多方利益的结果。这个判决拟在鼓励类似Google公司的技术创新行为,即在不影响权利人利益的前提下,鼓励搜索引擎公司通过抓取式及其他创新的搜索手段,向公众迅速地提供信息并传播与分享知识。但欲达到上述目的,笔者认为德国最高院似乎可以考虑采用扩大德国版权法对于"公平交易的法定例外情形"的方法,例如采用美国的"四要素"分析法或TRIPS协定下的"三步检验法",通过认定Google的缩略图属于版权制度下的合理使用或公平交易的法定例外情形,因而得出Google缩略图不侵权的结论。这似乎远比牵强地运用一个"默许"理论来诠释此案具有更多的借鉴意义。

2. Google图书馆计划在法国

2009年12月18日,法国地区法院(Tribunal de Grande Instance de Paris 3eme Chambre, 2nd section)对法国出版商和作家对Google提起的版权诉讼做出了判决。[①] 法院在审判此案时主要面对以下两个争议焦点:1)关于对该起诉讼应当适用哪国法

---

① iyo *Syndicat National De L' Edition*(SNE)*v. Google*, 09/00540, Tribunal de Grande Instance de Paris 3eme Chambre, 2nd section, (2009).

律(法国法或美国法)的问题;2)若适用法国法,Google 是否应当为其未经许可提供侵权复制件的行为承担侵权责任。

对于适用法律的问题,法院驳回了 Google 提出的应当适用美国法的主张(若适用美国法,则 Google 可主张合理使用的抗辩),判定应当适用法国法,因为法国与该争议有"最密切联系"。[①]

对于第二个争议,即法国法下 Google 是否应当承担侵权责任的问题,Google 辩称:用户通过 Google 并不能获取整部作品,而只能"在适当限制"内获取作品的摘要,[②]因而可援引法国版权法第 L122—5 3 条"简短引用例外"的规定[③],因此不承担版权侵权责任。法院驳回了 Google 的抗辩,判定"对作品的数字化处理属于对该作品的复制,若该作品受版权保护,则该复制行为需要经由作者或其权利继承人的事先许可。"[④]据此,法院驳回了 Google 提出的简短引用例外的抗辩,判定 Google"未经许可而完整复制作品并提供作品摘要的行为"构成侵犯版权的行为。[⑤]

四、中国的合理使用/公平交易规则

(一) 立法情况

中国采用与欧洲大陆法系国家类似的法律,即采用允许特

[①] iyo *Syndicat National De L' Edition*(*SNE*)*v. Google*,09/00540,Tribunal de Grande Instance de Paris 3eme Chambre,2nd section,(2009),第 15 页。
[②] 同上,第 15 页。
[③] 同上,第 15 页。
[④] 同上,第 15 页。
[⑤] 同上,第 21 页。

定条件下、不经权利人许可而免费使用其作品或贡献的限制与例外规定。尽管合理使用与公平交易原则不是欧洲大陆法系使用的概念,但是,考虑到我国学界和司法界长期以来一直将我国著作权法规定的特定条件下不经权利人许可免费使用其作品或贡献的情形称为"合理使用"或"公平交易",本文在论述我国著作权法相关内容时,为简便起见,直接将此称为"合理使用"。中国《著作权法》第22条列举了12种版权例外的情形,①其中包括为个人学习、研究目的,②为评论目的③,为报道时事新闻目的进行的使用。④ 针对数字环境带来的挑战,《信息网络传播权保护条例》(《2006年条例》)⑤第6条将中国《著作权

---

① 中国《著作权法》规定若欲主张合理使用,则需指明作者姓名、作品名称。著作权法第22条规定了可以不经著作权人许可使用作品的12种情况。其中包括1)为个人学习、研究或者欣赏,使用他人已经发表的作品;2)为介绍、评论某一作品或者说明某一问题,在作品中适当引用他人已经发表的作品;3)为报道时事新闻,在报纸、期刊、广播电台、电视台等媒体中不可避免地再现或者引用已经发表的作品;4)报纸、期刊、广播电台、电视台等媒体刊登或者播放其他报纸、期刊、广播电台、电视台等媒体已经发表的关于政治、经济、宗教问题的时事性文章,但作者声明不许刊登、播放的除外;5)报纸、期刊、广播电台、电视台等媒体刊登或者播放在公众集会上发表的讲话,但作者声明不许刊登、播放的除外;6)为学校课堂教学或者科学研究,翻译或者少量复制已经发表的作品,供教学或者科研人员使用,但不得出版发行;7)国家机关为执行公务在合理范围内使用已经发表的作品;8)图书馆、档案馆、纪念馆、博物馆、美术馆等为陈列或者保存版本的需要,复制本馆收藏的作品;9)免费表演已经发表的作品,该表演未向公众收取费用,也未向表演者支付报酬;10)对设置或者陈列在室外公共场所的艺术作品进行临摹、绘画、摄影、录像;11)将中国公民、法人或者其他组织已经发表的以汉语言文字创作的作品翻译成少数民族语言文字作品在国内出版发行;12)将已经发表的作品改成盲文出版。可见于http://www.chinaiprlaw.com/english/laws/laws10.htm.
② 第22条第(1)款。
③ 第22条第(2)款。
④ 第22条第(3)款。
⑤ 参见信息网络传播权保护条例(《2006年条例》)。《2006年条例》英文版可见http://www.cpahkltd.com/Archives/063A-p90.Pdf.

法》规定的合理使用的情形扩展到了网络领域;①第 7 条则涉及图书馆等馆舍允许使用的情形;②第 10—12 条对允许使用的情形进行了进一步规定。③ 此外,中国《计算机软件保护条例》第 16 和第 17 条亦规定了特定条件下法律允许不经许可免费使用

---

① 参见《2006 年条例》6 条:通过信息网络提供他人作品,属于下列情形的,可以不经著作权人许可,不向其支付报酬:(一)为介绍、评论某一作品或者说明某一问题,在向公众提供的作品中适当引用已经发表的作品;(二)为报道时事新闻,在向公众提供的作品中不可避免地再现或引用已经发表的作品;(三)为学校课堂教学或者科学研究,向少数教学、科研人员提供少量已经发表的作品;(四)国家机关为执行公务,在合理范围内向公众提供已经发表的作品;(五)将中国公民、法人或者其他组织已经发表的、以汉语言文字创作的作品翻译成的少数民族语言文字作品,向中国境内少数民族提供;(六)不以营利为目的,以盲人能够感知的独特方式向盲人提供已经发表的文字作品;(七)向公众提供在信息网络上已经发表的关于政治、经济问题的时事性文章;(八)向公众提供在公众集会上发表的讲话。

② 同上,第 7 条:图书馆、档案馆、纪念馆、博物馆、美术馆等可以不经著作权人许可,通过信息网络向本馆馆舍内服务对象提供本馆收藏的合法出版的数字作品和依法为陈列或者保存版本的需要以数字化形式复制的作品,不向其支付报酬,但不得直接或者间接获得经济利益。当事人另有约定的除外。前款规定的为陈列或者保存版本需要以数字化形式复制的作品,应当是已经损毁或者濒临损毁、丢失或者失窃,或者其存储格式已经过时,并且在市场上无法购买或者只能以明显高于标定的价格购买的作品。

③ 同上,第 10 条:依照本条例规定不经著作权人许可、通过信息网络向公众提供其作品的,还应当遵守下列规定:(一)除本条例第 6 条第(一)项至第(六)项、第 7 条规定的情形外,不得提供作者事先声明不许提供的作品;(二)指明作品的名称和作者的姓名(名称);(三)依照本条例规定支付报酬;(四)采取技术措施,防止本条例第 7 条、第 8 条、第 9 条规定的服务对象以外的其他人获得著作权人的作品,并防止本条例第 7 条规定的服务对象的复制行为对著作权人利益造成实质性损害;(五)不得侵犯著作权人依法享有的其他权利。第 11 条:通过信息网络提供他人表演、录音录像制品的,应当遵守本条例第 6 条至第 10 条的规定。第 12 条:属于下列情形的,可以避开技术措施,但不得向他人提供避开技术措施的技术、装置或者部件,不得侵犯权利人依法享有的其他权利:(一)为学校课堂教学或者科学研究,通过信息网络向少数教学、科研人员提供已经发表的作品、表演、录音录像制品,而该作品、表演、录音录像制品只能通过信息网络获取;(二)不以营利为目的,通过信息网络以盲人能够感知的独特方式向盲人提供已经发表的文字作品,而该作品只能通过信息网络获取;(三)国家机关依照行政、司法程序执行公务;(四)在信息网络上对计算机及其系统或者网络的安全性能进行测试。

计算机软件的情形;①第29条则规定:"软件开发者开发的软件,由于可供选用的表达方式有限而与已经存在的软件相似的,不构成对已经存在的软件的著作权的侵犯"。

尽管立法者试图对合理使用的各种情形做出清晰而详尽的规定,目前的立法语言仍存在模糊之处,比如"适当引用已发表的作品"(第22条第2款)②及"合理范围内"(第22条第7款)③的措词无疑需要法官行使自由裁量权以确定何为"适当"及"合理范围"。此外,由于中国《著作权法》第22条源自欧洲大陆国家几十年前制定的规则,已因其不足以应对合理使用的新趋势而备受批评。④

(二)中国的合理使用案例

通过详细分析中国近些年的一系列合理使用案例,我们试图寻找中国法院在审理合理使用案件时的规律。总的来说,各

---

① 参见《计算机软件保护条例》第16条:软件的合法复制品所有人享有下列权利:(一)根据使用的需要把该软件装入计算机等具有信息处理能力的装置内;(二)为了防止复制品损坏而制作备份复制品。这些备份复制品不得通过任何方式提供给他人使用,并在所有人丧失该合法复制品的所有权时,负责将备份复制品销毁;(三)为了把该软件用于实际的计算机应用环境或者改进其功能、性能而进行必要的修改;但是,除合同另有约定外,未经该软件著作权人许可,不得向任何第三方提供修改后的软件。第17条:为了学习和研究软件内含的设计思想和原理,通过安装、显示、传输或者存储软件等方式使用软件的,可以不经软件著作权人许可,不向其支付报酬。

② 中国《著作权法》第22条第2款规定"为介绍、评论某一作品或者说明某一问题,在作品中适当引用他人已经发表的作品"构成合理使用。

③ 中国《著作权法》第22条第7款规定"国家机关为执行公务在合理范围内使用已发表的作品"构成合理使用。

④ 比如,美国判例法已承认滑稽模仿是一种允许使用的情形,但中国《著作权法》第22条对滑稽模仿并未做出规定。

地法官在对合理使用进行判断时,较多地运用了自由裁量权。譬如,有的判决书对中国《著作权法》第 22 条加以严格解释;而有的判决书则借鉴美国所采用的较为灵活的四要素分析法或是 TRIPS 协定中的三步检验法,对合理使用的情形加以个案的分析。由于中国法院采用了各不相同的判断标准,合理使用的案例依据似乎尚无一定之规。

1. 对第 22 条的严格解释

在"陈玉中诉峄城区史志办"著作权纠纷案中,被告为一家国有史料出版机构,其因未经过原告许可而在其出版物中使用了原告版权作品的大部分内容被起诉。[①] 被告援引第 22 条第(7)款"国家机关为执行公务"[②]这一例外主张合理使用。[③] 而法官认为被告的行为不属于 22 条第(7)款规定的情形,却并未解释原因,只是断然驳回被告的合理使用主张,并判定被告承担著作权侵权责任。

2. 对第 22 条的多重因素分析

尽管中国《著作权法》第 22 条规定了无需经过版权人许可即可使用版权作品的 12 种例外情形,但由于该条文语言较为模糊,法院在判断某种行为是否属于第 22 条所列情形时仍需要使用自由裁量权。

---

① 《陈玉中等与峄城区史志办》著作权纠纷案,山东省枣庄市中级人民法院(2008)枣商知初字第 10 号。

② 第 22 条第(7)款规定"国家机关为执行公务在合理范围内使用已经发表的作品"构成合理使用。

③ 《陈玉中等与峄城区史志办》著作权纠纷案,山东省枣庄市中级人民法院(2008)枣商知初字第 10 号,第 1 页。

在"北京三面向版权代理有限公司诉合肥邦略科技发展有限公司"著作权侵权纠纷案中,被告未经原告许可,在其网页上发布了原告享有版权的一篇描述中国移动通信服务新近趋势的文章,而遭版权侵权诉讼。① 被告援引中国《著作权法》第22条第(3)款及《2006年条例》第6条第(7)款规定的"报道时事新闻"例外作为合理使用抗辩。② 法院在审理此案时,将"时事"定义为须同时具备"时效性"和"重大性"两个特征。③ 法院认为,受版权保护的文章讨论的是中国移动通讯服务的发展趋势,因而具有"时效性",但却并不具备"重大性"的特征。④ 法院据此总结:使用该文不属于著作权法第22条第(3)款、《2006年条例》第6条第(7)款规定的版权例外情形,因此被告应当承担著作权侵权责任。⑤

在另一起著作权纠纷案"杨洛书诉中国画报出版社"中⑥,原告杨洛书作为著名绘画世家的继承人,他对中国画报出版社提起著作权侵权诉讼,理由为:被告未经原告许可在其出版的传记《杨家埠年画之旅》中擅自使用了原告享有版权的16幅年画作品。⑦ 被告援引著作权法第22条第(2)款规定作为其合理使用的抗辩,即"为介绍、评论某一作品或者说明某一问题,在作品中适当引用他人已经发表的作品"不构成著作权侵权行为。⑧

---

① 《北京三面向版权代理有限公司与合肥邦略科技发展有限公司》著作权侵权纠纷案,[2007]皖民三终字第0029号。
② 同上,第2页。
③ 同上。
④ 同上。
⑤ 同上。
⑥ 《杨洛书诉中国画报出版社》著作权纠纷案,(2007)鲁民三终字第94号。
⑦ 同上,第1页。
⑧ 同上,第1页。

法院根据以下三种因素,即 1)使用的目的,2)使用的数量,及 3)该种使用对市场的影响,来判断被告的使用行为是否属于著作权法第 22 条第(2)款规定的例外情形。

对于使用目的这一因素,法院认为该使用并不属于"介绍或评论该年画本身",而是为了记叙"杨家的历史与事件",因此在该因素认定上做出了对被告不利的认定。① 对于使用数量这一因素,法院认为使用 16 幅年画已超过第 22 条第(2)款规定的"适当引用"标准,但却并未明确引用多少张画才属于"适当"范围。② 至于该使用对市场的影响而言,法院认为,在被告的书中包含原告的 16 幅作品,使得该书的审美及商业价值得以提升,因此该使用对原告开发潜在市场的能力造成了消极影响。③ 综合上述因素的分析,法院判定该使用不属于第 22 条第(2)款规定的例外情形,被告应当承担著作权侵权责任。④

3. 第 22 条规定情形之外的其他允许合理使用的情形

除了上述几个根据中国《著作权法》第 22 条的列举严格判定合理使用之构成的案例外,我们也注意到另外一些法院在审判中采取了一种较为灵活的标准,即借鉴美国合理使用或 TRIPS 协议所倡导的模式,综合分析多重因素,而判断合理使用之构成。⑤

---

① 《杨洛书诉中国画报出版社》著作权纠纷案,(2007)鲁民三终字第 94 号,第 3 页。
② 同上,第 3 页。
③ 同上,第 3 页。
④ 同上,第 3 页。
⑤ 《国家广播电影电视总局电影卫星频道节目制作中心诉中国教育电视台》侵犯著作权纠纷案一审,北京海淀区人民法院,(2006)海民初字第 8877 号,第 2 页。

在"国家广播电影电视总局电影卫星频道节目制作中心诉中国教育电视台"一案①中,原告国家广播电影电视总局电影卫星频道节目制作中心对被告中国教育电视台(CETV)提起著作权侵权诉讼,理由为被告未经许可播放了原告享有著作权的电影作品——《冲出亚马逊》。被告辩称:其作为国有电视台,播出涉案影片是为青少年教育宣传使用为目的,属合理使用。根据中国《著作权法》第22条第(6)"为学校课堂教学或者科学研究,翻译或者少量复制已经发表的作品,供教学或者科研人员使用,但不得出版发行"②之规定,被告的行为属于此处列举的"教育目的例外"之情形。

对于被告的合理使用抗辩,法院指出:中国《著作权法》第22条第(6)款规定的"学校课堂教学"应专指"面授教学",不适用于"函授、广播、电视教学";③因此驳回被告根据第22条第(6)款所做出的抗辩。

法院在指出被告的播放行为不属于第22条第(6)款规定的情形之后,接着对该行为是否具有合理性进行了分析。法院指出:"合理使用作为著作权法律制度的一项重要内容,既有长期稳定存在的必要,又将随着社会发展不断变化。"④法院的分析并不局限于第22条明文列举的12种允许使用的情形,而是对

---

① 《国家广播电影电视总局电影卫星频道节目制作中心诉中国教育电视台》侵犯著作权纠纷案一审,北京海淀区人民法院,(2006)海民初字第8877号,第2页。
② 中国《著作权法》第22条第(6)款。
③ 《国家广播电影电视总局电影卫星频道节目制作中心诉中国教育电视台》侵犯著作权纠纷案一审,北京海淀区人民法院,(2006)海民初字第8877号,第2页。
④ 同上,第2页。

被告的播放行为是否系一种新的合理使用形式进行了进一步的分析判断。该案中,法院采用了两大判断标准加以深层次分析:1)使用的目的;2)该使用对市场的影响。①

对于第一项判断标准,法院指出被告在播放该片过程中插播了多处广告内容,故认定其播放行为带有一定的商业目的。因此法院在该因素上做出了不利于被告的认定。② 对于第二项判断标准,法院将"市场"区分为"实际市场"与"潜在市场"③。法院认为,由于原被告双方均为面向全国的电视台,被告播放原告享有著作权的电影,并安排插播广告从中获利,显然对原告开发潜在市场形成不利影响,因而对该因素的认定也做出了不利于被告的认定。④ 综上所述,法院驳回了被告的合理使用抗辩,认定被告应当承担著作权侵权责任。⑤

通过回顾以上若干案例,我们可以发现各地法院对于"合理使用"的判定标准并不一致,没有形成统一的标准来判定被告的使用是否符合"合理使用"。目前,中国法院对于"合理使用"的判定往往是依靠法官的自由裁量,包括:严格按照著作权法第22条规定的例外情形来判断被告是否可以免责,或是比照美国的因素判断模式及 TRIPS 协议的三步检验法来考量被告的行为。这种欧洲体系和美国体系的交错混用难免造成中国对于"合理

---

① 《国家广播电影电视总局电影卫星频道节目制作中心诉中国教育电视台》侵犯著作权纠纷案一审,北京海淀区人民法院,(2006)海民初字第 8877 号,第 2 页。
② 同上,第 2 页。
③ 同上,第 2 页。
④ 同上,第 2 页。
⑤ 同上,第 2 页。

使用"标准解释的混乱。

4. Google 图书馆计划在中国

2009年12月29日,中国首个以个人身份起诉谷歌公司(Google)侵犯著作权的案件——作家棉棉状告 Google 一案,在北京市海淀区人民法院进行了证据交换。原告棉棉诉称 Google 中国没有经过许可便将自己的作品《盐酸情人》扫描并在网上以片段的方式向公众提供,侵犯了自己的复制权、网络传播权以及保护作品完整权。① 棉棉的举动得到中国作家协会(下面简称中国作协)以及中国文字著作权协会(下面简称中国文著协)的支持,中国作协早在 2009 年 11 月 18 日便在其官方网站向 Google 公司发出了维权通告,通告要求:1)Google 公司在一个月内向中国作协提供已经扫描收录使用的中国作家作品清单;2)Google 公司未经授权不得再以任何形式扫描收录使用中国作家作品;3)对此前未经授权扫描收录使用的中国作家作品,Google 公司须在 2009 年 12 月 31 日前向中国作家协会提交处理方案并尽快办理赔偿事宜。②

Google 之后提供的作品清单显示中国作家被扫描的出版物大约有 10 万多册。2009 年 12 月 25 日,经文著协与 Google 代表初步检索,此清单涉及中国作协会员约 2600 人,涉及作品约 8000 种图书。③ 2009 年末,Google 迫于压力起草了相关和解方案,即对每一本图书赔偿 60 美元以及以后在线阅读收入的 63%。对

---

① 参见http://news.sohu.com/20100108/n269446788.shtml。
② 参见http://tech.163.com/09/1119/11/5OFTI2SF000915BF.html。
③ 参见http://news.sohu.com/20100108/n269446788.shtml。

于只是使用了其中部分或使用了插入内容的作品,则给予5—15美元的赔偿。但赔偿的实现需要权利人在2010年6月5日前提出申请,否则将视为权利人自动弃权。和解方案还提出,如果版权人不接受以上和解协议,则可通过诉讼途径解决。不过,中国大部分作家普遍表示难以接受这样的"霸王和解协议"。2010年1月9日,Google向中国作协提交了回应本次维权事件的正式文本:向中国作家道歉,作出承诺并提出了处理方案的时间表,表示将与中国文著协具体谈判并于2010年3月底前确定处理方案和协议框架。不过时至今日,由于Google随后撤出了中国市场,中国著作权人和Google的纠纷仍无定论。对于本案最终会以和解的形式结束还是以法院的判决定论,我们仍旧拭目以待。

不过可以确定的是,Google图书馆计划在中国亦是根据前文所述的中国现行著作权法以及《2006年条例》的例外规定,以合理使用进行抗辩,即主张图书扫描行为是用于公益性电子图书馆建设,本身不具有商业使用目的,因此应免受著作权人的指控。

根据之前关于合理使用的几则在先案例来推测,Google案在中国的判决情形无非是以下几种。其一,法官若是严格遵照著作权法第22条以及《2006年条例》第7条的规定,Google合理使用的抗辩似乎难以成立。毕竟图书馆在不经著作权人许可的情形下,通过信息网络仅能向"本馆馆舍内服务对象"提供数字作品,而Google图书馆计划既不是具有馆舍物理空间的传统图书馆,其受众又无法限定于特定的服务对象;此外,根据《2006年条例》第7条规定,法律允许图书馆不经著作权人许可免费以数字化形式复制其作品的条件是:该作品已经损毁或者濒临损毁、丢失或者失窃,或者其存储格式已经过时,并且在市场上无法购买或者只能以明显高于标定的价格购买。因此 Google 在此案中未经授权的扫描行为不属于我国著作权法规定的特定条件下、不经权利人许可免费使用其作品或贡献的情形,Google 的行为有可能视为版权侵权。其二,如果法官采用美国式的"四要素分析"法来审理此案,Google 成功提出合理使用的抗辩机会似乎更大些。按照之前美国的相关案例,我们可以想见:在使用目的及性质的第一要素方面,Google 有机会成功抗辩其扫描形式已构成"转换性使用"。在第四要素"对市场的影响"方面,Google 或可抗辩其扫描行为不仅不会影响原有市场的销售,相反消费者在浏览片断文章后很有可能产生购买、阅读全文的欲望,从而促进原有市场的销售。另外,从 TRIPS 协议的"三步检验标准"看,Google 的行为当属合法,因为 Google 如果仅仅复制了馆藏图书,但并未发行或者网络传播,不可能发生实际侵权后果。可见,重要的在于 Google 是否此后将复制的作品发行或者上网传播。实际情况是 Google 只上传作品的很少部分(按照 Google 的说法,取得出版社授权的,最多只上传作品的 20%;对于孤儿作品,每页只上传 3 行)。如果 Google 既未实质损害著作权人的利益,也未影响作品的正常利用,反而起到促销作品和方便公众获取信息的客观效果,岂不是一种新的合法交易模式诞生。

当然,以上的结果只是笔者的推测。不管法院最后采用哪种模式,也不论最后的结果如何,Google 图书馆计划的推行无疑将对作品市场产生巨大影响。随着新的电子阅读产品(例如 Ipad)的出现,我们可以预测:消费者阅读习惯的改变以及 Google 这种"数字化信息网络经营公司"的电子图书馆商业模式的出现,对于传统的出版市场将提出新的挑战,同时对网络时代下的经济发展和著作权立法都必将产生巨大影响。

五、建议

(一) 英美合理使用/公平交易规则的利弊分析

美国的合理使用模式,即通过一系列法定因素判断合理使用之构成的情形与普通法系及欧洲大陆法系国家所采用的公平交易的模式相比,其优势在于具有更多的灵活性与活力,较能适应新技术之发展。Google 缩略图案在美国①、欧洲②的不同审判结果即充分显示了两种立法模式间的区别。当然,美国合理使用模式的"灵活性"也有其弊端,并因缺乏事先的预测性而备受指责。③在充分考察了多起美国合理使用的版权侵权案件后,戴维-尼默教授(David Nimmer)得出以下结论:"此四大因素并不有助于分析,它们只是法官得出结论的借口。"④巴顿-毕比教授(Barton

---

① *Perfect 10, Inc v. Amazon.com, Inc*, 508 F. 3d. 1146(9th Cir. 2007),判决修正书见 487 F. 3d 701(9th Cir. 2007)。

② 参见彭播社 2008 年 10 月 13 日对 Google 在德国版权诉讼败诉一案的报道,Bloomberg, *Google Loses German Copyright Cases Over Image-Search Previews*, October 13, 2008, http://www.bloomberg.com/apps/news?pid=20601204&sid=a_ClwVkCvPww & refer=technology#。

③ 参见尼默:《版权法》,Melville B. Nimmer & David Nimmer, *Nimmer on Copyright* 13.05[A][1][b],引用 *Castle Rock Entm't, Inc. , v. Carol Publ'g Group, Inc.* , 150 F. 3d 132, 142(2d Cir. 1998);参见 Paul Goldstein, *Goldstein on Copyright* 12. 2. 2 at 12. 34(3d ed. 2005)。

④ 戴维-尼默:《最"合理"的使用与关于合理使用的传说》,David Nimmer:" '*Fairest of Them All' and Other Fairy Tales of Fair Use.*"(2003)66 Law & Contemp. Probs. ,第 263 页,第 280 页。

Beebe)在对 200 多件美国合理使用的版权侵权案例作出数据分析后,也得出了类似的结论。① 因此,对美国现行的合理使用模式持批评态度者认为,由于美国的合理使用制度缺乏明确的法定例外情形,且考虑到美国高昂的诉讼费用及法定赔偿金,使得很多原本无须征求权利人同意即可合理使用的情形大量减少。不少人因为担忧诉讼而带来的费用,不得不从权利人处寻求许可,从而形成了一种"因恐惧而许可"的氛围。②

反观以英国为代表的普通法系及欧洲大陆法系国家的公平交易模式,虽然该模式因过于限制性、无法适用商业新模式及技术发展被批评,但该现行制度被认为更具有确定性。事实上,很多国家均驳回了采用开放式的合理使用模式的立法建议,如澳大利亚③、新西兰④等。

(二) 中国或可选择的合理使用改革方案

在针对中国应当如何修正现行合理使用模式提出具体建议

---

① 巴顿-毕比与 2008 年发表的关于《1978—2005 年美国合理使用案例的调查报告》Barton Beebe, *An Empirical Study of U. S. Copyright Fair Use Opinions*, 1978—2005, 156 U. pa. L. Rev. 549(2008).

② 参见 Marjorie Heins & Tricia Beckles, Brennan Ctr. for Justice, N. Y. Univ. Sch. Of Law, *Will Fair Use Survive: Free Expression in the Age of Copyright Control* 5—6(2005), 可见于http://www.fepproject.org/policyreports/WillFairUseSurvice.pdf, at5—6/.

③ 经过一番辩论,澳大利亚最终驳回了引入美国合理使用模式或者扩展型的公平交易模式的立法建议,而选择通过更详细明确地增加属于合理使用例外情形的方式进行立法修改。参见 *Australia Fair Use and Other Copyright Exceptions: Issues Paper* (May 2005); Australia, *Copyright Amendment Bill* 2006, *Explanatory Memorandum*.

④ 在考察美国的合理使用制度后,新西兰政府也拒绝采用美国式的合理使用制度,并指出现阶段,新西兰并无采纳任一合理使用制度的强烈原因。参见 New Zealand, *Digital Technology and the Copyright Act 1994*, *Internal Working Paper* (July 2002), at paras. 264, and *Digital Technology and the Copyright Act 1994*, *Position Paper* (December 2002), at 160—61.

前,以下两种合理使用的模式值得一提,或可为中国将来的法律修改提供有益的借鉴。

1. 中国台湾的合理使用模式

中国台湾的合理使用模式融合了英国公平交易模式及美国合理使用模式的特点。根据台湾著作权法的规定,被告若欲提起合理使用的抗辩,须举证说明:1)该使用行为属于台湾著作权法第44条至63条规定的某一特定情形;①2)且根据台湾著作权法第65条第(2)款规定的法定因素,该行为具有合理性。② 与英国模式相同的是:根据台湾著作权法,被告在主张合理使用抗辩时需面临双重难题:首先,被告需证明该使用属于法定情形之一;第二,需证明该种行为之合理性。而另一方面,台湾的合理使用模式与美国模式也有相同之处——台湾著作权法第65条第(2)款即采用了与美国版权法第107节几乎相同的四大法定因素,即:使用的目的与性质、版权作品的性质、使用部分占被使用的版权作品的比重及重要性、该使用对潜在市场及版权作品价值造成的影响。③

总的来说,中国台湾的合理使用模式在总体结构上更接近于英国的公平交易模式。其与英国模式的主要差异在于:在行为"合理性"的判断上,台湾的法官必须根据与美国版权法第107节相同的四大法定因素来判断行为之合理性,而不可使用自由

---

① 《台湾著作权法》(2010)第43—63条规定了如下几种构成合理使用的情形:"政府机构、教育、学术研究、文化保留及促进、新闻报道、非营利性目的、计算机程序改编等。"全文可见于http://www.tipo.gov.tw/en/AllInOne_Show.aspx?path=2557&guid=26944d88-de19-4d63-b89f-864d2bd2dac&lang=en-us。

② 同上,《台湾著作权法》第65条第(2)款。

③ 同上。

裁量权,随意参考其他因素。因此,台湾的合理使用模式可以说是所有模式中最为严厉苛刻的一种。①

2. 韩国的合理使用模式

在最近进行的韩国著作权法修正案(草案)关于"合理使用"条款的讨论中,新草案提出:除了保持现有的韩国著作权法第23条至35条及101—3条至101—5条列举的各种可构成合理使用的情形之外,建议新增条文,即第35条第(2)款,意在增加不属于上述明文列举的各种情形下的对作品的合理使用行为的个案分析。

新增条款35条第(2)款规定,即使不属于明文列举的合理使用情形之列②,若"与使用该作品的惯常方式并无冲突,且并未不合理地损害作者的合法利益",③则在例外情况下也可能属于"允许使用版权作品"的情形。该条款的设置与TRIPS协议第13条关于"三步检验标准"的规定如出一辙。为了进一步明确判断某种使用是否属于上述段落所述情形的标准,韩国著作权法修正案第35条第(2)款第2段采用了与美国版权法第107节相同的四大法定因素,即:使用目的与性质(包括营利性目的或者非营利性目的)、被使用作品的性质及用途、使用部分在整部被使用作品中所占比重及重要性、该使用对现有市场、潜在市场及作品价值造成的影响。④ 可见,韩国采用了欧洲大陆法系公平交

---

① 参见张忠信:《著作权保护:技术发展与合理使用》(2003),发布于台湾科技法律论坛2003年11月20日。

② 不属于明文列举的合理使用情形之列即指不属于韩国著作权法第23条至35条及101—3条至101—5条列举的各种可构成合理使用的情形。

③ 参见韩国著作权法建议修正案第35条第(2)款第1段。

④ 参见韩国著作权法建议修正案第35条第(2)款第2段。

易模式和美国合理使用模式的综合方式,同时也遵从了 TRIPS 协议关于一国著作权立法对著作权进行合理限制的标准,即"全体成员均应将专有权的限制或例外局限于一定特例中,该特例应不与作品的正常利用冲突,也不应不合理地损害权利持有人的合法利益"。

与被告欲主张合理使用抗辩则需满足两大前提性条件的台湾模式不同,韩国著作权法修正案的新增草案主要借鉴了美国合理使用的规则,以个案分析不属于法律列举的法定情形的方式,从而扩大了合理使用的范围,因此更具于灵活性。

3. 中国将来应当采取的合理使用模式——明确性与灵活性的平衡

如上所述,中国的合理使用在司法实践中似乎面临如下两大问题:1)由于立法并未明确应当考虑哪些因素,法官在判案时往往运用自由裁量权,随意运用不同的判断因素;2)中国《著作权法》明文规定了允许合理使用的 12 种情形,而法定情形之外的使用一般视为侵权行为。上述规定过于死板,无法适应新技术与商业模式的发展所带来的全新挑战。

就第一项挑战而言,即法院在不同个案中采用不同的因素判断使用之合理性,笔者建议可借鉴中国台湾或韩国模式,在立法中规定法定因素以增强明确性及一致性。其中的法定因素可酌情参考美国版权法第 107 节所规定的四大因素。

至于中国在未来立法修改时应当采用何种合理使用模式的问题,是采用严格的释义、即要求被告在主张合理使用时须满足两大前提性条件(类似于台湾模式或"杨洛书与中国画报出版社"案中法官的做法);抑或采用更为灵活宽松的模式,先考虑被告的行为是否属于法律列举的允许合理使用的情形;若不属于,则根据法定因素再做进一步分析(类似于韩国模式或"国家广播电影电视总局电影卫星频道节目制作中心诉中国教育电视台"案中法官的做法),笔者在此不欲提出明确的答案。毕竟,最终这应是政府在平衡各方利益后需要考虑的一个政策性问题:是否需要扩展现有的合理使用范围?

如果中国政府在平衡了各方利益与政策后,决定扩展合理使用的范围,则可借鉴韩国模式。该模式具有双重优势,第一,因通过法律的明确规定而具有的明确性及确定性;第二,若某种使用不属于法律规定的情形,则可根据一系列的法定因素判断合理使用之构成,从而又具有一定的灵活性。相反,若中国决定维持现有的合理使用的范围,那么可以考虑借鉴中国台湾模式,在修改法律时明确几个法定判断因素,以增加审判的一致性和可预测性。

六、结论

中国的合理使用模式源于英国及欧洲大陆之公平交易模式,其特点在于明确列举了各种可构成合理使用的情形。但通过对一系列中国法院审判的合理使用案例的比较分析,特别是对 Google 图书馆案的考察,我们发现当立法存在模糊性或者不足以应对新兴技术提出的新挑战时,中国法院在司法实践中往往运用自由裁量权以判断合理使用之构成。不同的法院采用不同的判断方式：有的法院严格解释著作权法第 22 条的法定情形，而有的法院则运用多重因素法进行更为灵活的分析。这就造成了审判结果的不确定性及不可预测性。为了更为确定、一致地判断使用行为之"合理性"，可考虑借鉴美国、中国台湾及韩国等国家地区版权法所规定的法定因素。至于中国应当扩展抑或维持现有的合理使用的范围的问题，中国可在审慎考虑其公共政策、平衡各方利益后，或借鉴中国台湾模式（较为严格的模式），或参考韩国模式（较为自由的模式），进而修改中国《著作权法》的合理使用部分。最后，无论 Google 案在中国会有何种结果，此案给我们带来的启示是：在传统的版权保护规则不变的条件下，新技术的发展迫使人们不得不寻求新的交易模式。如果这种交易模式与传统的版权保护规则不冲突，又有利于我们实施科教兴国的国策，在跳出狭隘的民族主义小圈子的基础上（假如不是 Google，而是一家民族企业设计并实施了同样的图书馆计划，您又作何感想），我们为什么要拒绝呢？！

第三部分 比赛转播权①

一、导论

2008年北京奥运会期间,中国为禁止未经授权而通过网络转播体育赛事所做的一系列努力得到了世界范围内的广泛好评。② 尽管中国在网络反盗版方面取得了一定成果,但中国《著作权法》能否为体育赛事的网络转播节目提供法律保护仍需进一步界明。③ 北京奥运会期间,中国政府依据一系列特殊的法规规章④而非依据现行著作权法来禁止网络盗版,从而导致了法律解释上的不明确。笔者认为如果体育赛事转播节目具备足够的独创性,则现行中国《著作权法》可以且应当为体育赛事转播提供法律保护;积极应对体育赛事转播的网络盗版问题,为体育赛

---

① 本文首次发表于 University of Denver Sports & Entertainment Law Journal,2010年秋季刊。
② 参见 EBU News.,Beijing 2008:The Digital Games,http://www.ebu.ch/en/union/news/2008/tcm_6-62839.php.
③ 本文中,"中国"仅指中华人民共和国大陆地区,不包括港澳台地区。同样地,本文所述的中国著作权法仅指"中华人民共和国著作权法"。本文中"中国"均采用上述含义。
④ 自2002年起,中国发布了一系列特殊的法规规章为"2008年奥运会"提供相关的知识产权保护。其中包括《奥林匹克标志保护条例》、《北京市奥林匹克知识产权保护规定》,"Customs Clearance Notice for Beijing Olympic Materials"(《关于北京奥运会物品结关的通知》)等。

事转播提供法律保护,不仅与国际通行做法保持一致,并且将有利于拉动体育产业及当地经济的发展。

本文第二部分概述了体育赛事转播在世界各国所碰到的网络盗版问题,并详细分析了美国和欧洲(英国)在立法及案例方面的应对方式。第三部分介绍了中国学者就中国《著作权法》是否为体育赛事转播提供法律保护这个问题的不同理解,并回顾了北京奥组委(BOCOG)和国家版权局(NCAC)在2008年奥运会期间禁止未经授权的体育赛事转播的法律依据。第四、五部分论述了中国为体育赛事网络转播提供法律保护的重要性,并且提出中国政府或可采取的相关建议。

二、世界各国对体育赛事网络盗版问题的应对之策

(一) 未经授权的现场体育赛事网络转播现象

目前通过互联网获得未经授权的体育赛事转播节目主要有以下三种方式:1)流媒体播放(连续播送),比如通过点对点网络电视服务商收看体育赛事节目或者直接从网络服务器以连续播送方式进行收看;2)上传到文件共享网站(比如 bittorrent、eDonkey)的节目录像;3)用户上传内容网站(比如 YouTube)以及文件共享网站等上的精彩赛事节目的荟萃。本文聚焦于第一种侵权形式:即未经授权的流媒体方式的网络转播。[①]

[①] 参见《体育赛事网络侵权背景报告》*Background Report on Digital Piracy of Sporting Events*,由 Envisional 公司 and NetResult 公司撰写,2008年,第11页。

未经授权而通过网络转播现场体育赛事主要运用两种技术：一种为"单播流媒体"技术，另外一种为"基于点对点技术的流媒体P2P"技术。①《体育赛事网络侵权背景报告》一文具体介绍了"单播流媒体"和"基于点对点技术的流媒体"技术。该报告由英国互联网监测公司Envisional和NetResult公司应"世界经济合作与发展组织"（又称"经合组织"或"OECD"）要求，为研究数字盗版现象的项目所作。根据该报告的定义，"单播流媒体服务"指的是：将视频直接从服务器向单个客户端用户连续播送的服务。收看流媒体直播节目，除了普通的媒体播放器（比如Windows media player, real player 或者VLC）外，并不需要其他特别的软件。② 而"基于点对点技术的流媒体服务"则与之不同，其特征表现为：最初的节目被分为很小的各部分，由一台服务器传送给第一批观众，再由这些首批观众将节目零星地继续传送给更多观众。通过这种方式，观众和观众之间建立了连接，每个观众都向其他观众上传或者下载同样的部分。③

运用单播或者点对点技术进行流媒体转播所需的技术并不复杂，大多数的流媒体频道只需一台接入民用宽带网络的普通家用电脑便可。另外，由于目前电视调谐卡已成为许多家用电脑的标准硬件配置，家用电脑也可以采用流媒体技术转播电视节目。④

---

① 参见《体育赛事网络侵权背景报告》*Background Report on Digital Piracy of Sporting Events*，由Envisional公司 and NetResult公司撰写，2008年，第20页。
② 同上。
③ 同上。
④ 同上。

使用单播流媒体技术观看直播节目一般需要支付订阅费，因为该技术对于服务器的带宽和处理性能有较高的要求，所以运作成本并不低。①

与单播流媒体技术不同，基于点对点技术的流媒体转播服务通常是免费的。因此，近年来，点对点技术已成为电视直播节目（包括现场体育赛事节目）网络盗版更为常用的手段。② 运用点对点技术进行网络盗版的现象在加拿大、中国、韩国、瑞典、西班牙和俄罗斯尤为猖獗。③ 位于上述国家的服务器定期通过互联网将电视节目实时传送至全世界。

遭遇网络侵权的体育赛事项目范围广泛：不仅包括全球流行的体育项目，如足球、篮球等，也包括在特定国家流行的体育项目，如橄榄球等。④ 数据显示，全球范围内通过互联网收看未经授权的体育赛事转播的观众人数众多。如《体育广播权与欧盟竞争法》(*Sports Broadcasting Rights and EC Competition Law*, 2008)一书所指出的："仅仅是2007年11月份的一场NBA赛事的流媒体直播源就吸引了超过100万人次的观看，而其中3/4的观众可以确定在中国。"⑤

---

① 参见《体育赛事网络侵权背景报告》*Background Report on Digital Piracy of Sporting Events*，由Envisional公司and NetResult公司撰写，2008年，第20页。

② NetResult公司提供的数据显示，Sopcast技术（点对点技术的其中一种）是提供未经授权的现场体育赛事流媒体直播中最为常用的一种流媒体技术。参见《体育赛事网络侵权背景报告》，第25页。

③ 参见2008年"美国特别301报告"(Special 301 Report)，第10页。该报告由美国贸易代表署(Office of the United States Trade Representative)每年年初在收集了各产业界的反馈意见后，负责整理撰写。

④ 参见《体育赛事网络侵权背景报告》第10页。

⑤ 参见《体育赛事网络侵权背景报告》第11页。

2006年世界杯期间,成千上万的终端用户得益于运用点对点技术进行的未经授权的体育赛事的转播,从互联网下载并观看了世界杯赛事节目。在中国,数十家基于单播流媒体技术或点对点技术的网站通过盗取来自经授权的广播组织的电视信号,利用互联网转播形式,在全国范围内转播了世界杯赛事。上海文广新闻传媒集团(SMG)作为中国大陆地区唯一一家授权的世界杯转播媒体,对如此猖獗的盗版现象十分不满,拟起诉位于中国的侵权网站。然而,在得知有关政府及学界对于体育赛事转播节目在中国是否获得保护仍尚存疑虑之后,不得不打消了提起诉讼的想法。①

在海外,以体育联盟为首的权利人已开始通过民事诉讼的方式来捍卫自己的权利,打击网络盗版现象。② 有趣的是,体育联盟选择起诉的并不是直接侵权人(如作为个人的终端用户或下载者),而是网络服务提供商。正如迈克·梅利斯(Mike Mellis)在其文章《现场体育赛事的盗版问题》(*Piracy of Live Sports Telecasts*)中所述:"著作权人针对数量众多的个人侵权者提起诉讼是不切实际且徒劳无功的。"③ 接下来,笔者将通过回顾美国

---

① 参见新华网,2006年世界杯期间,互联网运营商联手打击网络盗版的行动。新华网2006年6月2日http://news.xinhuanet.com/newmedia/2006-06/02/content_4635712.htm.

② 英超联赛、澳式橄榄球联赛、欧洲足球协会联合会及澳大利亚板球协会在诉侵权网站及网络服务提供商方面十分积极。见《关于体育赛事数字盗版的背景报告》,第16—17页。

③ 参见迈克-梅利斯:《现场体育赛事的盗版问题》,Michael J. Mellis, *Piracy of Live Sports Telecasts*, 18 Marq. Sports L. Rev. 259,第265页。文章中引用了Aimster案例的判决 *In re* Aimster Copyright Litigation, 334 F. 3d 643, 645(7th Cir. 2003), cert. denied, 540 U. S. 1107(2004)。

及欧洲法院就未经授权转播体育赛事节目而作的判决,介绍欧美国家对于这个问题的立法及执法情况。

(二) 美国

1. 体育赛事转播节目受到美国版权法的保护

根据美国版权法,**体育赛事**本身并不受版权保护。但就**体育赛事转播节目**而言,只要它是在转播体育赛事时同时录制的,即以某种有形的形式(如录像带、胶卷或者磁盘等)固定下来,即受美国版权法保护。① 美国版权法认为:鉴于体育赛事节目的制作者在考虑如何录制体育赛事时,充分运用了其创造力和想象力,因此具有独创性的体育赛事节目应当属于受版权保护的作品。《1976 年美国国会报告》第 94—1476 号指出:"在一场橄榄球赛事中,有四台电视摄像机在拍摄,一位导演同时指挥着这四位拍摄人员,由他决定挑选何种影像、以何种顺序播映并呈现给观众。毫无疑问,导演和拍摄人员所做的工作(具有足够的创造性),他们应当获得'作者资格'。"②

2. 美国权利人对侵权网站提起的诉讼

在美国,由体育联盟及其代表为首的权利人通过民事诉讼方式,向未经授权而通过网络转播现场体育赛事节目的侵权人提起诉讼。诉讼的目标不仅包括提供单播流媒体服务

---

① 参见《1976 年美国国会报告》第 94—1476 号,第 52 页(1976 年),另可参见案例 *Baltimore Orioles , Inc. v. Major League Baseball Players Ass'n*,805 F. 2d 663,668(7th Cir. 1986);案例 Nat'l Football League v. PrimeTime 24 Joint Venture,211 F. 3d 10,13(2d Cir. 2000)。

② 参见《1976 年美国国会报告》,第 52 页(1976 年)。

直接侵权的网站,也包括提供点对点技术间接侵权的网络服务商。

iCrave TV 一案中,被告 iCrave TV 是加拿大的一家网站。观众登录该网站可在线实时收看美国电视台的现场电视转播节目。① 本案中,美国的数家电视台和电视节目制造商作为原告首先起诉了该网站。② 随后,美国国家篮球联盟(NBA)和美国国家橄榄球联盟(NFL)作为原告也对 iCrave TV 提起了版权侵权之诉。③ 原告认为,被告 iCrave TV 直接或间接地侵犯了原告根据美国版权法享有的专有权利。同时,原告认为,由于被告的行为导致公众对节目来源及被告与原告关系的混淆,误导公众以为被告由原告电视台赞助或经过原告授权许可,因此被告的行为也构成了商标侵权。美国宾夕法尼亚州联邦地区法院通过审理,最终判定原告胜诉,支持了原告提起的著作权及商标权侵权的赔偿请求,并于 2000 年 2 月发出临时禁令,要求 iCrave TV 立即停止在美国转播受版权保护的电视节目。④

如迈克-梅利斯在其文章中所述,iCraveTV 案为权利人提

---

① 参见 Michael A. Geist 撰写的文章《iCrave TV 和网络电视的新规则》(*iCrave TV and the New Rules of Internet Broadcasting*),23 U. ARK. LITTLE ROCK L. REV. 223, 225(2000)。

② 参见案例 *Twentieth Century Fox Film Co. v. iCrave TV*,2000 U. S. Dist. Lexis 1091(W. D. Pa. Jan. 21,2000)。

③ 参见案例 *National Football League v. iCrave TV*,2000 WL 64016397(W. D. Pa. Jan. 21,2000)。

④ 参见案例 *Twentieth Century Fox Film Corp. v. iCrave TV*,No. Civ. A. 00121,2000 WL 255989(W. D. Pa. Feb. 8,2000)。

起版权侵权之诉时"如何挑选法院"提供了重要的先例。本案中,美国法院认为,虽然被告是位于加拿大的网站,但只要被告的侵权行为有一部分发生在美国,如位于美国的终端用户可在美国获取盗版服务,那么美国法院对本案就享有管辖权。[①] iCraveTV 案对欲利用美国法、在美国法域内、向位处其他国家的侵权网站提起诉讼的权利人提供了有益的指导,尤其对于想避免在某些版权法较为宽松的法域起诉的权利人而言更是如此。

美国判例法中发展出的版权间接侵权责任理论,如帮助侵权、替代侵权及引诱侵权责任,同样适用于体育赛事转播的侵权诉讼分析。

在 MGM v. Grokster 一案中,美国联邦最高法院于 2005 年 6 月 27 日作出判决,判定鼓励侵权的软件提供商要为其最终用户使用软件直接侵权的承担间接侵权责任。[②] 联邦最高法院在审理本案时,并未直接采纳原告提出的"帮助侵权"及"替代侵权"理论,却从美国专利法的概念中引申出一个"引诱侵权理

[①] 参见迈克-梅利斯:《现场体育赛事的盗版问题》第 268 页,引用了 Jane C. Ginsburg 撰写的《著作权网络使用和限制》*Copyright Use and Excuse on the Internet* 一文。该文发表于 24 COLUM. -VLA J. L. & ARTS 1,44(2000)。该文在评论 *iCrave* 一案时总结了法官的观点,即美国法院认为:美国和该案有足够的连接点,因而可援引美国版权法和成文商标法——《兰哈姆法案》来制止被告的侵权行为。美国法院最终判决:未经授权而将现场体育赛事节目运用流媒体方式从加拿大向美国终端用户传送的行为侵犯了美国版权法第 17 章 106 条第 4 款(17 U. S. C. Section 106(4)赋予原告独占性公共节目传播权的规定。另可见 iCrave TV,2000 WL 255989,第 3 页。

[②] 参见案例 *Metro-Goldwyn-Mayer Studios,Inc. v. Grokster,Ltd.* , 545 U. S. 913 (2005)。

论"。最高法院对"引诱侵权"定义如下:"发布某种工具的人如有利用该工具侵权的**主观意图,并有明确鼓励他人侵权的意思表示**,或积极采取了**实质性帮助**以协助他人侵权,则应对第三人的侵权行为承担法律责任。"①据此定义,引用"引诱侵权"理论时,须举证被告具有"主观侵权意图"和"积极侵权行为"两要件。联邦最高法院同时列举了本案中三种可被认为具有引诱目的的"积极措施",如被告旨在吸引用户使用其服务的广告、介绍软件侵权用途的文章链接的新闻邮件,以及被告的技术团队为用户下载、上传版权作品遇到困难时提供的积极客户支持等。至于"主观侵权意图"这个要素,联邦最高法院认为,被告的内部讨论、商业模式、广告及未安装过滤技术等事实均表明其具有主观侵权的意图。因此,最高法院认为原告提供了足够胜诉的证据,并推翻了地方法院之前作出的有利于被告的判决。

由 Grokster 案发展出的引诱侵权责任和其他版权侵权判例中②形成的间接侵权责任理论(帮助侵权责任理论和替代侵权责任理论)也同样适应于未经授权的体育赛事转播侵权案。体育联盟等权利人在起诉涉嫌侵权的网站时,若能证明被告知晓终端用户的侵权行为,有权利也有能力阻止侵权行为的发生,并从侵权行为中直接获益等要素的话,就大有胜诉的

---

① 参见案例 *Grokster*,545 U. S. 913(2005),第 19 页。
② 在 Napster 案中,法院运用了帮助侵权和替代侵权责任理论。参考 *A&M Records v. Napster*,239 F. 3d 1004(9th Cir. 2001)。在 Aimster 案中,法院则运用了帮助侵权责任理论。见 *In re Aimster Copyright Litigation*,334 F. 3d 643(7th Cir. 2003)。

希望。

(三) 欧洲

欧洲各国在保护体育赛事转播权方面的法律并不一致。[①]实践中,各国或通过国内立法[②]或法院判例[③]对体育赛事转播权提供保护。

最近英国法院审理的一起著作权纠纷案中(可参见 Union of European Football Association (UEFA) v. Briscomb, 2006 EWHC: UEFA, 1268(C. Div. 5. 5. 2006)),欧洲足球协会联盟(又称"欧洲足联"或 UEFA)及经其授权许可的广播组织"英国天空广播集团"(BskyB)和英国天空广播公司作为本案原告,对三名个人提起诉讼,控告其复制并传播了由 BskyB 录制的欧洲足联冠军联赛电视节目,从而侵害了欧洲足联的版权。

林赛大法官(Justice Lindsay)在其判决中指出:原告对现场转播的电视节目享有著作权,对其附属作品也享有著作权。[④] 林

[①] 法国在保护体育赛事转播节目的法律规定方面与欧洲其他法域有所不同,其法律规定有 1992 年修改,Art. 17/18 of the Law No. 84—610 of July 16, 1984, as amended in 1992,并指定法国国家足球联盟是唯一有权分配体育赛事转播权的官方机构。见 Werner Rumphorst 所著的《体育赛事转播和欧洲委员会竞争法》(Sports Broadcasting Rights and EC Competition Law), 25. 7/2001/3 DAJ/WR/mp,第 5 页。

[②] 同上,第 5 页。

[③] 欲知更多有关欧洲足球电视转播权的详情(包括法国、荷兰、德国、西班牙、意大利和英国),可参见上条注释,体育赛事转播和欧洲委员会竞争法,第 5—8 页。另可参见 David Harbord, Angel Hernando 和 Georg Von Gravenit 写的文章《欧洲体育广播的市场定义及体育广播权的竞争》(Market Definition in European Sports Broadcasting and Competition for Sports Broadcasting Rights—A Study For DGIV of the European Commission), Market Analysis Ltd. 1999 年 10 月 20 日 http://www.market-analysis.co.uk/PDF/Reports/dgivreportfinal.pdf。

[④] 参见案例 Union of European Football Association v. Briscomb, 2006 EWHC: UEFA, 1268(C. Div. 5. 5. 2006),第 6 页。

赛大法官把"附属作品"定义为:"欧洲足联冠军联赛节目中统一采用的创造性元素,如视频播放顺序、屏幕上的图案、标志和为此特别制作的音乐,包括节目内容表、短片剪辑、欧洲足联的星球标志、特制背景音乐、欧冠赛音乐等。"①法院在审查了本案的相关证据,尤其是现场电视节目转播中包含的多样化附属作品的证据后,认定被告侵权行为成立。

欧洲著作权侵权判例中所采用的间接侵权责任理论源于2000年《欧盟电子商务指令》(E-Commerce Directive,2000/31/EC)第14条。② 与美国具体的三种间接侵权理论不同,欧洲的间接侵权理论并无具体细分"引诱、帮助或替代"侵权,只是在具体案例中根据几大要素来考量被告是否应承担侵权责任。简单而言,若被告P2P网站仅仅发布了点对点技术,并未参与其他的侵权行为,则不足以构成著作权侵权。但若该网络服务提供者明知侵权活动或侵权信息的存在,却没有迅速采取行动清除侵权信息,则应承担间接侵权责任。

在近年的网络著作权侵权案中,③2003年 Premiere Fernse-

---

① 参见案例 Union of European Football Association v. Briscomb,2006 EWHC:UEFA,1268(C. Div. 5.5.2006),第4页。

② 参见《欧盟电子商务指令》(E-Commerce Directive 2000/31. EC) 第14条 http://eurlex.europa.eu/LexUriServ/LexUriServ.do? uri=CELEX:32000L0031:en:NOT,(最后访问于2009年8月4日)。

③ 比如,芬兰图尔库上诉法院(Finland the Turku Court of Appeal)于2008年6月19日作出判决,认定被告 Finreactor(P2P网站)的管理人员积极参与了侵权复制品的复制,因此应当承担版权侵权责任。该案详情可参见 Finreactor P2P Network Ruled Illegal by Court of Appeals,LexUniversal,07/07/08,http://www.lexuniversal.com/en/news/5855.L. 另法国巴黎初审法院(the Court of First Instance)在 DailyMotion 一案中认定被告 DailyMotion(视频分享网站)对其用户侵犯电影著作权的行为应承担间接侵权责任。关于该案详情,可参见 French ruling against video-sharing platform DailyMotion,dated July 28,2007,available at http://www.edri.org/edrigram/number5.14/dailymotion-decision.

hen GmbH & Co. KG 起诉 Cybersky 的著作权案例十分具有代表性。本案中,被告 Cybersky 是一家开发并发布点对点技术软件的德国公司。① 2004 年底,德国法院发布了禁令,禁止被告发行通过点对点技术同步收看收费电视台节目的软件。② 虽然之后的汉堡高级地区法院推翻了初审法院的禁令,但在其判决中仍明确指出:由于被告在广告中宣称 P2P 软件服务可替代原告的收费电视节目,被告应当承担间接侵权责任。③

三、中国对于体育赛事实时转播权的规定

2008 年北京奥运会期间,国际奥林匹克委员会(又称"奥委会"或 IOC)对中国政府在奥运会期间打击未经授权的体育赛事转播方面所做出的努力给予了高度肯定和赞扬。④ 然而,由于奥运会期间北京奥组委和国家版权局执法的法律依据是为奥运会专门制定的特殊法律法规,而非中国《著作权法》,因此对于体育组织而言,奥运会期间打击体育赛事网络盗版所取得的成功经验在未来是否可以复制并不明确。

---

① 参见 BNA 世界知识产权杂志的文章 "*Germany: Software to Re-stream TV Programs Infringing Copyrights*, Court Says," BNA WORLD INTELL. PROP. REP., Apr. 1, 2006.
② 同上。
③ 同上。
④ 参见 EBU 新闻报道《北京 2008:数字游戏》,*Beijing 2008: The Digital Games*, http://www.ebu.ch/en/union/news/2008/tcm_6-62839.php. 该文引用了国际奥委会电视和市场服务部门署长(IOC Director of Television and Marketing Services)缇磨-卢梅先生(Timo Lumme)的发言:"在国际奥委会的监督之下,针对点对点技术的反盗版政策有效地保护了奥林匹克官方媒体所享有的专属权利,成功地把 2008 年奥运会赛事节目的在线盗版率降低到最低。"

(一) 中国《著作权法》中的相关术语解析

为深入探讨中国对体育赛事转播的保护,有必要厘清中国《著作权法》中的相关概念。

1. "广播权"

根据《著作权法》第 10 条第(11)项规定,"广播权"指"以无线方式公开广播或者传播作品,以有线传播或者转播的方式向公众传播广播的作品,以及通过扩音器或者其他传送符号、声音、图像的类似工具向公众传播广播的作品的权利"。

按照《中华人民共和国著作权法释义》中对广播权的解释,广播权有为三层意思:一是"公开广播或者传播作品"必须是以"无线方式"首次播出。二、"有线方式、无线方式"是指通过有线广播电视或者无线广播电视同步传播无线电台、电视台首次"广播的作品",而不是直接以有线的方式传播作品。这种行为的主体通常指另一广电组织,而不是指第一次播出作品的组织转播首次无线播出的作品。"转播"一词,来源于《伯尔尼保护文学和艺术作品公约》(以下简称《伯尔尼公约》)的"rebroadcast",原意为同步无线传送,即通常所说的"转播"。三是通过扩音器等工具传播电台、电视台"广播的作品",而不是直接以扩音器等工具传播作品。从这几层意思可以看出,广播权主要指以**无线的方式广播**或者**传播作品**,以及通过其他**有线方式传播广播**的作品。而"作者直接以有线的方式传播作品"并不包括在广播权的涵义内。[①]

[①] 胡康生主编,全国人大常委会法制工作委员会编:《中华人民共和国著作权法释义》,法律出版社 2002 年版,第 54 页。

参与立法者也明确承认:《著作权法》对"广播权"的定义没有包括"直接以有线方式传播作品"。①

中国《著作权法》对于广播权的规定来源于《伯尔尼公约》第11条之二第一款的规定:"文学艺术作品的作者享有下列专有权利:(1)授权广播其作品或以任何其他无线传送符号、声音或图像的方法向公众传播其作品;(2)授权由原广播组织以外的另一机构通过有线传播或转播的方式向公众传播广播的作品;(3)授权通过扩音器或其他任何传送符号、声音或图像的类似工具向公众传播广播的作品。"由此可见,中国《著作权法》"广播权"的含义与伯尔尼公约一致。伯尔尼公约只规范以"有线传播或转播广播的作品"而不规范"以有线方式广播作品"有其特定的技术背景。《伯尔尼公约》的最近一次修改是在1971年。当时不但没有互联网,有线电视系统的作用和今天也完全不同。那时的电视节目主要依靠无线电波传送,但在山区或建筑物密集的区域,无线信号的接收质量不高。因此,有线电视系统的功能就在于:将接收到的无线信号通过电缆传送给偏远地区的用户,使他们能够接收到高质量的无线节目。换言之,有线电视系统的作用主要在于"转播"无线节目,而不在于直接播放节目。②

几十年来,传播技术已经发生了翻天覆地的变化。有线电视系统的主要作用,早已不是转播无线节目,而是直接播放电视节目。同时网络这一新的"有线"媒介也得到了迅速的普及。我国

---

① 王迁:《论对"信息网络传播权"的正确适用——兼评"成功多媒体诉时越公司案"》,http://www.ipattorney.cn/blog/u/6/archives/2009/250.html.

② 同上。

《著作权法》中"广播权"的定义当初并没有考虑到《伯尔尼公约》之后传播技术飞速发展的情况,因此立法时也并未将"有线方式"或者"计算机网络传播"作品的手段纳入"广播权"的保护范围。

2."信息网络传播权"

"信息网络传播权"是2001年《著作权法》修改时新增加的概念。根据现行《著作权法》第10条第(12)项,信息网络传播权指"以有线或者无线方式向公众提供作品,使公众可以在其个人选定的时间和地点获得作品的权利。"可见要构成著作权法意义上的网络传播行为,应当具备两大条件:首先,该行为应当通过网络向公众提供作品;第二,该行为是"交互式传播"行为,即公众可在其个人选定的时间和地点获得作品。① 这是网络传播行为区别于传统传播行为的本质特征。著作权法规定的"信息网络传播权"针对的是"交互式"传播行为,而交互式传播行为是网络普及后才出现的,有别于公众无法选择时间、地点获得作品的传统传播行为,因而信息网络传播权是随着网络技术的发展应运而生的。

我国《著作权法》中的"信息网络传播权"来源于《世界知识产权组织版权条约》(WCT)和《世界知识产权组织表演和录音制品条约》(WPPT)。② 随着信息技术的飞速发展,数字复制技

---

① 王迁:《网络版权法》,中国人民大学出版社,2008年第一版,第68页。

② 《世界知识产权组织版权条约》(WCT)第8条规定了"向公众传播的权利":在不损害《伯尔尼公约》第11条第1款第(ii)目、第11条之二第1款第(i)和(ii)目、第11条之三第1款第(ii)目、第14条第1款第(ii)目和第14条之二第1款的规定的情况下,文学和艺术作品的作者应享有专有权,以授权将其作品以有线或无线方式向公众传播,包括将其作品向公众传播,使公众中的成员在其个人选定的地点和时间可获得这些作品。

术和互联网传播技术对传统的版权保护制度造成强大冲击。传统的版权保护国际规则——《伯尔尼公约》及《罗马公约》的规定已难以满足新技术条件下对权利人的有效保护。同时,各国国内法在新技术条件下对权利人提供的保护水平也逐渐呈现出越来越大的差异。20世纪80年代末,国际社会逐渐认识到需要尽快制定有约束力的新的保护著作权的国际规则来应对新技术的挑战。WCT和WPPT在这样的背景下于1996年12月20日由世界知识产权组织主持制定,将《伯尔尼公约》及《罗马公约》确立的传统著作权及邻接权保护原则延伸至数字环境(特别是网络环境)下,以解决新技术给版权保护带来的新问题。其中最主要的是规定了包括网络传播权在内的向公众传播权(两个新条约也由此称为"互联网条约")。其中,WCT为《伯尔尼公约》在新技术背景下的发展和补充,WPPT为《保护表演者、录音制品制作者和广播组织国际公约》(《罗马公约》)在新技术背景下的发展和补充。网络技术的发展促生了"交互式"传播方式,即公众可在其个人选定的时间和地点获得作品。WCT第8条和WPPT第10条、第14条即是针对网络环境下产生的该种新型传播方式。

"信息网络传播权"虽然来源于WCT,但与WCT相关规定还是存在着明显的区别。WCT第8条规定了"向公众传播的权利"。其采用技术中立的立法方式,即对作品的传播无论采用何种技术手段,无线或者有线,均应受到作者专有权利的控制。而其后半句"包括向公众提供其作品,使公众中的成员在其个人选定的地点和时间可获得这些作品",只着重说明交互式传播也不例外,即该项权利不仅针对交互式传播行为,也针对非交互式传播行为。而我国《著作权法》规定的信息网络传播权仅控制交互式传播行为,其范围明显小于 WCT 规定的"向公众传播权"。

"信息网络传播权"另一来源是 WPPT。WPPT 第 10 条规定了"提供已录制表演的权利",①第 14 条规定了"提供录音制品的权利"②,其主体分别为表演者和录音制品制作者,因其仅针对交互式传播行为,因此信息网络传播权更多来源于 WPPT。

3. 现场非点播形式的流媒体播放

顾名思义,"流媒体播放"是通过流媒体技术进行的播送方式。根据 WPPT 第 10 条和第 14 条规定,"提供已录制表演的权利"和"提供录音制品的权利"均仅针对"交互式"传播行为,即公众可在"其个人选定的地点和时间"获得表演、录音制品。而"非点播式的流媒体播放行为"由于不允许用户自由选择观看时间和地点,因此不属于交互式传播行为。另,WPPT 第 10 条和第 14 条仅对"已录制的表演、录音制品"提供保护,并不涉及"现场转播节目"的保护。因此,WPPT 对于现场非点播形式的流媒体播放未能提供法律依据。反观 WCT,其第 8 条规定的范围不仅涉及"交互式传播行为",也同样涉及"非交互式传播行为"。第 8 条强调:作品的传播无论采用何种技术手段,无线或有线,作者均有权享受保护。由此,现场非点播形式的流媒体转播的法律

---

① 《世界知识产权组织表演和录音制品条约》第 10 条　提供已录制表演的权利　表演者应享有专有权,以授权通过有线或无线的方式向公众提供其以录音制品录制的表演,使该表演可为公众中的成员在其个人选定的地点和时间获得。

② 《世界知识产权组织表演和录音制品条约》第 14 条　提供录音制品的权利　录音制品制作者应享有专有权,以授权通过有线或无线的方式向公众提供其录音制品,使该录音制品可为公众中的成员在其个人选定的地点和时间获得。

依据可以说是源自 WCT 第 8 条的规定。

4. 点播(On-demand)

点播的主要特征是使用户在其选定的时间、地点通过互联网收看节目。这属于典型的交互式传播行为,应受 WCT 第 8 条和 WPPT 第 10 条、第 14 条的管辖。

(二) 中国《著作权法》对于体育赛事转播节目的保护现状

1. 体育赛事本身并非著作权保护的客体

中国《著作权法》并没有明确体育赛事是否属于受著作权保护的作品范畴。然而根据《著作权法》第 3 条对于"作品"的定义,学界普遍认为体育赛事并非著作权保护的客体。[①] 根据通常的理解,体育赛事是现实发生的事实。其既非文学或戏剧作品,也并无创作者或作者,因此不属于《著作权法》第 3 条列举的著作权保护的客体。[②]

2. 体育赛事的转播节目

就体育赛事的转播节目应当属于"著作权"的保护范畴[③]还

[①] 中国著作权法第 3 条(1990 年制订,2001 年修订)列举了可受著作权法保护的作品:1)文字作品;2)口述作品;3)音乐、戏剧、曲艺、舞蹈作品;4)美术、摄影作品;5)电影、电视、录像作品;6)工程设计、产品设计图纸及其说明;7)地图、示意图等图形作品;8)计算机软件;9)法律、行政法规规定的其他作品。http://english.ipr.gov.cn/ipr/en/info/Article.jsp?a_no=1962&col_no=118&dir=200603(最后访问于 2008 年 10 月 23 日)。

[②] 大多中国学者和立法专家认同该观点。韦之:《著作权法原理》,北京大学出版社,1998 年版 第 16 页;吴汉东:《知识产权法》,中国政法大学出版社,2002 年版,第 80 页;申立:《体育竞赛和版权保护》,《体育学刊》2005 年,第 12 卷第二期,第 13—16 页。

[③] 与本文讨论著作权法时一直采取起广义不同,这里的著作权采狭义理解,仅仅包括文学艺术作品,如小说、诗歌、戏剧、音乐作品、制图、美术作品、摄影、雕塑、计算机软件、数据库和建筑设计等。邻接权是与之对应的概念。参见http://www.wipo.int/tk/en/glossary/。

是"邻接权"的保护范畴①,学界存在争论。与美国版权法不同,中国和多数大陆法系国家对于著作权②和邻接权有着明确的区分。总的来说,邻接权保护的是帮助创作者向公众传播其创作或作品的传播者。《著作权法》保护四类邻接权:1)表演者对其表演享有的权利;2)录制者对其制作的录音录像制品享有的权利;3)广播电视组织对其制作的广播电视作品享有的权利;4)出版者对其出版的出版物享有的权利。

学界中的一部分认为:体育赛事的电视转播节目属于"录像制品",③而非"以类似摄制电影的方法创作的录像作品"。④ 持这一观点的学者认为体育赛事的电视转播节目不具备受著作权法保护的"以电影作品或以类似摄制电影的方法创作的作品"所要求的独特性。⑤ 据此逻辑,根据我国《著作权法》的规定,权利人若希望禁止网站继续侵犯其体育赛事节目,就只能依据邻接权的规定要求保护⑥,如主张"录像制作者的

---

① 邻接权,也称为相关权,是狭义的著作权的对应概念。其包括表演者对其表演、录音制作者对其录音制品、广播电视组织对其广电节目所享有的权利。参见http://www.wipo.int/tk/en/glossary/.

② 同上,此处著作权采狭义概念。

③ 《中华人民共和国著作权法实施条例》(2002)第5条将"录像制品"解释为:"是指电影作品和以类似摄制电影的方法创作的作品以外的任何有伴音或者无伴音的连续相关形象、图像的录制品;"实践中,通常指CD、DVD或者磁带。http://english.ipr.gov.cn/ipr/en/info/Article.jsp?a_no=1968&col_no=118&dir=200603.

④ 电影作品,也称录像作品,是指"电影作品和以类似摄制电影的方法创作的作品,是指摄制在一定介质上,由一系列有伴音或者无伴音的画面组成,并且借助适当装置放映或者以其他方式传播的作品"。参见2003年《中华人民共和国实施条例》第4条。

⑤ 于振峰:《我国职业篮球联赛电视转播权的开发及相关立法问题》,载于《体育学刊》,2003年第10卷第5期,第14—16页;也可参见翁璐:《如何推算体育比赛电视转播权的转让价格》,载于《体育文化导刊》,1999年06期,第39—41页。

⑥ 中国《著作权法》第四章规定了一系列邻接权,包括以下几类:1)出版者权利 2)表演者权利 3)录音录像制作者权利 4)广播电台、电视台权利,参见著作权法第29—45条。

权利"①,抑或"广播电视组织的权利"。②

我们先讨论"录像制品的制作者"权利。中国《著作权法》第41条规定录像制作者享有"许可他人复制、发行、出租、通过信息网络向公众传播的权利",但不包括"广播权"或"播放权"。另一方面如前所述,"通过信息网络向公众传播的权利"只解决"点播"的问题,而并不解决"现场转播"的问题。③ 由于体育赛事转播权的真正价值正在于其"现场性"④,如果体育组织或其代表唯一的维权依据是通过主张专门赋予录像制品（比如 VCD、DVD、录像带等）的邻接权,那么其制止网络的实时转播的可行性基本为零。

中国《著作权法》第44条规定的"广播电视组织所享有的邻接权"或许是制止现场体育赛事网络盗版的另外一种救济方式。令人遗憾的是,一些学者对《著作权法》中规定的"播放权"⑤（包括无线广播和有线转播无线信号）作出了非常狭义的解释。他

---

① 中国《著作权法》第四章第3节,赋予录音录像制作者几下权利（邻接权）,包括"录音录像制作者享有许可他人复制、发行、出租、通过信息网络向公众传播"的权利。参见中国著作权法第41条。

② 中国《著作权法》第四章第4节,赋予广电组织一系列权利（邻接权）,规定其有权禁止未经其许可的下列行为,即1)将其播放的广播、电视转播,2)将其播放的广播、电视录制在音像载体上以及复制音像载体,参见本法第44条。

③ 参见中国《著作权法》第41条。

④ 参见 Werner Rumphorst 著：《体育赛事转播权和欧洲委员会竞争法》(Sports Broadcasting Rights and EC Competition Law)，25.7/2001/3 DAJ/WR/mp. 该文指出,"体育赛事转播权有一系列特殊之处。每场体育赛事的特征都在于其独特的现场价值,当这场比赛结束时,这种价值几乎消失殆尽。"

⑤ 参见《中国著作权法》第10条第11款规定：广播权即以无线方式公开广播或者传播作品,以有线方式向公众传播或者转播的方式向公众广播的作品,以及通过扩音器或者其他传送符号、声音、图像类似工具向公众传播广播的作品的权利。

们似乎认为《著作权法》第 10 条第 11 款中"有线"概念仅指"有线电视"①而不包含互联网这一新媒体。因此，广播电视权利人或许可以制止广播或电视台所作的非法转播，但并无法制止侵权网站通过网络转播和点播赛事。②

上述两大原因——即把体育赛事的电视转播节目归为"录像制品"而非"以类似摄制电影的方法创作的录像作品"，以及否认广播电视权利人在互联网领域所享有的邻接权——造成了中国《著作权法》中应当如何保护体育赛事的电视转播节目的无解。由此，北京奥组委和国家版权局在 2008 年奥运会期间打击未经授权的体育赛事实时转播的依据是一系列与奥运相关的特殊法律法规，而非现行的中国《著作权法》。

（三）中国在北京奥运会期间打击体育赛事转播网络盗版的相关策略

由于现行中国《著作权法》并不能为体育赛事节目的网络转播提供保护，北京奥组委和国家版权局在北京奥运会期间将一系列奥运相关的规则作为制止未经授权擅自转播奥运赛事的法律依据。换句话说，侵权网站未经授权转播奥运会体育赛事的行为尽管未必违反《著作权法》的相关规定，但会因违反了与奥

---

① 参见《中国著作权法》第 10 条第 11 款规定：广播权即以无线方式公开广播或者传播作品，以有线方式向公众传播或者转播的方式向公众传播广播的作品，以及通过扩音器或者其他传送符号、声音、图像类似工具向公众传播广播的作品的权利。

② 当然，如果侵权内容本身就是受著作权保护的作品，比如音乐、电视剧、电影等，则作为这些受版权保护的作品的著作权人可以对侵权网站提起诉讼，诉由是其侵犯了著作权而非邻接权。事实上，过去的两年内，世界各唱片公司非常积极得对中国的一些侵权网站提起版权侵权诉讼。

运相关的知识产权法规而承担法律责任。

1. 打击奥运体育赛事违法转播的法律依据

自2002年起,为符合国际奥委会的要求、保护奥林匹克的相关知识产权,中国相继出台了一系列与奥运相关的知识产权保护法规规章,包括《奥林匹克标志保护条例》[①]、《北京市奥林匹克知识产权保护规定》[②]、《关于北京奥运会物品结关的通知》(Customs Clearance Notice for Beijing Olympic Materials)[③]等。其中,《北京市奥林匹克知识产权保护规定》(以下简称"北京规定")适用面相对有限,只适用与物流环境相关的商标及专利相关的保护。任何未经授权而使用、复制、生产、经营、广告、宣传、标语和其他活动中使用与奥林匹克知识产权相同或者相似的商标、特殊标志、专利、作品和其他创作成果的行为都可能违反该规定,然而"北京规定"并未涵盖电视转播或互联网所涉及的版权问题。[④] 因此,北京奥组委和国家版权局在立法方面采用了"特殊立法"的形式,即原则上以"国际奥委会"章程及奥组委与北京市政府签订的合同为立法基础,作为打击各种类型的侵权活动(比如埋伏营销、体育赛事的网络盗版、制造标有奥运商标或标志的假冒产品等)的法律依据。

2. 北京奥组委打击奥运体育赛事网络盗版的策略

北京奥组委和央视国际CCTV.Com(中国大陆地区唯一一

---

① 参见http://en.beijing2008.cn/bocog/ipr/,最后访问于2008年11月11日。
② 参见http://www.legalinfo.gov.cn/2007aoyunfalv/2007-08/23/content_686447.htm,(仅可在中国访问,最后访问于2009年8月5日)。
③ 参见http://english.ipr.gov.cn/info/Article.jsp?a_no=66340&col_no=121&dir=200704.最后访问于2008年11月11日。
④ 参见"北京规定"第8条。

家经授权可通过互联网转播2008年奥运会的网络媒体)共同草拟并签订了许可协议,并授权九家在中国具有一定影响力的网站,通过互联网的形式转播奥运会的相关内容。最终,央视国际与九家中国网站①签订了分许可协议,允许上述网站转播奥运赛事。②

与此同时,打击奥运侵权的反盗版工作组于2008年5月成立。该工作组通过建立机关之间的有效合作机制保护奥运相关的知识产权。③ 该工作组由国家版权局、工信部、广电总局、国务院新闻办等组成,由国家版权局统一领导。④ 该工作组制定了一系列"快速反应机制",旨在打击奥运期间的体育赛事网络盗版。该机制大大简化了中国著作权法规定的"通知—删除"程序,将本应由权利人执行的通知程序,变为权利人在向涉嫌侵权的网站发送通知的同时,可抄报政府的反盗版工作小组。而政府将在第一时间监督被通知的网站是否及时采取措施。如果该网站未能立即采取措施删除侵权内容,政府将动用公权力使其就范。工作组还开通了电话热线,专门接受并处理来自版权人和社会公众关于奥运盗版现象的投诉。⑤

---

① 经央视国际授权的九家网站包括:上海媒体集团(SMG)、搜狐、新浪、腾讯、网易、酷6、pplive、PPstream 和 UUsee。见中文新闻报道 http://news.xinhuanet.com/newscenter/2008-08/07/content_9021338.htm.

② 许可转播的内容包括:体育赛事、体育赛事新闻、08奥运会其他相关活动的新闻。

③ 参见新华网打击奥运侵权反盗版工作组成立2008年 http://english.ipr.gov.cn/ipr/en/info/Article.jsp?a_no=233623&col_no=925&dir=200808.

④ 同上。

⑤ 参见《中国日报》"政府禁止体育赛事的非法转播"(*Gov't to stop illegal broadcasts of Games*) July 9. 2008. http://english.ipr.gov.cn/ipr/en/info/Article.jsp?a_no=222139&col_no=985&dir=200807.

事实证明,中国政府的反奥运盗版行动是非常成功的。根据国际奥委会自动监测系统的显示信息:"90%以上来自境外或境内的网络盗版行为得到了快速有效的遏止"。① 由此可见,对于发展中国家,立法不是解决问题的根本。在法律尚不完全的情况下,执法——尤其是切实有效的执法格外重要。在一个法制建设尚待完善的国家,政府优势不容忽视。

四、北京奥运会引发的思考——中国保护体育赛事转播权的重要性

尽管中国在保护奥运相关的知识产权及打击奥运赛事网络盗版方面取得了成功,但是这样的成功能否在今后打击体育赛事网络盗版的行动中复制尚不明确。北京奥组委和国家版权局依靠与奥运相关的法规规章而非现行的中国《著作权法》作为其执法依据,为今后的执法带来了不确定性。在讨论如何保护体育赛事转播节目之前,我们首先要回答的一个前提性问题应该是:中国是否应当为体育赛事的电视传播节目提供保护?

尽管美国和很多国家都通过立法或判例的形式对体育赛事的传播提供了保护,然而我们依然可以听到对这一论题提出反对或质疑的声音。其中一种观点认为,根据著作权法保护体育赛事转播权将损害消费者利益。劳伦斯-莱锡格教授(Lawrence

---

① 参见《中国知识产权》"国际奥组委高度评价中国的反盗版行为"(*IOC speaks highly of china's anti-piracy work*,)2008年8月22发表于,http://english.ipr.gov.cn/ipr/en/info/Article.jsp?_a_no=233009&col_no=925&dir=200808。

Lessig)在其著作《自由文化——强势媒体如何通过技术和法律来消损文化并控制创造力》(Free Culture-How Big Media Uses Technology and the Law to Lock down Culture and Control Creativity,2004年版)中指出,"努力消除网络盗版的同时,也消除了从一开始就深植于我们传统的价值文化。"①威纳·朗夫特(Werner Rumphorst)在论述不同利益集团的平衡时,也提出了同样的问题:"为何公众收看体育赛事被迫支付越来越多的费用,而这些体育赛事本来就是公众文化环境的组成部分。"②然而,笔者认为:提倡公众支付合理的价钱收看体育赛事节目并不意味着纵容侵权网站通过"搭便车"③的方式从体育联盟或广播者为组织、播放体育赛事所做的投资中窃取利益。

要理解职业联赛的性质,首先要了解体育赛事不仅仅是一项赛事,而且是一项产业。④ 职业联赛的利润来源于媒体收益、比赛收入、贵宾票收入、广告及会员费。过去十年中,通过将赛事转播权转让给广播组织、电视频道、按次收费的节目制作人所

---

① 参见劳伦斯-莱锡格:《自由文化——强势媒体如何通过技术和法律来消损文化并控制创造力》,(Free Culture-How Big Media Uses Technology and the Law to Lock Down Culture and Control Creativity,2004年版)第19页。

② 参见威纳-朗夫特 Werner Rumphorst:《体育赛事传播权和欧洲委员会竞争法》,(Sports Broadcasting Rights and EC Competition Law)EBU,25.7.2001/3,DAJ/WR.mp.第12页。

③ 关于著作权法语境下"搭便车"问题的详细论述,可参见 Williams M. Landes & Richard A. Posner 所著的《著作权法的经济学分析》(An Economic Analysis of Copyright Law),18 J. LEGAL STUD. 325,第328—333页,1989年。

④ 参见 Soonhwan Lee 和 Hyosung Chun 著:《美国职业体育赛事特许转播权的经济价值》,(Economic Values of professional Sport Franchises in the United States),2002 Sport J.4,第2页。http://thesportjournal.org/article/economic-values-professional-sport-franchises-united-states. 最后访问于 2008 年 11 月 7 日。

赢得的媒体收益显著上涨,如今已经占了职业联赛所获收益的很大比重。①

对于奥运会而言,电视转播权的收入约占总收入的1/3。赞助费、门票收入、特许产品的销售依次排列(按所占收入比重排列)。② 1992年,美国国家广播公司(NBC)为获得巴塞罗那奥运会的美国电视转播权支付了四亿一千万美元。③ 等到2012年伦敦奥运会时,要获得在美国地区的独家电视转播权则需支付十一亿八千万美元。④ 1990年足球世界杯期间,电视转播权的收入高达六千五百万美元(占总收入的41%),门票收入为五千四百八十万美元(占总收入34%),广告收入则为四千万美元(占总收入25%)。⑤ 十二年后的2002年和2006年足球世界杯决赛的世界电视转播权(不包括美国)的收入高达一百九十七亿美元。⑥

与其它传媒节目(如电视剧、电影、教育节目和电视纪录片)不同,体育赛事的生命在于其"现场性"。体育迷收看体育节目不仅仅只关心比赛结果或比赛的计分牌,他们更关心体育赛事的整个过程。对于已知赛事结果的比赛转播,体育迷通常兴趣

---

① 参见 Soonhwan Lee 和 Hyosung Chun 著:《美国职业体育赛事特许转播权的经济价值》,(Economic Values of professional Sport Franchises in the United States),2002 Sport J.4,第2页。

② 参见 John Horne 著:《消费者文化下的体育》,(sports in Consumer Culture),Palgrave Macmillan(2006),第 52 页,引自 Roche, M. 2000, Mega-Events & Modernity. London: Routledge,第168页。

③ 同上,Palgrave Macmillan(2006),第 53 页。

④ 同上。

⑤ 同上,第52页。

⑥ 同上,第52页。

缺乏。① 因此,未经授权把体育赛事通过 P2P 技术直接在网上现场转播的侵权网站对体育联盟和经授权的广播组织就构成了巨大的危险,严重损害了后者所享有的权利和利益。

一般而言,为竞得体育赛事的独家播映权,广播电视组织需支付数额巨大的许可费,因此也期望获得较高的收视率作为其高额投资的回报。同时,广播电视组织为转播体育赛事也需投入大量的资源,如人力、物力、资金等。因此,若广播电视组织的独家播映权不能得到有效的保护,他们的利益就势必受损,进而也会影响到其高价竞标购买独家转播权的积极性。事实上,近年来由于侵权网站未经授权而在网上转播体育赛事日益猖獗,美国板球赛的电视广播/转播市场已经明显缩水,国内两大主要的板球赛播映方在出价购买板球比赛的转播权方面兴趣已明显减弱。②

而广播电视组织对转播体育赛事兴趣的减弱也随之会影响到体育联盟的利益。因此,为保障广播电视组织和自身的利益,体育联盟必须采取有效的措施打击现场体育赛事的网络盗版现象,保护广播电视组织的独家播映权。换句话说,纵容 P2P 网站"搭便车"的侵权行为不仅损害获许可的广电组织的利益,同时也损害了体育联盟的合法权利。更重要的是,若我们无法成功

---

① 参见 Chia-heng Seetoo 著:《点对点技术是否可以为体育迷提供新的选择——点对点流媒体技术对于职业体育赛事的影响及网络数字媒体的未来展望》,(Can peer-to-peer Internet broadcast technology give fans another chance? Peer to peer streaming technology, its impact on telecast of professional sports, and the future of digital media on the Internet), http://www.jltp.uiuc.edu/works/see-too.htm(最后访问于 2008 年 11 月 10 日)。

② 参见《体育赛事网络侵权背景报告》,Background Report on Digital Piracy of Sporting Events,由 Envisional 公司 and NetResult 公司撰写,(2008 年)第 9 页。

制止体育赛事的非法转播,将严重打击体育联盟及广播电视组织组织举办大型体育赛事的积极性,从而最终影响到广大消费者的利益。

2007年《欧盟关于体育的白皮书》指出:"体育产业是充满活力、发展迅速的经济产业。其对宏观经济的影响不可估量,它将有利于拉动当地经济发展,增加就业机会"。① 欧盟委员会在该白皮书中指出,体育产业将带动当地及区域性发展,促进城市及农村发展,也将拉动当地旅游业发展,促进当地基础设施的建设等。② 因此,如果体育联盟的合法权益能得到充分的保护(包括占体育赛事经济收入很大比重的知识产权保护),受益的则不仅仅是体育联盟自身、授权转播的广电组织、观看比赛的观众,还包括当地的整体产业,并进而惠及受益于当地活跃经济产业的社会公众。③

五、关于中国应如何保护体育赛事转播权的建议

在阐述了保护体育赛事转播权的重要性之后,笔者将提出以下几点建议,作为提供现场体育赛事转播权保护的立法依据:

---

① 参见《欧盟关于体育的白皮书》(Commission of the European Union, White Paper on Sport), Brussels, 11.7.2007, COM(2007)391 final, Brussels, 2007 年 11 月 7 日 COM(2007)391 final 第 10 页。

② 同上,第 10 页。

③ 同上,第 11 页。引用了 2006 年奥地利竞选期间组织的一项研究,该研究表明广义体育赛事在 2004 年创造了四千亿欧元的经济收入,占欧盟 GDP 总额 3.7%,为 1500 万人创造了就业机会,占劳动力总量的 5.4%。

1)对现行法律做出必要的修订或解释;2)采用过滤技术等其他高科技手段防止或减少网络侵权的发生;3)协调各国法律,搭建国际平台,共同应对这个全球性挑战。

根据我国政府2008年北京奥运会期间维权的经验来看,行政保护在短时间而言还是行之有效的。然而,长期依赖政府的行政执法并不能切实维护权利人的权利。首先,没有完善的法律法规,政府的执法容易产生随意性,不具有持续性。对于政府重视的赛事,政府可能会通过强有力的行政执法来保护其知识产权;而对于次要的体育赛事,政府在做法上可能就比较松懈,资源上也未必能够到位,从而造成体育赛事网络盗版的大肆泛滥。因而,仅仅依靠政府的行政执法,权利人的维权之路具有太多的不确定性,不具有可持续发展性。第二,仅依赖政府的行政执法将使中国离"依法治国"的道路越来越远,不值得长期提倡。第三,欧美国家均运用立法、判例等形式为体育赛事转播权提供司法保护。若中国在这个问题上长期依赖行政执法的力量,也不利于中国与国际接轨。因此长期而言,我们应该提倡通过完善立法,进一步修订解释中国《著作权法》的相关条款,为体育赛事网络转播权提供切实的法律保护。

(一) 依据中国《著作权法》的条款保护体育赛事转播节目

首先,可以通过修订、解释现行中国《著作权法》的相关条款为保护体育赛事转播节目提供法律依据。其具体措施包括:1)基于现行中国《著作权法》的规定,将具有独创性的体育赛事转播节目归为"以电影作品或以类似摄制电影的方法创作的作品",从而确定"体育赛事转播节目"属于《著作权法》保护的客体范畴。同时,援引《著作权法》第 10 条第 17 项的保底条款,将"其他权利"作为保护"**现场**体育赛事转播节目"的立法接触,从而解决了《2006 条例》只保护交互性传播,而不涉及"流媒体传播"的缺陷;2)对现行著作权法中的"广播权"加以修改或扩大解释,将新媒体的"网络现场转播"的纳入"广播权"中。

1. 修改方法之一:将具有创造性的体育赛事转播节目解释为"以电影作品或以类似摄制电影的方法创作的作品"

如前所述,学界对于"体育赛事非著作权保护的客体"一说并无异议。体育赛事通常被视为现实中发生的事实。鉴于《著作权法》所保护客体的基本原则是:事实、信息不受著作权保护,因此,体育赛事不受著作权法保护一说并无争议。

然而,我们也应当看到:在制作、策划、拍摄体育赛事的过程中,尤其是制作拍摄一场巨型体育赛事的过程中,摄制队和导演的创造性是无法忽略的。因此体育赛事的转播节目如果具有了独创性,那么是完全可能属于《著作权》保护的范畴的。[①] 换句话说,若某场体育赛事转播的录制过程中包含了导演及摄制团队的独创性因素,那么该转播节目就应当被视为"以电影作品或以类似摄制电影的方法创作的作品",而非"录像制品",因此属于《著作权法》保护的范畴。

在英国的 Briscomb 一案中,林赛大法官认为体育赛事转

[①] 参见 Yuval Karniel 著:《国外频道的体育赛事转播——著作权法是否使得屏蔽频道成为必须》(*Broadcasting Sports Events on Foreign Channels-Do Copyright Law makes it obligatory to Darken the Screen?*) Alei Mishpat VI(2007 年 5 月),第 259 页。

播节目中包含了独特的创造性因素,并把这些因素称为"附属作品"。① 林赛大法官把"附属作品"定义为"视频的录制播放顺序、屏幕上的图案……节目内容表、短片剪辑、UEFA 的星球标志和特制背景音乐、欧冠赛音乐等。"② 林赛大法官在审查了导演和其团队是如何在现场转播体育赛事的过程中添加并创造了这些附属作品的相关证据之后,裁定原告对这些有独创性的附属作品享有著作权③,同时对整个赛事转播节目也享有著作权,并由此判定被告侵权成立。

在加拿大 2003 年裁决的 *Interbox Promotion Corporation v. Hippo Club* 一案中,法院也做出了支持原告的类似判决。本案中,原告 Interbox 推广公司是经官方授权的加拿大重量级冠军联赛的转播方,被告 Hippo 俱乐部是一家经许可在魁北克运营的俱乐部。原告针对被告未经授权向其客户播映体育赛事电视节目的侵权行为提起诉讼,诉由为被告的行为侵犯了原告的信号隐私权和著作权。马丁诺(Martineau)大法官在审理此案后,同样认定体育赛事的转播节目包含了创造性和独特性,因此属于《加拿大版权法》保护的客体范畴。④ 首先,马丁诺大法官承认根据《加拿大版权法》⑤,体育赛事本身不属于版权保护的客体

---

① 参见案例 *Briscomb*,2006 EWHC;UEFA,1268(C. Div. 5. 5. 2006),第 4 页。Supra note 32。
② 同上,第 4 页。
③ 同上,第 6 页。
④ 参见案例 *Interbox Promotion Corporation v. Hippo Club*,2003 FC 1254/T-1788—1799。
⑤ 同上,第 4 页。

范畴。但其随即指出:"然而,体育赛事的电视转播节目(不论是否添加了音频实况解说)类似于《加拿大版权法》第二章规定的'以类似摄制电影的方法创作的作品'。"[①]之后,他引用了麦克恩(Mckeown)编著的《加拿大关于著作权和工业设计的法律》(*Fox Canadian Law of Copyright and Industrial Designs*)一书的第三版对版权保护客体的分析,得出"体育赛事的电视转播因为具有不可预测性而具有独特性"的结论,并判定体育赛事转播节目属于《加拿大版权法》保护的客体。[②]

英国的 Briscomb 案和加拿大的 Interbox 案是介绍各国法院如何具体区分"录像制品"和"以电影或以类似摄制电影的方法创作的作品"的绝佳案例。换句话说,如果一个电视转播仅仅是对于现实中发生的事实的机械记录,那么因为缺乏足够的独特性,它就不应被视为"以电影或以类似摄制电影的方法创作的作品",而只能视为"录像制品"。其中最好的例子莫过于安装银行自动提款机 ATM、超市或写字楼内的安全监控摄像头所摄制的录像了。虽然这些摄像头也录制了一些事实和动作,但这一录制过程是一机械的录制过程,并不包含人类创造力的独特性因素,因此不能被归为"以电影或以类似摄制电影的方法创作的作品"。

与之相反,如果节目的录制过程中包含了足够的人类创造性活动,如具备了林赛大法官在 Briscomb 一案中所发现的"附

[①] 参见案例 *Interbox* 第 4 页。
[②] 参见案例 *Interbox* 第 4 页。

属作品"的独创性特征(如视频的录制播放顺序、具有创作型的图案标志、独创的背景音乐和图像等),那么该体育赛事转播节目就应当被视为"以电影或以类似摄制电影的方法创作的作品",从而属于著作权法保护的客体范畴。

我们欣喜地发现,在近年中国法院审理的著作权纠纷案中,法官在面对"以电影或以类似摄制电影的方法创作的作品"和"录像制品"的区分时,已经做出了十分清楚明确的分析。这些在先案例无疑为体育赛事转播节目的网络著作权纠纷提供了很好的参考先例。

在"华纳唱片有限公司诉广州金刚苑卡拉 OK 俱乐部有限公司"一案中([2005]粤高法民三终字第 357 号),华纳唱片公司起诉被告未经授权而在卡拉 OK 厅播放由原告制作的音乐录影带。被告承认了播放事实,但辩称其播放的音乐录影带(MTV)本质上并不属于"以电影或以类似摄制电影方法创造的作品",因而并非受著作权法保护的作品。① 因此,法院在审理本案时要解决的一个争议问题就是:以类似摄制电影方式创作的三部涉案 MTV 究竟应当属于"以电影或以类似摄制电影方法创造的作品"还是仅仅是"录像制品"。② 原告诉称:目前我国法律对一项智力成果是否构成作品的要求仅仅只是提出了通常所说的独创性和可复制性这两个方面。③ 鉴于一部 MTV 的制作通常需要导演、演员、摄影、编辑和时尚顾问等付出的创造性活动,因此

---

① 参见《金刚苑(2005)粤高法民三终字第 357 号》判决书,第 3 页。
② 同上,第 3 页。
③ 同上,第 4 页。

MTV应当属于"以电影或以类似摄制电影方法创造的作品",并与"机械的录像制品"相区别。① 法院在审理了相关事实及证据之后,最终支持了原告的主张,认定涉案音乐录影带因包含导演、演员、摄影、编辑等人的创造性活动符合《著作权法》要求的"以电影或以类似摄制电影方法创造的作品"所应具备的创造性要件。②

"金刚苑"一案的审判中,法院不仅确认了某些MTV(如原告涉案的三部MTV)具有创造性,并对"录像制品"和"以电影或以类似摄制电影方法创造的作品"也做了很好的区分。这一到位的分析在之后的审判中也得到了其他法院的响应和支持,相关案件可参见《上海麒麟大厦文化娱乐有限公司与正东唱片有限公司著作权纠纷案》([2005]沪高民三(知)终字第98号)、《上海好乐迪音乐娱乐有限公司与新力唱片(香港)有限公司》著作权侵权纠纷案([2005]沪高民三(知)终字第115号)等。

综上所述,"金刚苑"案及其他MTV侵权诉讼案为涉及体育赛事网络转播的侵权诉讼提供了很好的借鉴意义。根据中国"金刚苑"案(2006)、英国Briscomb案(2006)、加拿大Interbox案的审判结论,中国法院在判定现场体育赛事的转播节目是否受《著作权法》保护时,应当将涉案的体育赛事转播节目做属性区分,即它属于"录像制品"还是"以电影或以类似摄制电影方法

---

① 参见《金刚苑(2005)粤高法民三终字第357号》判决书,第4页。
② 同上,第5页。

创造的作品"。对于包含了人类的创造性活动(如导演、摄像、解说员等投入的大量创造性活动)及具备足够的独特性因素(如标志、图像、音乐等)的体育赛事转播节目,法院应将其认定为"以电影或以类似摄制电影方法创造的作品",从而属于《著作权法》保护的客体范畴。

而一旦确定了涉案体育赛事节目的属性,体育联盟就可以作为著作权所有人,依据中国《著作权法》第10条的规定,对侵权网站提起侵权诉讼以捍卫自己的权益。①

如前所述,目前我国立法中的广播权定义直接来自于《伯尔尼公约》。该公约对"广播权"的解释包括以下两点:其一,根据狭义解释,通过网络转播的现场体育赛事是直接通过有线方式进行的,不属于先接收再播放的,因此不能归入"广播权"之管辖范畴。其二,《2006年条例》中定义的"信息网络传播权"仅针对"交互式"传播行为,不包括"非点播的流媒体播放"行为;而鉴于通过网络转播的现场体育赛事属于"非交互式"传播行为,因而也不能归入"信息网络传播权"之管辖范畴。

根据现行著作权法对"广播权"的狭义解释,体育联盟或可考虑引用《著作权法》第10条第1款第(17)项"应当由著作权人享有的其他权利"的兜底条款作为维护其利益、追究侵权网站责任的法律依据。

---

① 中国《著作权法》第10条规定著作权人享有以下权利:1)发表权 2)署名权 3)修改权 4)保护作品完整权 5)复制权 6)发行权 7)出租权 8)展览权 9)表演权 10)放映权 11)广播权 12)网络信息传播权 13)摄制权 14)改编权 15)翻译权 16)汇编权 17)应当由著作权人享有的其他权利。

2. 修改方法之二：扩大对"广播权"或"信息网络传播权"的解释以保护体育赛事的网络转播

保护体育赛事转播节目的另一种途径则是扩大解释"广播权"与"信息网络传播权"的涵义范畴。

首先，就"广播权"的涵义范畴而言，现行《著作权法》的解释中不包括"以有线方式直接传播作品"。显然，这一狭隘的解释已与当前的技术水平脱节。目前，大部分有线电视台均是直接通过电缆向居民家中传送电视节目。随着三网融合的进一步发展，未来将会有越来越多的网站现场转播电视节目。就其性质而言，通过网络对体育赛事进行现场转播与通过传统广播媒体对体育赛事进行现场转播并无本质性区别。然而现行《著作权法》对"广播权"的狭隘定义却使性质与后果完全相同的两种行为仅仅因为实施的技术手段不同，就具有了不同的法律定性，这完全违背了"技术中立"的立法原则。

因此笔者建议：立法者应当根据现今的技术水平，适当扩展"广播权"的涵义范畴，使之能够涵盖各种"非交互式"的传播行为，以便在网络环境下更合理地保护权利人的利益。因此，笔者建议将《著作权法》中"广播权"的定义进行修改，将其涵义拓展为——"广播权，即以无线、有线方式或其他技术手段公开广播或者传播作品……"。

如此一来，直接通过网络进行体育赛事现场转播的行为就可受到"广播权"的管辖。而上述修改不仅有利于在网络环境下保护著作权人的利益，使体育联盟可直接援引"广播权"的条款追究网站的侵权责任，而且也可避免法院对"信息网络传播权"

作出不一致的解释,有利于保持各专有权利之间的应有界限。修改后的"广播权"主要用以管辖各种"非交互式"的传播行为,比如现场流媒体播放等;而"信息网络传播权"则按照《2006年条例》的规定,主要要与管辖"交互式"传播行为,比如网络点播行为。

当然,另外一种修改方式则是扩展"信息网络传播权"的涵义。2001年修改的《著作权法》和根据该法制定的《2006年条例》中规定的"信息网络传播权"仅针对"交互式"传播行为。而由于通过网络转播的现场体育赛事并不是"交互式"传播行为,因而权利人无法依据《2006年条例》主张权利。

前文指出,我国现行法律的"信息网络传播权"与WPPT第10条、第14条保持一致,都仅针对"交互式"传播行为,但与同样对中国有法律效力的WCT第8条规定的"向公众传播权"却存在很大差异。WCT第8条规定的"向公众传播权"强调的是"技术中立"原则,即对作品的传播无论采用何种技术手段,无线或有线,均应受到作者专有权利的管辖。而我国《著作权法》规定的"信息网络传播权"的定义却使得这项专有权利只涉及"交互式"传播行为,对于以"非交互式"手段传播作品的行为不能适用,这点不能不说是一个瑕疵。

鉴于我国已加入WCT,且WCT第8条规定的"向公众传播权"已可以完全涵盖所有的网播行为,本文建议修改"信息网络传播权",使之回归涵盖面更广的WCT第8款规定的"向公众传播权",即对作品的传播无论采用何种技术手段,无线或有线,作者均对其作品的传播享有专有权利。如此一来,修改后的"信息网络传播权",不仅可针对"交互式"行为,也可针对"非交互式"传播行为。而通过网络进行的各种未经授权的传播行为均可受"信息网络传播权"的管辖。就本文讨论的问题而言,体育联盟则可根据"信息网络传播权"对未经授权通过网络现场转播体育赛事的行为提起侵权诉讼。这也可作为立法思考的另一个思路。

(二) 采用反盗版的过滤新技术

诸如指纹过滤技术、数字水印技术、自动删除技术等新技术的应用增加了权利人阻止网络盗版的信心。TVU 网络电视软件及 TVU BD1000 播放工具的开发者 TVU 宣称已开发出一项专门用以阻止现场广播电视节目(如 2008 年北京奥运会)盗版的新产品。[①] 据 TVU 称,VideoDNA 软件可为节目转播人、权利人提供网络现场媒体内容的实时数字指纹、全自动识别技术、追踪技术、营销策略等。[②] 这一技术的问世使内容权利人、广电组织、内容发布人(包括 P2P 网站)在几分钟内就能识别、追踪未经授权的上传内容,以帮助权利人随后采取维权措施。[③]

目前在中国,网络服务提供商(ISP)在援引《2006 年条例》的"避风港规则"时需尽何等注意义务仍存争论。根据现行法律

[①] 路透社报道《TVU 和 Vobile 宣布为现场节目制作人和内容权利人提供帮助的数字指纹技术首次商业应用》(*TVU and Vobile Announce First Commercial Deployment of Digital Fingerprinting for Live Event Producers and Content Owners*,) 2008 年 5 月 19 日, http://www.reuters.com/article/pressRelease/idUS127078+19-May-2008+PRN20080519.

[②] 同上。

[③] 同上。

法规,权利人在追究网络服务提供商的侵权责任前,必须发送删除通知,告知网站涉嫌侵权内容的具体网站链接。① 发送删除通知的要求在通常情况下被认为是平衡权利所有人和网络服务提供商的较好解决途径。"删除通知"在解决诸如电影、音乐网络盗版等方面虽然成效尚可,但在解决体育赛事的现场网络盗版转播方面却并不适用。

由于体育赛事转播的价值在于其"现场性",要求权利人以向涉嫌侵权的网站发送移除通知的方法使其删除侵权内容几乎是完全没有意义且不切实际的。从实践操作上来看,从权利人发出"删除通知"开始,到网站删除或发出"反通知"为止,其时间快则几个小时,慢则几天甚至几周。而当涉嫌侵权的网站最终同意将侵权内容从网络上移除时,赛事早已播送完毕,侵权行为也已结束,权利人的维权行为也为时已晚。因此,为解决体育赛事转播在网络盗版中所面临的独特挑战,笔者建议可考虑要求网站建立额外的责任机制,如规定网站欲援引避风港规则保护时,须安装过滤技术或其他技术,以更高的注意义务来要求及规范网站的行为。

目前,某些网站反对强制安装过滤技术的理由之一是成本问题。实际上,为了遵守中国现有的法律法规,②绝大多数网站早已安装了类似的过滤技术或过滤软件以屏蔽法律不允许出版

---

① 关于网络服务提供商(ISP)的责任和移除通知必要性的详细论述,请参考作者另一篇论文 *Why Were There Different Outcomes in Two Chinese ISP cases*? 宋海燕:《两则中国网络服务提供商案件审判结果不同的原因分析》,The Computer & Internet Lawyer,第25卷(2008年9月)。

② 根据中国的法律规定,所有在中国运作的网站都须过滤色情、暴力、及其他敏感信息和内容。

的内容,因此网站所谓的额外经济负担的抗辩是值得商榷的。

(三) 协调各国的相关法律

体育赛事转播节目的网络盗版问题是全球所共同面临的难题。从事盗版活动的服务器往往位于一些管制比较宽松的国家,如加拿大、荷兰、中国、韩国、瑞典及英国等。[1] 盗版者可利用各国对知识产权法规定与执行的不同进行"知识产权的法律规避",以逃避相应的制裁。[2] 帕梅拉-赛缪尔森(Pamela Samuelson)教授在其文章《知识产权法律规避:外国法对国内权利保护的影响》(Intellectual Property Arbitrage: How Foreign Rules Can Affect Domestic Protections)一文中指出,点对点技术为网站提供了规避法律的良好机会。由于各国法院在海外法域执行其判决的限制所致,某国法院(如美国)无法对位于第三国境内、而在美国境内无资产的侵权网站执行判决。同时,对服务器位于第三国的侵权网站的封禁也无法阻止境内用户通过互联网在他国网站上获取侵权内容。[3] 上述规避的结果就导致了侵权网站往往会寻找知识产权法保护力度较弱的国家或对侵权网站执法比较宽松的国家作为其"宿主国",而为知识产权提供相对严格保护的法域的法律效力也会被其他保护力度较弱的法域的法律所降低。[4]

---

[1] 参见迈克-梅利斯:《现场体育赛事的盗版问题》,第 261 页。
[2] 同上,迈克-梅利斯在本文中讨论了知识产权套利问题。18 Marq. Sports L. Rev. 259(2008)其中引用了帕梅拉-赛缪尔森《知识产权法律规避:外国法对国内权利保护的影响》一书中的观点。72 U. CHI. L. REV. 223,223(2004)。
[3] 同上,第 7 页。
[4] 帕梅拉-赛缪尔森:《知识产权法律规避:外国法对国内权利保护的影响》,Pamela Samuelson, Intellectual Property Arbitrage: How Foreign Rules Can Affect Domestic Protections (知识产权法律规避:外国法对国内权利保护的影响),72 U. CHI. L. REV. 223,223(2004)。

六、结论

未经授权转播体育赛事节目的网络盗版问题日益严重,已引起了来自体育组织、广电组织及数字化环境下的其他利益相关方的日益关注。点对点 P2P 技术的流行加速了体育赛事转播的侵权现象。美国和部分欧洲国家已通过成文法或判例法保护体育赛事的转播权。在中国,现行《著作权法》对体育赛事的网络传播权是否提供保护却仍存疑问。

笔者认为,若体育赛事的转播节目符合中国《著作权法》关于独创性的规定,那么就应当被认定为"以电影或以类似摄制电影的方式制作的作品",从而属于《著作权法》的保护范畴。笔者认为:如果允许侵权网站"搭便车"的不正当竞争行为,无视体育组织及经授权的广电组织在举办及转播体育赛事中所做的努力与投资,放纵侵权网站擅自盗取其劳动成果的行为,损害的最终将是消费者的福利,也不利于当地的产业发展。综上所述,为体育赛事的现场转播节目提供法律保护:1)有助于当地体育产业、广电产业等其他支柱产业的发展,提供就业机会;2)有利于中国的著作权法与国际惯例接轨。

因此,有效打击体育赛事的网络盗版问题是有利于中国自身利益的。立法者可考虑采取以下几种办法保护体育赛事转播节目。一是将具备独创性的体育赛事转播节目归为受著作保护的客体范畴;二是将"广播权"的适用范围拓展到网络领域,或扩大"信息网络传播权"的适用范围至"非交互式传播"行为;三是建议或鼓励网络服务提供商安装过滤技术,并承担更多的注意义务以保护知识产权。四是针对各国法域的法律规避问题,加强国际合作,协调各国立法,共同面对这一挑战。

参考文献

一、中文

1. 《美国哥伦比亚电影公司诉搜狐》,北京市第一中级人民法院,(2006)一中民初字第11932号。
2. 《宁波成功多媒体通信有限公司诉北京阿里巴巴信息技术有限公司》,北京市第二中级人民法院,(2008)二中民终字第19082号。
3. 《国际唱片业协会诉百度》,北京市第一中级人民法院,(2005)一中民初字第7965号。
4. 《国际唱片业协会诉百度》,北京市高级人民法院,(2007)高民终字第594号。
5. 《国际唱片业协会诉阿里巴巴》,北京市高级人民法院,(2007)高民终字第1990号。
6. 《广东中凯文化发展有限公司诉广州数联软件技术公司》,上海市高级人民法院,(2008)沪高民三(知)终字第7号。
7. 《刘京胜诉搜狐爱特信信息技术公司》北京第二中级人民法院,(2000)二中知初字第128号。
8. 《陈玉中等与峄城区史志办著作权纠纷案》,山东省枣庄市中级人民法院,(2008)枣商知初字第10号。
9. 《北京三面向版权代理有限公司与合肥邦略科技发展有限公司著作权侵权纠纷案》,安徽省高级人民法院,(2007)皖民三终字第0029号。
10. 《杨洛书诉中国画报出版社著作权纠纷案》,山东省高级人民法院,(2007)鲁民三终字第94号。
11. 《国家广播电影电视总局电影卫星频道节目制作中心诉中国教育电视台侵犯著作权纠纷案》,北京海淀区人民法院,(2006)海民初字第8877号。

12.《金刚苑公司与华纳公司放映权侵权纠纷案》,广东省高级人民法院,(2005)粤高法民三终字第 357 号。

13. 张忠信:《著作权保护:技术发展与合理使用》,发布于台湾科技法律论坛 2003 年 11 月 20 日。

14. 王迁:《论对"信息网络传播权"的正确适用——兼评"成功多媒体诉时越公司案"》,http://www.ipattorney.cn/blog/u/6/archives/2009/250.html。

15. 王迁:《论认定"模仿讽刺作品"构成"合理使用"的法律规则》,载于《科技与法律》,2006 年第 1 期。

16. 王迁:《网络版权法》,中国人民大学出版社,2008 年第 1 版。

17. 胡康生主编:《中华人民共和国著作权法释义》,法律出版社,2002 年版。

18. 韦之:《著作权法原理》,北京大学出版社,1998 年版。

19. 吴汉东:《知识产权法》,中国政法大学出版社,2002 年版。

20. 申立:《体育竞赛和版权保护》,载于《体育学刊》,2005 年第 12 卷第 2 期。

21. 于振峰:《我国职业篮球联赛电视转播权的开发及相关立法问题》,载于《体育学刊》,2003 年第 10 卷第 5 期。

22. 翁飚:《如何推算体育比赛电视转播权的转让价格》,载于《体育文化导刊》,1999 年第 6 期。

二、外文

1. Melville B. Nimmer & David Nimmer, Nimmer on Copyright, § 12B.01[A](2002).

2. NCR Corp. v. Korala Assocs., Ltd., 512 F. 3d 807(6thCir. 2008).

3. Gershwin Publ'g Corp. v. Columbia Arts Mgmt., Inc., 443 F. 2d (2d Cir. 1971).

4. Shapiro, Bernstein Co. v. H. L. Green Co., 316 F. 2d (2d Cir. 1963).

5. CoStar Group, Inc. v. LoopNet, Inc., 373 F. 3d (4th Cir. 2004).

6. MGM v. Grokster, 125 S. Ct. 2764(2005).

7. Perfect 10, Inc. v. CCBill, LLC, 488 F. 3d 1102(9th Cir. 2007).

8. Hendrickson v. eBay, 165 F. Supp. 2d (C. D. Cal. 2001).

9. ALS Scan, Inc. v. Remarq Cmtys, Inc. , 239 F. 3d 619(4th Cir. 2001).

10. In re Aimster Copyright Litigation, 334 F. 3d 643(7th Cir. 2003).

11. A&M Records v. Napster, 239 F. 3d 1004(9th Cir. 2001).

12. Ellison v. Robertson, 357 F. 3d 1072(9th Cir. 2004).

13. IO Group Inc. v. Veoh Networks, Inc. , 586 F. Supp. 2d 1132(N. D. Cal. 2008).

14. Corbis Corp. v. Amazon. com, Inc. , 351 F. Supp. 2d 1090(W. D. Wa. 2004).

15. Viacom Intern. Inc. v. YouTube Inc. , 540 F. Supp. 2d 461(S. D. N. Y. 2008).

16. Andrea Schultz, Legal Aspects of An Ecommerce Transaction 42, (2006).

17. B. Spitz, The Buttock Sues MySpace for Copyright Infringement, http://www. juriscom. net/actu/visu. php? ID=942, Nov. 7, 2007.

18. Christian, C. , Nord Quest Production v. DailyMotion, UGC Images, Tribunal de Grande Instance de Paris(3d chamber, 2d Section)decision of July 13, 2007, http://www. juriscom. net/actu/visu. php? ID=949. July 2007.

19. DailyMotion, DailyMotion Selects Audible Magic's Fingerprinting Solution for Detecting Copyrighted Video, (May 10, 2007), http://www. dailymotion. com/press/AudibleMagic. pdf.

20. Lancôme Parfums et Beautie & Cie v eBay International AG, eBay Europe S. A. R. L. , eBay, Belguim, 2008, A/07/06032.

21. SARL Zadig Productions, Jean-Robert Viallet et Mathieu Verboud v. Ste Google Inc. et AFA, Tribunal de Grande Instance de Paris(3d Chambre, 2d Section), decision of Oct. 19, 2007, http://www. juriscom. net/actu/visu. php? ID=976.

22. B. Spitz, Google Video held liable for not doing all it could to stop the broadcasting of a film, Nov. 29, 2007, http://copyrightfrance. blogspot. com/2007/07/dailymotion-hosting-provider-liable-for. html.

23. SA Scarlet v. SABAM, Tribunal de Premiere Instance de Bruxelles, 22 Oct. 2008.

24. Court Rules against RapidShare in Germany, June 25, 2009, http://

www. afterdawn. com/news/archive/18292. cfm.

25. Court Jails Pirate Bay Founders, BBC News, Apr. 17, 2009, http://news. bbc. co. uk/2/hi/technology/8003799. stm.

26. Peter Menell and David Nimmer, Unwinding Sony, California L. Rev. Vol. 95:941, (2007).

27. Guido Calabresi, Some Thoughts on Risk Distribution and the Law of Torts, 70 Yale L. J. 499(1961).

28. William M. Landes & Richard A. Posner, The Economic Structure of Tort Law (1987).

29. Steven Shavell, Economic Analysis of Accident Law (1987).

30. Restatement (Third) Torts: Prod. Liab. § 2, reporter's notes, cmt. a (1998).

31. James Henderson, Jr. & Aaron D. Twerski, Closing the American Products Liability Frontier: The Rejection of Liability Without Defect, 66 N. Y. U. L. Rev. 1263(1991).

32. Youku Fined for Copyright Infringement, Media Asia on Nov. 30, 2009, http://www. media. asia/searcharticle/UPDATE-Youku-fined-for-copyright-infringement/2008/38065? src=related.

33. Michael S. Sawyer, Filters, Fair Use and Feedback: User-Generated Content Principles and the DMCA, Berkeley Technology L. J. 24:1(2009).

34. The Electronic Frontier Foundation, Fair Use Principles for User Generated Video Content, http://www. eff. org/issues/ip-and-free-speech/fair-use-principles-usergen.

35. Accord pour le développement et la protection des œuvres et programmes culturels sur les nouveaux réseaux, vendredi 23 novembre 2007, http://www. culture. gouv. fr/culture/actualites/conferen/albanel/acco-rdolivennes. htm.

36. Verizon ends serviceof alleged illegal downloaders, Jan. 20, 2010, http://news. cnet. com/8301 – 1023_3 – 10437176 – 93. html? tag=TOCmoreStories.

37. In French Loi Favorisant la diffusion et la protection de la creation sur Internet. French Senate, http://www. senat. fr/dossierleg/pjl07 – 405. html.

38. France 24, Top legal body strikes down anti-piracy law, June 10, 2009. http://www.france24.com/en/20090610-top-legal-body-strikes-down-anti-piracy-law-hadopi-constitutional-council-internet-france.

39. Pfanner Eric, France Approves Wide Crackdown on Net Piracy, New York Times, October 22, 2009, http://www.nytimes.com/2009/10/23/technology/23net.html.

40. IIPA—AIWAN 2010 Special 301 Report on Copyright Protection and Enforcement, http://www.iipa.com/rbc/2010/2010SPEC301TAIWAN.pdf.

41. Gyles v Wilcox, Barrow, and Nutt. 1740 2 Atk 143.

42. Tonson v Walker 1752 3 Swans (App) 762.

43. Millar v Taylor (1769) 98 ER 201.

44. Campbell v. Acuff-Rose Music, Inc., 510 U.S. 569, 590 (1994).

45. Harper & Row, Publishers, Inc. v. Nation Enters., 471 U.S. 539, 561 (1985).

46. Video Pipeline, Inc. v. Buena Vista Home Entm't, Inc., 342 F. 3d 191, 197 (3d Cir. 2003).

47. Folsom v. Marsh, 9 F. Cas. 342 (C. C. D. Mass. 1841) (No. 4901).

48. Salinger v. Random House, Inc., 650 F. Supp. 413. 425 (S. D. N. Y. 1986), revised, 811 F. 2d 90 (2d Cir. 1987), cert. denied, 484 U.S. 890 (1988).

49. Sony Corp. of America v. Universal City Studios, 464 U.S. 417, 104 S. Ct. 774 (1984).

50. Pamela Samuelson, When Worlds Collide: Intellectual Property At the Interface Between Systems of Knowledge Creation: Article: Unbundling Fair Uses. 77 Fordham L. Rev. 2537.

51. Suntrust Bank v. Houghton Mifflin Co., 268 F. 3d 1257, 1267 (11th Cir. 2001).

52. Melville B. Nimmer, Nimmer on Copyright, § 3.05 "The Defense of Fair Use" 2009.

53. Bill Graham Archives v. Dorling Kindersley Ltd., 448 F. 3d 605 (2d Cir. 2006).

54. Wright v. Warner books, Inc., 953 F. 2d 731, 737 (2d Cir. 1991).

55. New Era Publ'ns International v. Henry Holt & Co., Inc., 873 F. 2d

576,583(2d Cir. 1989).

56. Ass'n of Am. Med. Colls. v. Carey,728 F. supp. 873,885(N. D. N. Y. 1990).

57. Basic Books v. Kinko's Graphics Corp. ,758 F. Supp. 1522 (S. D. N. Y. 1991).

58. Kelly v. Arriba Soft Corp. ,336 F. 3d 811(9th Cir. 2003).

59. Perfect 10,Inc. v. Amazon. com,Inc,508 F. 3d. 1146(9th Cir. 2007),amending 487 F. 3d 701(9th Cir. 2007).

60. The Authors Guild,Inc. ,et al. v . Google Inc. No. 05 – CV – 8136 (S. D. N. Y).

61. The McGraw-Hill Companies,Inc. v. Google Inc. ,No. 05 – CV – 8881 (S. D. N. Y).

62. Adam Mathes,The point of Google Print,The Official Google Blog, Oct. 19, 2005, http://googleblog. blogspot. com/2005/10/point-of-google-print. html.

63. Miguel Helft &. Motoko Rich,Google Settles Suit Over Book-Scanning,N. Y. TIMES,Oct. 28,2008.

64. Copyright Office Opposes Google Settlement, Orphan Works Issue Also Topic at Hearing, BNA's Patent, Trademark &. Copyright Journal, 78 PTCJ 588.

65. Geoff Duncan,Amazon,Microsoft,Yahoo Take Stand Against Google Books,Digital Trends,August 21,2009,http://www. digitaltrends. com/lifestyle/amazon-microsoft-yahoo-take-stand-aganist-google-books/.

66. Creg Sandoval,Judge in Google Books case says no ruling Thursday, CNET news,Feb. 18,2010,http://news. cnet. com/8301-31001_3-10455667-261. html.

67. Justice Laddie, Copyright: Over-Strength, Over-regulated, Over-rated,18 European Intellectual Property Review (1996).

68. Report of the Committee to Consider the Law on Copyright and Designs,1977 (Cmnd672).

69. Guiseppina D'Agostino,Healing Fair Dealing? A comparative Copyright Analysis of Canada's Fair Dealing to U. K. Fair Dealing and U. S. Fair

Use. ,200 53 McGill L. j. 309.

70. Cary Jane Craig,Fair Dealing and the Purposes of Copyright Protection.

71. Hubbard v Vosper,(1971),[1972] 1 ALL E. R. 1023,[972] 2 W. L. R. 389(C. A.) [Hubbard cited to ALL E. R.].

72. Hyde Park Residence Ltd. v. Yelland,[2000] EWCA Civ 37,[2000]3 W. L. R. 215.

73. Beloff v. Pressdram Ltd. (1972),[1973] 1 ALL E. R. 241.

74. Newspaper Licensing Agency Ltd. v. Marks & Spencer PLC,[1999] R. P. C. 536,[1999] E. M. L. R. 369(C. A.).

75. Hyde Park Residence Ltd. v. Yelland,[2000] EWCA Civ 37,[2000] 3 W. L. R. 215.

76. Pro Sieben Media AG v. Carlton U. K. Television Ltd. (1998),[2000] E. C. D. R. 110.

77. Ashdown v. Telephone Group Ltd,2002 [E. S. D. R] 32.

78. CCH Canadian Ltd. v. Law Society of Upper Canada (2004) SCC 13, [2004] 1 S. C. R. 339,236 D. L. R. (4th) 395.

79. Compagnie general des etablissments Michelin-Michelin & Cie v. National Automobile,Aerospace,Transportation and General Workers Union of Canada(CAW-Canand,(1996),[1997] 2 F. C. 306,124. F. T. R. 192 (F. C. T. D).

80. Bishop v. Stevens,[1990] 2. S. C. R. 467 at 483—484,72 D. L. R. (4th)97,31 C. P. R. (3d)394.

81. Theberge v. Galerie d' Art du Petit Champlian,2002SCC 34,[2002] 2. S. C. R. 336,310 D. L. R. (4th)385.

82. Bloombery, Google Loses German Copyright Cases Over Image-Search Previews,October13,2008, http://www. bloombery. com/apps/news?pid=20601204&sid=a_ClwVkCvPww&refer=technology#.

83. Adi Robertson,Google Image Search thumbnails"infringement"under German ruling, Public Knowledge October 17, 2008, http://www. publicknowledge. org/node/1803.

84. Barton Beebe,An Empirical Study of U. S. Copyright Fair Use Opin-

ions,1978—2005,156 U. pa. L. Rev. 549 (2008).

85. Marjorie Heins & Tricia Beckles, Brennan Ctr. for Justice, N. Y. Univ. Sch. Of Law,Will Fair Use Survive:Free Expression in the Age of Copyright Control 5—6 (2005), http://www. fepproject. org/policyreports/Will-FairUseSurvice. pdf,at5 - 6/.

86. Australia Fair Use and Other Copyright Exceptions: Issues Paper (May 2005).

87. Australia, Copyright Amendment Bill 2006, Explanatory Memorandum.

88. New Zealand,Digital Technology and the Copyright Act 1994,Internal Working Paper (July 2002).

89. Digital Technology and the Copyright Act 1994,Position Paper (December 2002).

90. EBU News. ,Beijing 2008:The Digital Games,http://www. ebu. ch/en/union/news/2008/tcm_6 - 62839. php.

91. Background Report on Digital Piracy of Sporting Events, Envisional Limited and NetResult Limited,2008.

92. 2008 Special 301 Report, Office of the United States Trade Representative.

93. Michael J. Mellis,Piracy of Live Sports Telecasts,18 Marq. Sports L. Rev. 259.

94. House Report 94—1476 at 52(1976).

95. Baltimore Orioles, Inc. v. Major League Baseball Players Ass'n, 805 F. 2d 663,668(7th Cir. 1986).

96. Nat'l Football League v. PrimeTime 24 Joint Venture,211 F. 3d 10, 13(2d Cir. 2000).

97. Michael A. Geist, iCrave TV and the New Rules of Internet Broadcasting,23 U. ARK. LITTLE ROCK L. REV. 223,225(2000).

98. Twentieth Century Fox Film Co. v. iCrave TV,2000 U. S. Dist. Lexis 1091(W. D. Pa. Jan. 21,2000).

99. National Football League v. iCrave TV, 2000 WL 64016397(W. D. Pa. Jan. 21,2000).

100. Metro-Goldwyn-Mayer Studios, Inc. v. Grokster, Ltd. ,545 U. S. 913 (2005).

101. Union of European Football Association v. Briscomb, 2006 EWHC: UEFA,1268(C. Div. 5. 5. 2006).

102. Germany: Software to Re-stream TV Programs Infringes Copyrights, Court Says, BNA WORLD INTELL. PROP. REP. , Apr. 1, 2006.

103. Lawrence Lessig, Free Culture-How Big Media Uses Technology and the Law to Lock Down Culture and Control Creativity, (2004).

104. Werner Rumphorst, Sports Broadcasting Rights and EC Competition Law, European Broadcasting Union, 25. 7. 2001/3, DAJ/WR. mp.

105. Williams M. Landes & Richard A. Posner, An Economic Analysis of Copyright Law, 18 J. LEGAL STUD. 325.

106. Soonhwan Lee and Hyosung Chun, Economic Values of Professional Sport Franchises in the United States, 2002 Sport J. 4, http://thesportjournal.org/article/economic-values-professional-sport-franchises-united-states.

107. John Horne, Sport in Consumer Culture, by Palgrave Macmillan (2006).

108. Chia-heng Seetoo, Can peer-to-peer internet broadcast technology give fans another chance? Peer to Peer streaming technology, its impact on telecast of professional sports, and the future of digital media on the internet. , http://www. jltp. uiuc. edu/works/see-too. htm.

109. Commission of the European Union, White Paper on Sport, Brussels, 11. 7. 2007, COM(2007)391 final.

110. Yuval Karniel, Broadcasting Sports Events on Foreign Channels-Do Copyright Law makes it obligatory to Darken the Screen?, Alei Mishpat VI (May 2007).

111. Interbox Promotion Corporation v. Hippo Club, 2003 FC 1254/T - 1788 - 99.

112. McKeown, John S. Fox Canadian Law of Copyright and Industrial Designs, 3rd ed. Scarborough Carswell, 2000.

113. Reuters, TVU and Vobile Announce First Commercial Deployment of Digital Fingerprinting for Live Event Producers and Content Owners, May

19,2008,http://www.reuters.com/article/pressRelease/idUS127078＋19－May－2008＋PRN20080519.

114. Pamela Samuelson,Intellectual Property Arbitrage：How Foreign Rules Can Affect Domestic Protections,71 U. CHI. L. REV. 223,223(2004).

中英文术语对照表
GLOSSARY

A

Active Step 积极行为
Actual Knowledge 实际知晓
Affirmative Intent 确定的主观意图
Ambush Marketing 埋伏经销
Amount and Substantiality of the Use, The 使用部分的数量和质量
Amount of the Dealing, The 交易的数量
Ancillary Works 附属作品
Appeal Court 上诉法院
Artificial Intelligence 人工智能
Automatic Caching 自动缓存
Authorship 作者资格
Available Alternative to the Dealing 交易的替代选择

B

Beijing Olympic Games Committee 北京奥组委（BOCOG）
Beijing Regulation on the Intellectual Property Protection of Olympics-related Intellectual Property Rights 北京市奥林匹克知识产权保护规定
Berne Convention 伯尔尼公约
Block 屏蔽
Books Rights Registry 图书管理登记处
Broadcasting Rights 广播权

C

Caching 系统缓存
Canadian Copyright Act 加拿大版权法
Case Law Jurisdiction 判例法域
Character of the Dealing, The 交易的性质
Civil Code 民法通则
Closest Links 最密切联系
Commercial Use 商业性使用
Content Service Provider 内容服务提供商(CSP)
Contributory Liability 帮助侵权责任
Copyright 著作权/版权
Copyright Holder 著作权人/版权人
Copyright Infringement 著作权侵权/版权侵权
Copyright Owner 版权人/著作权人
Copyright Law 著作权法/版权法
Copyrighted Works 版权作品
Counter Take-down Notice Process 反通知程序
Critical Element 批评性要素
Customary Price 行业内报价
Customs Clearance Notice for Beijing Olympic Material 关于北京奥运会物品结关的通知

D

Digital Millennium Copyright Act 美国千禧年数字版权法（DMCA）
Direct Financial Benefit 直接经济利益
Direct Infringement 直接侵权
Direct Liability Theory 直接侵权责任理论
Dolphin Hotline 海豚热线
Down-loader 下载者

E

Effect of the Dealing on the Work, The 交易对作品产生的影响

Effect of use upon the Market, The 对于市场的影响
Electronic Frontier Foundation 电子前沿基金会(EFF)
End-user 终端用户
Enumerated Category 明文列举
European Union E-commerce Directive 欧盟电子商务指令
Exclusive Broadcasting Rights 独播权
Exclusive Right 专有权利
Extracted Part 摘录部分

F

Factual Works 描述事实的作品
Fair Abridgement 合理删节摘录原则
Fair Dealing Doctrine 公平交易/合理交易原则
Fair Dealing Model 公平交易模式
Fair Use 合理使用
Fair Use Doctrine 合理使用原则
Fictional Works 虚构的作品
File Sharing Networks 文件共享网站
First-instance Court 初审法院
Forum Shopping 挑选司法管辖地
Four-factor Analysis 四因素分析法
Four-factor Balancing Test 四大因素平衡标准
Filtering technology 过滤技术
Fingerprint Filtering Technology 指纹过滤技术
Fingerprint-based System 指纹识别系统
Fingerprinting Technology 指纹技术
Free Culture 自由文化
Free-ride 搭便车
Full-text Books 全本

G

Google Book Search Project 谷歌图书馆计划
Graduated Response/Three Strikes Policy 分级回应政策/三振出局法案(GR)

Gross Negligence 重大过失

H

HADOPI Law/Creation and Internet law HADOPI 法/创作和互联网法
Hosting Service 主机服务
Hosting Service Provider 主机服务提供商
Human Evaluation 人工判断

I

Independent Fiduciary 独立受托人
Indirect Infringement 间接侵权
Inducement Theory 引诱侵权责任理论
Information Society Service 信息社会服务商
Intellectual Property Arbitrage 知识产权法律规避
Intellectual Property Right 知识产权
International Olympic Committee 国际奥组委(IOC)
Internet Content Provider 网络内容服务商(ICP)
Internet Portal Site 互联网门户网站
Internet Service Provider 网络服务提供者(ISP)
ISP liability 网络服务提供商侵权责任

J

Joint-liability Theory 共同侵权责任理论
Judge-made Law 法官造法

K

Korea Copyright Commission 韩国版权委员会(KCC)

L

Legislative Reform 立法改革
Licensing Rate for Electronic Use 电子使用许可费用
Linking 链接服务
Linking Service Provider 链接服务提供商

Live Characteristics 现场性
Live Sports Telecast 体育赛事现场转播
Live Streams 现场流媒体播放

M

Massage Board 信息版
Media Player 媒体播放器
Mere Conduit 纯粹通道
Most Favored Nation Clause 最惠国条款
Multi-factor Analysis 多因素分析

N

National Copyright Administration 国家版权局(NCAC)
Nature of the Copyrighted Work, The 版权作品的性质
Nature of the Work, The 作品的性质
Neighboring Rights 邻接权
Non-commercial Use 非商业性使用
Non-profit Education Purpose 非营利性教育目的

O

On-demand 点播
Online Copyright Infringement Liability Limitation Act 在线版权侵权责任限制法案(OCILLA)
Online Piracy 网络盗版
Online Service Provider 在线服务提供商(OSP)
Original Creation 原创作品
Original Market 现有市场
Original Works 原创作品
Orphan Works 孤儿作品

P

P2P File Sharing Services 点对点文件分享服务
P2P Software 点对点软件

P2P Technology 点对点技术
Parody 滑稽模仿/戏仿
Patent Law 专利法
Peer to Peer Television Services 点对点网络电视服务商
People's Republic of China (PRC) Copyright Law 中华人民共和国著作权法
People's Republic of China (PRC) Tort Law 中华人民共和国侵权责任法
Potential Market 潜在市场
Principles for User Generated Content Services 用户制作内容服务商原则（UGC 原则）
Prior Author 在先作者
Privacy 隐私
Public Domain 公共领域
Publisher 出版商
Purpose and Character of Fair Use 合理使用的目的和性质
Purpose and Character of the Use 使用的目的和性质
Purpose of the Dealing, the 交易的目的

Q

Qualitative Analysis 定性分析
Quantitative Analysis 定量分析

R

Real-time Online Piracy 实时在线侵权
Real-time Streaming 实时转播
Red Flag Test 红旗标准
Regulation on the Protection of the Right of Communication through Information Networks 信息网络传播权保护条例
Regulations on the Protection of Olympics Symbols 奥林匹克标志保护条例
Reporting of Current Events 时事报道
Retransmission 转播
Retransmission over the Internet 网络转播
Right Holder 权利持有者
Right to Broadcast 播放权

Right to Reproduce 复制权
Right of Communication through Information Network 信息网络传播权
Rome Convention 罗马公约

S

Safe Harbor Provision 避风港条款
Sample of Copyrighted Materials(Reference Material) 版权内容的样本(参考材料)
Search Engine 搜索引擎
Searching/Linking Services 搜索/链接服务
Secondary Liability Theory 间接侵权责任理论
Settlement Agreement 和解协议
South Korean Copyright Act 韩国版权法
Sports Broadcasting Rights 体育赛事转播权
Statute of Anne of 1710, The 安妮法案(英国)
Storage/Hosting Service 储存/主机服务
Streaming over Peer-to-peer Networks 点对点技术流媒体(P2P)
Sui generis Regulation 特殊规章
Summary Judgment 简易判决

T

Taiwan Intellectual Property Office 台湾智慧财产局(TIPO)
Taiwanese Copyright Act 台湾版权法
Take-down Notice 删除通知/移除通知
Take-down Provision 通知-删除条款
Technology Determination 技术判定
Temporary Caching 临时缓存
Three-factor Test 三步检验法/三步检验标准
Thumbnail Image 缩略图
Time Shifting 改变观看时间
Trade Secret 商业秘密
Transformative Use 转换性使用
Transformative Value 转换性价值
Transformative works 转换性作品

Transmitting 传输
TRIPS Agreement 与贸易有关的知识产权协议

U

UK Copyright Act 1911 英国 1911 年版权法案
Unauthorized Use 未经授权的使用
Unfair Competition 不正当竞争
Unicast Streaming 单播流媒体
Unpublished Works 尚未出版的作品
U. S. Copyright Law 美国版权法
User-generated-content 用户制作内容（UGC）
User-generated-content Site 用户制作内容网站（UGC 网站）

V

Vicarious Liability 替代侵权责任
Video-on-demand Service 视频点播（VOD）服务
Video-sharing 视频分享
Video Productions/Cinematographic Works 电影、电视、录像作品
Video Recordings 录像制品

W

Watermarking Technology 水印技术
Web Server 网络服务器
White List 白名单
World Copyright Treaty 世界知识产权组织版权条约（WCT）
WPPT Treaty 世界知识产权表演和录音制品条约（WPPT）

附录一　法律法规

1.《中华人民共和国著作权法》(2010年)
节　选

立法沿革

1990年9月7日第七届全国人民代表大会常务委员会第十五次会议通过

根据2001年10月27日第九届全国人民代表大会常务委员会第二十四次会议《关于修改〈中华人民共和国著作权法〉的决定》第一次修正

根据2010年2月26日第十一届全国人民代表大会常务委员会第十三次会议《关于修改〈中华人民共和国著作权法〉的决定》第二次修正

第十条　著作权包括下列人身权和财产权：

（一）发表权，即决定作品是否公之于众的权利；

（二）署名权，即表明作者身份，在作品上署名的权利；

(三)修改权,即修改或者授权他人修改作品的权利;

(四)保护作品完整权,即保护作品不受歪曲、篡改的权利;

(五)复制权,即以印刷、复印、拓印、录音、录像、翻录、翻拍等方式将作品制作一份或者多份的权利;

(六)发行权,即以出售或者赠与方式向公众提供作品的原件或者复制件的权利;

(七)出租权,即有偿许可他人临时使用电影作品和以类似摄制电影的方法创作的作品、计算机软件的权利,计算机软件不是出租的主要标的的除外;

(八)展览权,即公开陈列美术作品、摄影作品的原件或者复制件的权利;

(九)表演权,即公开表演作品,以及用各种手段公开播送作品的表演的权利;

(十)放映权,即通过放映机、幻灯机等技术设备公开再现美术、摄影、电影和以类似摄制电影的方法创作的作品等的权利;

(十一)广播权,即以无线方式公开广播或者传播作品,以有线传播或者转播的方式向公众传播广播的作品,以及通过扩音器或者其他传送符号、声音、图像的类似工具向公众传播广播的作品的权利;

(十二)信息网络传播权,即以有线或者无线方式向公众提供作品,使公众可以在其个人选定的时间和地点获得作品的权利;

(十三)摄制权,即以摄制电影或者以类似摄制电影的方法将

作品固定在载体上的权利;

(十四)改编权,即改变作品,创作出具有独创性的新作品的权利;

(十五)翻译权,即将作品从一种语言文字转换成另一种语言文字的权利;

(十六)汇编权,即将作品或者作品的片段通过选择或者编排,汇集成新作品的权利;

(十七)应当由著作权人享有的其他权利。

著作权人可以许可他人行使前款第(五)项至第(十七)项规定的权利,并依照约定或者本法有关规定获得报酬。

著作权人可以全部或者部分转让本条第一款第(五)项至第(十七)项规定的权利,并依照约定或者本法有关规定获得报酬。

第三十七条 使用他人作品演出,表演者(演员、演出单位)应当取得著作权人许可,并支付报酬。演出组织者组织演出,由该组织者取得著作权人许可,并支付报酬。

使用改编、翻译、注释、整理已有作品而产生的作品进行演出,应当取得改编、翻译、注释、整理作品的著作权人和原作品的著作权人许可,并支付报酬。

第四十一条 录音录像制作者制作录音录像制品,应当同表演者订立合同,并支付报酬。

第四十七条 有下列侵权行为的,应当根据情况,承担停止侵害、消除影响、赔礼道歉、赔偿损失等民事责任:

（一）未经著作权人许可,发表其作品的;
（二）未经合作作者许可,将与他人合作创作的作品当作自己单独创作的作品发表的;
（三）没有参加创作,为谋取个人名利,在他人作品上署名的;
（四）歪曲、篡改他人作品的;
（五）剽窃他人作品的;
（六）未经著作权人许可,以展览、摄制电影和以类似摄制电影的方法使用作品,或者以改编、翻译、注释等方式使用作品的,本法另有规定的除外;
（七）使用他人作品,应当支付报酬而未支付的;
（八）未经电影作品和以类似摄制电影的方法创作的作品、计算机软件、录音录像制品的著作权人或者与著作权有关的权利人许可,出租其作品或者录音录像制品的,本法另有规定的除外;
（九）未经出版者许可,使用其出版的图书、期刊的版式设计的;
（十）未经表演者许可,从现场直播或者公开传送其现场表演,或者录制其表演的;
（十一）其他侵犯著作权以及与著作权有关的权益的行为。

2.《中华人民共和国著作权法实施条例》(2002年) 节　选

国务院令第 359 号

2002 年 8 月 2 日公布《中华人民共和国著作权法实施条例》,自 2002 年 9 月 15 日起施行。

第五条　著作权法和本条例中下列用语的含义:
(一)时事新闻,是指通过报纸、期刊、广播电台、电视台等媒体报道的单纯事实消息;
(二)录音制品,是指任何对表演的声音和其他声音的录制品;
(三)录像制品,是指电影作品和以类似摄制电影的方法创作的作品以外的任何有伴音或者无伴音的连续相关形象、图像的录制品;
(四)录音制作者,是指录音制品的首次制作人;
(五)录像制作者,是指录像制品的首次制作人;
(六)表演者,是指演员、演出单位或者其他表演文学、艺术作品的人。

第十条　著作权人许可他人将其作品摄制成电影作品和以类似摄制电影的方法创作的作品的,视为已同意对其作品进行必要的改动,但是这种改动不得歪曲篡改原作品。

第二十六条　著作权法和本条例所称与著作权有关的权益,是指出版者对其出版的图书和期刊的版式设计享有的权利,表演者对其表演享有的权利,录音录像制作者对其制作的录音录像制品享有的权利,广播电台、电视台对其播放的广播、电视节目享有的权利。

第二十七条 出版者、表演者、录音录像制作者、广播电台、电视台行使权利,不得损害被使用作品和原作品著作权人的权利。

第三十一条 著作权人依照著作权法第三十九条第三款声明不得对其作品制作录音制品的,应当在该作品合法录制为录音制品时声明。

第三十五条 外国的广播电台、电视台根据中国参加的国际条约对其播放的广播、电视节目享有的权利,受著作权法保护。

第三十六条 有著作权法第四十七条所列侵权行为,同时损害社会公共利益的,著作权行政管理部门可以处非法经营额3倍以下的罚款;非法经营额难以计算的,可以处10万元以下的罚款。

第三十七条 有著作权法第四十七条所列侵权行为,同时损害社会公共利益的,由地方人民政府著作权行政管理部门负责查处。
　国务院著作权行政管理部门可以查处在全国有重大影响的侵权行为。

3.《信息网络传播权保护条例》(2006年)

2006年5月10日国务院第135次常务会议通过,现予公布,自2006年7月1日起施行。

第一条 为保护著作权人、表演者、录音录像制作者(以下统称权利人)的信息网络传播权,鼓励有益于社会主义精神文明、物质文明建设的作品的创作和传播,根据《中华人民共和国著作权法》(以下简称著作权法),制定本条例。

第二条 权利人享有的信息网络传播权受著作权法和本条例保护。除法律、行政法规另有规定的外,任何组织或者个人将他人的作品、表演、录音录像制品通过信息网络向公众提供,应当取得权利人许可,并支付报酬。

第三条 依法禁止提供的作品、表演、录音录像制品,不受本条例保护。

权利人行使信息网络传播权,不得违反宪法和法律、行政法规,不得损害公共利益。

第四条 为了保护信息网络传播权,权利人可以采取技术措施。

任何组织或者个人不得故意避开或者破坏技术措施,不得故意制造、进口或者向公众提供主要用于避开或者破坏技术措施的装置或者部件,不得故意为他人避开或者破坏技术措施提供技术服务。但是,法律、行政法规规定可以避开的除外。

第五条 未经权利人许可,任何组织或者个人不得进行下列行为:

(一)故意删除或者改变通过信息网络向公众提供的作品、表演、录音录像制品的权利管理电子信息,但由于技术上的原因无法避免删除或者改变的除外;

(二)通过信息网络向公众提供明知或者应知未经权利人许可被删除或者改变权利管理电子信息的作品、表演、录音录像制品。

第六条 通过信息网络提供他人作品,属于下列情形的,可以不经著作权人许可,不向其支付报酬:

(一)为介绍、评论某一作品或者说明某一问题,在向公众提供的作品中适当引用已经发表的作品;

(二)为报道时事新闻,在向公众提供的作品中不可避免地再现或者引用已经发表的作品;

(三)为学校课堂教学或者科学研究,向少数教学、科研人员提供少量已经发表的作品;

(四)国家机关为执行公务,在合理范围内向公众提供已经发表的作品;

(五)将中国公民、法人或者其他组织已经发表的、以汉语言文字创作的作品翻译成的少数民族语言文字作品,向中国境内少数民族提供;

(六)不以营利为目的,以盲人能够感知的独特方式向盲人提供已经发表的文字作品;

(七)向公众提供在信息网络上已经发表的关于政治、经济问题的时事性文章;

(八)向公众提供在公众集会上发表的讲话。

第七条 图书馆、档案馆、纪念馆、博物馆、美术馆等可以不经著作权人许可,通过信息网络向本馆馆舍内服务对象提供本馆收藏的合法出版的数字作品和依法为陈列或者保存版本的需要以数字化形式复制的作品,不向其支付报酬,但不得直接或者间接获得经济利益。当事人另有约定的除外。

前款规定的为陈列或者保存版本需要以数字化形式复制的作品,应当是已经损毁或者濒临损毁、丢失或者失窃,或者其存储格式已经过时,并且在市场上无法购买或者只能以明显高于标定的价格购买的作品。

第八条 为通过信息网络实施九年制义务教育或者国家教育规划,可以不经著作权人许可,使用其已经发表作品的片断或者短小的文字作品、音乐作品或者单幅的美术作品、摄影作品制作课件,由制作课件或者依法取得课件的远程教育机构通过信息网络向注册学生提供,但应当向著作权人支付报酬。

第九条 为扶助贫困,通过信息网络向农村地区的公众免费提供中国公民、法人或者其他组织已经发表的种植养殖、防病治病、防灾减灾等与扶助贫困有关的作品和适应基本文化需求的作品,网络服务提供者应当在提供前公告拟提供的作品及其作者、拟支付报酬的标准。自公告之日起 30 日内,著作权人不同意提供的,网络服务提供者不得提供其作品;自公告之日起满 30 日,著作权人没有异议的,网络服务提供者可以提供其作品,并按照公告的标准向著作权人支付报酬。网络服务提供者提供著作权人的作品后,著作权人不同意提供的,网络服务提供者应当立即删除著作权人的作品,并按照公告的标准向著作权人支付提供作品期间的报酬。

依照前款规定提供作品的,不得直接或者间接获得经济利益。

第十条 依照本条例规定不经著作权人许可、通过信息网络向公众提供其作品的,还应当遵守下列规定:

(一)除本条例第六条第(一)项至第(六)项、第七条规定的情形外,不得提供作者事先声明不许提供的作品;

(二)指明作品的名称和作者的姓名(名称);

(三)依照本条例规定支付报酬;

(四)采取技术措施,防止本条例第七条、第八条、第九条规定的服务对象以外的其他人获得著作权人的作品,并防止本条例第七条规定的服务对象的复制行为对著作权人利益造成实质性损害;

(五)不得侵犯著作权人依法享有的其他权利。

第十一条 通过信息网络提供他人表演、录音录像制品的,应当遵守本条例第六条至第十条的规定。

第十二条 属于下列情形的,可以避开技术措施,但不得向他人提供避开技术措施的技术、装置或者部件,不得侵犯权利人依法享有的其他权利:

(一)为学校课堂教学或者科学研究,通过信息网络向少数教学、科研人员提供已经发表的作品、表演、录音录像制品,而该作品、表演、录音录像制品只能通过信息网络获取;

(二)不以营利为目的,通过信息网络以盲人能够感知的独特方式向盲人提供已经发表的文字作品,而该作品只能通过信息网络获取;

(三)国家机关依照行政、司法程序执行公务;

(四)在信息网络上对计算机及其系统或者网络的安全性能进行测试。

第十三条 著作权行政管理部门为了查处侵犯信息网络传播权的行为,可以要求网络服务提供者提供涉嫌侵权的服务对象的姓名(名称)、联系方式、网络地址等资料。

第十四条 对提供信息存储空间或者提供搜索、链接服务的网络服务提供者,权利人认为其服务所涉及的作品、表演、录音录像制品,侵犯自己的信息网络传播权或者被删除、改变了自己的权利管理电子信息的,可以向该网络服务提供者提交书面通知,要求网络服务提供者删除该作品、表演、录音录像制

品,或者断开与该作品、表演、录音录像制品的链接。通知书应当包含下列内容:

(一)权利人的姓名(名称)、联系方式和地址;

(二)要求删除或者断开链接的侵权作品、表演、录音录像制品的名称和网络地址;

(三)构成侵权的初步证明材料。

权利人应当对通知书的真实性负责。

第十五条 网络服务提供者接到权利人的通知书后,应当立即删除涉嫌侵权的作品、表演、录音录像制品,或者断开与涉嫌侵权的作品、表演、录音录像制品的链接,并同时将通知书转送提供作品、表演、录音录像制品的服务对象;服务对象网络地址不明、无法转送的,应当将通知书的内容同时在信息网络上公告。

第十六条 服务对象接到网络服务提供者转送的通知书后,认为其提供的作品、表演、录音录像制品未侵犯他人权利的,可以向网络服务提供者提交书面说明,要求恢复被删除的作品、表演、录音录像制品,或者恢复与被断开的作品、表演、录音录像制品的链接。书面说明应当包含下列内容:

(一)服务对象的姓名(名称)、联系方式和地址;

(二)要求恢复的作品、表演、录音录像制品的名称和网络地址;

(三)不构成侵权的初步证明材料。

服务对象应当对书面说明的真实性负责。

第十七条 网络服务提供者接到服务对象的书面说明后,应当立即恢复被删除的作品、表演、录音录像制品,或者可以恢复与被断开的作品、表演、录音录像制品的链接,同时将服务对象的书面说明转送权利人。权利人不得再通知网络服务提供者删除该作品、表演、录音录像制品,或者断开与该作品、表演、录音录像制品的链接。

第十八条 违反本条例规定,有下列侵权行为之一的,根据情况承担停止侵害、消除影响、赔礼道歉、赔偿损失等民事责任;同时损害公共利益的,可以由著作权行政管理部门责令停止侵权行为,没收违法所得,并可处以10万元以下的罚款;情节严重的,著作权行政管理部门可以没收主要用于提供网络服务的计算机等设备;构成犯罪的,依法追究刑事责任:

(一)通过信息网络擅自向公众提供他人的作品、表演、录音录像制品的;

(二)故意避开或者破坏技术措施的;

(三)故意删除或者改变通过信息网络向公众提供的作品、表演、录音录像制品的权利管理电子信息,或者通过信息网络向公众提供明知或者应知未经权利人许可而被删除或者改变权利管理电子信息的作品、表演、录音录像制品的;

(四)为扶助贫困通过信息网络向农村地区提供作品、表演、录

音录像制品超过规定范围,或者未按照公告的标准支付报酬,或者在权利人不同意提供其作品、表演、录音录像制品后未立即删除的;

(五)通过信息网络提供他人的作品、表演、录音录像制品,未指明作品、表演、录音录像制品的名称或者作者、表演者、录音录像制作者的姓名(名称),或者未支付报酬,或者未依照本条例规定采取技术措施防止服务对象以外的其他人获得他人的作品、表演、录音录像制品,或者未防止服务对象的复制行为对权利人利益造成实质性损害的。

第十九条 违反本条例规定,有下列行为之一的,由著作权行政管理部门予以警告,没收违法所得,没收主要用于避开、破坏技术措施的装置或者部件;情节严重的,可以没收主要用于提供网络服务的计算机等设备,并可处以10万元以下的罚款;构成犯罪的,依法追究刑事责任:

(一)故意制造、进口或者向他人提供主要用于避开、破坏技术措施的装置或者部件,或者故意为他人避开或者破坏技术措施提供技术服务的;

(二)通过信息网络提供他人的作品、表演、录音录像制品,获得经济利益的;

(三)为扶助贫困通过信息网络向农村地区提供作品、表演、录音录像制品,未在提供前公告作品、表演、录音录像制品的名称和作者、表演者、录音录像制作者的姓名(名称)以及报酬标准的。

第二十条 网络服务提供者根据服务对象的指令提供网络自动接入服务，或者对服务对象提供的作品、表演、录音录像制品提供自动传输服务，并具备下列条件的，不承担赔偿责任：
（一）未选择并且未改变所传输的作品、表演、录音录像制品；
（二）向指定的服务对象提供该作品、表演、录音录像制品，并防止指定的服务对象以外的其他人获得。

第二十一条 网络服务提供者为提高网络传输效率，自动存储从其他网络服务提供者获得的作品、表演、录音录像制品，根据技术安排自动向服务对象提供，并具备下列条件的，不承担赔偿责任：
（一）未改变自动存储的作品、表演、录音录像制品；
（二）不影响提供作品、表演、录音录像制品的原网络服务提供者掌握服务对象获取该作品、表演、录音录像制品的情况；
（三）在原网络服务提供者修改、删除或者屏蔽该作品、表演、录音录像制品时，根据技术安排自动予以修改、删除或者屏蔽。

第二十二条 网络服务提供者为服务对象提供信息存储空间，供服务对象通过信息网络向公众提供作品、表演、录音录像制品，并具备下列条件的，不承担赔偿责任：

(一)明确标示该信息存储空间是为服务对象所提供,并公开网络服务提供者的名称、联系人、网络地址;

(二)未改变服务对象所提供的作品、表演、录音录像制品;

(三)不知道也没有合理的理由应当知道服务对象提供的作品、表演、录音录像制品侵权;

(四)未从服务对象提供作品、表演、录音录像制品中直接获得经济利益;

(五)在接到权利人的通知书后,根据本条例规定删除权利人认为侵权的作品、表演、录音录像制品。

第二十三条　网络服务提供者为服务对象提供搜索或者链接服务,在接到权利人的通知书后,根据本条例规定断开与侵权的作品、表演、录音录像制品的链接的,不承担赔偿责任;但是,明知或者应知所链接的作品、表演、录音录像制品侵权的,应当承担共同侵权责任。

第二十四条　因权利人的通知导致网络服务提供者错误删除作品、表演、录音录像制品,或者错误断开与作品、表演、录音录像制品的链接,给服务对象造成损失的,权利人应当承担赔偿责任。

第二十五条　网络服务提供者无正当理由拒绝提供或者拖延提供涉嫌侵权的服务对象的姓名(名称)、联系方式、网络地址等资料的,由著作权行政管理部门予以警告;情节严重的,没收主要用于提供网络服务的计算机等设备。

第二十六条 本条例下列用语的含义：

信息网络传播权，是指以有线或者无线方式向公众提供作品、表演或者录音录像制品，使公众可以在其个人选定的时间和地点获得作品、表演或者录音录像制品的权利。

技术措施，是指用于防止、限制未经权利人许可浏览、欣赏作品、表演、录音录像制品的或者通过信息网络向公众提供作品、表演、录音录像制品的有效技术、装置或者部件。

权利管理电子信息，是指说明作品及其作者、表演及其表演者、录音录像制品及其制作者的信息，作品、表演、录音录像制品权利人的信息和使用条件的信息，以及表示上述信息的数字或者代码。

第二十七条 本条例自 2006 年 7 月 1 日起施行。

4.《美国 1998 年千禧年数字版权法》节选

第 512 条 与在线材料有关的责任限制

《美国版权法》及《美国法典》第 17 编所包含的相关法律

目　录

第五章　侵犯版权和补救方法

条　次

第 501 条　侵犯版权

第 502 条　侵犯版权的补救方法:法院强制令

第 503 条　侵犯版权的补救方法:对侵犯版权物品的没收和处理

第 504 条　侵犯版权的补救方法:损害赔偿和利润

第 505 条　侵犯版权的补救方法:诉讼费和律师费

第 506 条　刑事犯罪

第 507 条　诉讼时效

第 508 条　起诉和判决的通知

第 509 条　扣押和没收

第 510 条　更改电缆系统节目的补救方法

第 511 条　侵犯版权

第 512 条　与在线材料有关的责任限制(a-n 条款)

第 513 条　个体所有者合理许可费的确定

(a-n 条款)

(a) 临时性数字网络传输——服务提供商因为通过由其或为其控制或经营的系统或网络对材料进行传输、提供路由或连接,或因为在这种传输、提供路由或连接的过程中对材料进行过渡性的和临时性的存储而侵犯版权的,服务提供商不承担经济赔偿责任,除非在(j)款中有规定,也不对禁令或其他衡平性救济承担责任,如果——

(1) 对材料的传输是由服务提供商之外的人发起的或按照其指示进行的。

(2) 传输、提供路由、连接或者存储是通过自动的技术过程进行的,服务提供商没有对材料进行选择。

(3) 服务提供商没有选择材料的接受者,除非自动地回应一个人的请求。

(4) 在这种过渡性或临时性存储过程中,服务提供商制作的材料复制件没有被预期的接受者之外的任何人以通常能够获得的方式存放在系统或网络上,也没有这样的复制件在超过为传输、提供路由、接入所需要的合理时间过后,以预期的接受者通常能够获得的方式存放在系统或网络上。

(5) 材料在通过系统或网络传输过程中内容没有发生改变。

(b) 系统缓存——

(1) 对责任的限制——在下列情况下,如果第 2 项设定的条件得到满足,服务提供商因为在由其或为其控制或经营的系统或网络中对材料进行过渡性的和临时性的存储而侵犯版权的,服务提供商不承担经济赔偿责任,除非在(j)款中有规定,也不对禁令或其他衡平性救济承担责任——

(A) 材料是由服务提供商之外的其他人置于网上的;

(B) 材料是由(A)中所述的人根据(A)所述的人之外的人发出的指示通过系统或网络传输给此人的;以及

(C) 存储是通过自动技术过程进行的,目的是在材料以(B)所述的方式被传输之后,还能够使要求从(A)所述的人那里获取材料的系统或网络的用户获得材料。

(2) 条件——第1项提到的条件是——

(A) 第1项所述的材料在被传输给第1项(C)所述的随后的用户时,内容与从第1项(A)所述的人传输的材料相比,没有发生改动。

(B) 第1项中所述的服务提供商遵守了由提供在线材料的人根据对提供材料所借助的系统或网络而言被普遍接受的工业标准通讯协议,指定的与刷新、重载和其他与更新材料有关的规则,只有当这些规则没有被第1项(A)所述的人用于阻止或不合理地妨碍本项适用的过渡性存储时,本项规定才适用。

(C) 服务提供商不能干涉与材料有关的技术向第1项(A)所述的人返回信息的能力,当第1项(C)所述的随后的用户直接从此人那里获得材料时,(如果不是由于缓存的存在)这种信息本来是可以由此人获得的。只有在这种技术满足以下条件时,本项规定才适用——
(i)没有极大地干涉服务提供商的系统或网络的运行或对材料的过渡性存储;
(ii)符合被普遍接受的工业标准通讯协议;
(iii)除了当随后的用户直接从第1项(A)所述的人那里获得材料时,此人本来可以获得的信息之外,没有从服务提供商的系统或网络上提取其他信息。

(D)当第1项(A)所述的人实际上设定了一项在获取材料之前必须满足的条件,如基于付费或输入密码或其他信息的条件,服务提供商只能以符合这些条件的方式,并且只能允许那些已经满足这些条件的其系统或网络的用户获取被存储的材料的主要内容。

(E)如果第1项(A)所述的人没有经过材料版权人的许可就将材料置于网上,服务提供商应当在得到(c)款第3项所述的指称侵权通知后,作出迅速反应,移除被指称侵权的材料,或屏蔽对它的访问。只有在满足以下条件时,本规定才适用:
(i)材料已经从原始站点上被移除,或对它的访问已经被屏蔽,或法院已经要求将材料从原始站点上移除,或对原始站点上材料的访问应被屏蔽;以及
(ii)通知发出方在通知中加入一项声明,确认材料已经从原始站点上被移除或对其访问已经被屏蔽,或通知确认法院已经要求移除材料或屏蔽对其的访问。

(c) 根据用户指令存放在系统中的信息

(1)一般性规定——服务提供商因为根据用户的指令将存在于由其或为其控制或经营的系统或网络中的材料加以存储而侵犯版权的,服务提供商不承担经济赔偿责任,除非在(j)款中有规定,也不对禁令或其他衡平性救济承担责任,如果——

(A)——

(i)并不实际知晓材料或在系统或网络上使用材料的行为是侵权的;在缺乏该实际知晓状态时,没有意识到能够从中明显推出侵权行为的事实或情况;

(ii)在得以知晓或意识到(侵权行为)之后,迅速移除材料或屏蔽对它的访问;在服务提供商具有控制侵权行为的权利和能力的情况下,没有从侵权行为中直接获得经济利益;以及

(iii)在得到第 3 项所述的指称侵权通知后,作出迅速反应,移除被指称侵权的材料或侵权行为的内容,或屏蔽对它们的访问。

......

(2)指定的代收人——只有在服务提供商已经指定了一个代收人接受第 3 项所述的指称侵权的通知,并通过其服务,包括在其网站中公众可以浏览的位置,以及通过向版权局实质性地提供下列信息而加以公布时,本条规定的责任限制才能适用:

(A)代收人的姓名、地址、电话号码和电子邮件地址。

(B)版权局局长视为合理的其他联系信息。版权局局长应当建立一个即时的代收人目录,包括通过因特网,以电子和有形复制件的形式,供公众查询,并可以要求服务提供商支付费用以补偿建立这一目录的成本。

(3)通知的要素:

(A)要根据本条的规定产生效力,指称侵权的通知必须以书面形式送至服务提供商指定的代收人,并包含下列实质性内容:

(i)经声称其专有权利受到侵犯的权利人授权的人的普通签名或电子签名。

(ii)声称被侵权的版权作品的名称,或,如果一项通知包含在一个在线站点中存在的多部版权作品时,列出该站点中存在作品的具有代表性的目录。

(iii)希望被移除或被屏蔽访问的被指称侵权的材料,或侵权行为内容的名称,以及足以合理地使服务提供商定位材料的信息。

(iv)足以合理地使服务提供商与通知方进行联系的信息,如可以联系投诉方的地址、电话号码,以及在有电子邮件地址的,提供电子邮件地址。

(v)一项投诉方善意地相信以其提出指称的方式使用版权材料是未经版权人、其代理人或法律许可的声明。

(vi)一项有关通知中的信息是准确的,以及根据作伪证应受处罚的法律,投诉方已经被授权发表声称其专有权利受到侵犯的权利人的声明。

(B)——

    (i) 除了(ii)的规定之外,对于一项由版权人或授权代表版权人的人发出的通知没有实质性地遵守(A)的规定,在根据第1项(A)判断服务提供商是否实际知晓,或意识到了能从中明显推出侵权行为的事实或情形时,不应加以考虑。

    (ii) 如果送达给服务提供商指定代收人的通知没有实质性遵守(A)中所有各项的规定,却实质性地遵守了(A)中(ii)、(iii)和(iv)的规定,B(i)的规定只有当服务提供商收到了实质上遵守(A)所有规定的通知后,即刻努力联系发出通知的人或采取其他合理措施以提供协助时才适用。

(d) **信息定位工具**——服务提供商因为通过使用信息定位工具,包括目录、索引、指南、指示或超文本链接,将用户指引或链接至一个包含了侵权材料或侵权行为的在线站点而侵犯版权的,服务提供商不承担经济赔偿责任,除非在(j)款中有规定,也不对禁令或其他衡平性救济承担责任,如果该服务提供商——

(1)——

  (A) 不实际知晓材料或行为是侵权的;

  (B) 在缺乏该实际知晓状态时,没有意识到能够从中明显推出侵权行为的事实或情况;或

  (C) 在得以知晓或意识到(侵权行为)之后,迅速移除材料或

屏蔽对它的访问；
(2) 服务提供商在具有控制侵权行为的权利和能力的情况下，没有从侵权行为中直接获得经济利益；以及
(3) 在得到(c)款第3项所述的指称侵权通知后，作出迅速反应，移除被指称侵权的材料或侵权行为的内容，或屏蔽对它们的访问。

(e) 对非营利性教育机构责任的限制

(1) 当公立或其他非营利高等教育机构是服务提供商，当作为教育机构雇员的教员或研究生从事教学或研究工作时，对(a)款和(b)款而言，该教员或研究生应当被视为机构之外的第三人，对(c)款和(d)款而言，该教员或研究生知晓或意识到其侵权行为，并不能推定教育机构知晓或意识到侵权行为，如果——

(A) 教员或研究生的侵权行为不涉及在线提供在之前三年间为在该教育机构由该教员或研究生教授的课程所要求或推荐的教学材料；

(B) 大学在之前的三年时间内，没有超过两次收到过(c)款第3项所述的指称其该教员或研究生侵权的通知，而且该指称侵权通知根据(f)款是不可诉的；而且

(C) 大学必须向其系统或网络的所有用户提供信息材料，准确地陈述美国与版权有关的法律并推动对法律的遵守。

(2) 禁令——对于本条规定，对(j)款第2项和(j)款第3项包含的禁令救济的限制应当适用，但不包括对(j)款第1项

包含的禁令救济的限制。

(f) 错误陈述——任何人故意实质性地在本条下错误地陈述——(1)材料或行为是侵权的,或(2)材料或行为出于错误或误认而被移除或屏蔽,应当对被指称侵权者,版权人或经版权人授权的被许可者因为信赖这项错误陈述移除或屏蔽被指称侵权的材料或行为,或重新放置被移除的材料或停止对其屏蔽而遭受的任何损害负责,包括成本和律师费。

(g) 重新放置被移除的或被屏蔽的材料以及对其他责任的限制——

(1)移除一般不承担责任——除了第2项的规定,服务提供商基于善意,或基于明显能从中推出侵权行为的事实或情形,屏蔽对被指称侵权的材料或行为的访问或将之移除,服务提供商都不对任何人承担责任,而无论该材料或行为最终是否被确定为侵权。

(2)例外——对于根据服务提供商的用户的指令存放在由服务提供商或为其控制或经营的系统或网络上的材料,被服务提供商遵照根据(c)款第1项(C)的规定移除或对其访问被屏蔽的情形,第1项不应适用,除非服务提供商——

(A)采取合理的措施立即通知用户其已经移除了材料或屏蔽了对它的访问;

(B)在收到第3项所述的反通知后,迅速向根据(c)款第1

项(C)发出通知的人提供反通知的副本,并告知此人它将在10个工作日后重新放置被移除的材料,或中止对它的屏蔽;以及

(C)在收到反通知后不少于10个工作日、不超过14个工作日的时间内,重新放置被移除的材料,或中止对它的屏蔽,除非它指定的代收人首先从那个根据(c)款第1项(C)呈递通知的人那里收到了通知,说明此人已经提起诉讼,寻求法院要求限制用户从事与服务提供商的系统或网络中的材料有关的侵权行为。

(3)反通知的内容——要根据本条产生效力,一项反通知必须以书面形式送至服务提供商指定的代收人,并包含下列实质性内容:

(A)用户的普通签名或电子签名。

(B)被移除或对其的访问被屏蔽的材料的名称,以及在它被移除或对其的访问被屏蔽之前所在的位置。

(C)一项根据作伪证应受处罚的法律作出的声明,称用户善意地相信材料被移除或被屏蔽是基于错误或误认。

(D)用户的姓名、地址和电话号码,以及一项用户同意联邦地区法院对地址所在地的司法辖区享有管辖权的声明,或如果用户的地区在美国之外,同意在任何可以找到服务提供商的司法辖区,联邦地区法院享有管辖权;以及用户将接受由根据(c)款第1项(C)发出通知的人或其代理人对文件的送达。

(4)对其他责任的限制——服务提供商对第2项的遵守不应

使服务提供商对与在根据(c)款第1项(C)发出的通知中指明的材料有关的版权侵权行为承担责任。

(h) 确定侵权者身份的法院令——

(1) 申请——版权人或经授权代表版权人的人可以根据本条的规定,申请任何美国地区法院的秘书向服务提供商发出用于确定被指称侵权者身份的法院令。

(2) 申请的内容——该申请可以通过向秘书呈上下列文件而提出——

(A) (c)款第3项(A)所述的通知的副本;

(B) 建议发出的法院令;以及

(C) 一份经宣誓的声明,说明申请获得法院命令的目的在于获得被指称侵权者的身份,以及该信息将只被用于保护本法中的权利。

(3) 法院令的内容——传票应当授权并命令收到通知和法院令的服务提供商迅速向版权人或经授权代表版权人的人披露,足以确认通知中所述的被指称侵权者身份的信息,只要该信息是服务提供商可以获得的。

(4) 发出法院令的基础——如果发出的通知符合(c)款第3项(A)的规定,建议发出的法院令格式正确,而且随附的声明被正确地签署,法院秘书应立即签发被建议的法院令,并将之交还给申请人,用于送达给服务提供商。

(5) 收到法院令的服务提供商的行为——在收到被发出的法院令后,无论是与法院令同时收到,还是随后收到在(c)款第3项(A)所述的通知,服务提供商应当迅速向版权人或经授权代表版权人的人披露法院令所要求的信息,而无论法律的其他任何规定,也无论服务提供商是否对通知作出回应。

(6)适用于法院令的规则——除非本条或适用的法院规则有其他规定,发出并送达法院令的程序,以及对不遵守法院令的救济,应当由涉及发出、送达和执行出庭令程序的联邦民事诉讼规则在尽可能的范围内确定。

(i) 免责资格的条件——

(1)采用技术——本条确立的对责任的限制只有当服务提供商满足以下条件时才适用于服务提供商——

(A)已经采取了并合理地实施了规定在适当情况下对作为反复侵权者的服务提供商的系统或网络的用户和账号持有者实施停止服务的政策,并将这一政策通知了服务提供商的系统或网络的用户和账号持有者。

(B)采用并且没有干涉标准的技术性措施。

(2)定义——本条中使用的术语"标准的技术性措施"意为被版权人用于确认或保护版权作品的技术性措施,以及——

(A)是根据版权人和服务提供商通过公开的、公平的、自愿的和跨行业的标准程序而达成的广泛共识而开发出来的;

(B)以合理和非歧视的条款能够为任何人所获得;以及

(C)没有使服务提供商产生过大的费用或对其系统或网络

形成过重的负担。

(j) 禁令——下列规则应当在根据第502条申请对根据本条不负经济赔偿责任的服务提供商发出禁令时适用：

(1)救济的范围——

(A)除符合(a)款规定的限制承担损害赔偿责任资格的行为之外，对于其他行为法院只能以以下一种或几种形式给予禁令救济。

(i)限制服务提供商向已被法院令认定从事侵权行为的服务提供商的系统或网络的用户或账号持有者提供接入服务的法院令，限制方法为终止法院令指定的用户或账号持有者的账号。

(ii)其他法院认为为阻止或限制在法院令中认定的位于特定网络位置的侵犯版权材料所需要的禁令救济，只要该救济相对于达到同一目的相对有效的其他救济形式而言，对服务提供商导致的负担最小。

(B)如果服务提供商有资格享受(a)款所述的对损害赔偿责任的限制，法院只能以以下一种或两种方式给予禁令救济：

(i)限制服务提供商向已被法院令认定从事侵权行为的服务提供商的系统或网络的用户或账号持有者提供接入服务的法院令，限制方法为终止法院令指定的用户或账号持有者的账号。

(ii)限制服务提供商通过采取法院令中指定的合理措施屏蔽对位于美国之外的特定和被指定网络位置的访问。

(2) 考虑的因素——法院在根据适用的法律考虑禁令救济的相关标准时,应当考虑——

　　(A) 这种禁令,无论是单独还是与其他禁令一起根据本条向同一服务提供商发出,是否将极大地对服务提供商或服务提供商的系统或网络的运营造成负担;

　　(B) 如果不采取措施阻止或限制侵权行为,版权人在数字网络环境中可能遭受的损失的大小程度;

　　(C) 实施这种禁令是否在技术上是可行的和有效的,是否将影响对位于其他网络位置的非侵权材料的访问;以及

　　(D) 是否存在其他造成负担较轻和相对有效的阻止或限制访问侵权材料的措施。

(3) 通知和单方法院令——除了确保保全证据的法院令或其他对服务提供商的通信网络的运营没有实质性负面影响的法院令之外,本条的禁令救济只有在向服务提供商发出了通知并给予服务提供商出庭的机会之后才能发出。

(k)　定义——

(1) 服务提供商——

　　(A)(a) 款使用的术语"服务提供商"意为一个在由用户指定的两点或数点之间,对于用户选择的材料,不修改其传输或收到的材料内容,而提供传输、路由或提供数字在线通信接入服务的单位。

　　(B) 除了(a)款之外,本条使用的术语"服务提供商"意为在线服务或网络接入提供商,或在线服务或网络接入设备

的运营商,并包括(A)所述的单位。
(2)经济赔偿救济——本条中使用的术语"经济赔偿救济"意为损害赔偿、成本、律师费和其他种类的经济支付。

(l) **其他不受影响的抗辩**——服务提供商的行为未能达到享受本条规定的责任限制的资格,并不在服务提供商根据本法提出的其行为不构成侵权的抗辩或其提出的其他任何抗辩时,对其具有负面影响。

(m) **保护隐私**—本法不能被解释为适用(a)款到(b)款的条件是——

(1)服务提供商监视其服务或积极地查找能够推出侵权行为的事实,除非在遵守(i)款规定的标准技术性措施的范围内这样做;或

(2)服务提供商对材料进行违法的访问、移除或对其访问的屏蔽。

(n) **解释**——(a)、(b)、(c)、(d)款为适用本条而规定了单独和各自的功能。服务提供商是否具有享受任何一款中的限制责任的资格,应当完全根据该款的标准加以判断,并且不影响对服务提供商是否根据任何其他一款具有享受责任限制的资格的判断。

5.《欧盟电子商务指令》节选

目 录

前言

第一章 一般性条款

  第一条 目标和范围

  第二条 定义

  第三条 内部市场

第二章 原则

 第一节 设立机构与信息要求

  第四条 无须事先授权的原则

  第五条 需要提供的一般信息

 第二节 商业通讯

  第六条 需要提供的信息

  第七条 （未经要求的商业通讯）单方面发送的商业通讯

  第八条 指定职业

 第三节 通过电子手段缔结的合同

  第九条 合同的地位（对合同的处理）

  第十条 需要提供的信息

  第十一条 发出订单

 第四节 中间服务提供者的责任

第十二条 "纯粹传输服务"

第十三条 缓存

第十四条 宿主服务

第十五条 不承担监督的一般性义务

第三章 实施

第十六条 行为准则

第十七条 庭外争端解决机制

第十八条 法庭诉讼

第十九条 合作

第二十条 处罚

第四章 最终条款

第二十一条 重新审查

第二十二条 法律法规的转换

第二十三条 生效

第二十四条 适用对象

附件

前言

第40条 成员国立法和案例法在作为中间人的服务提供商的责任问题上现存的以及新出现的不协调和不一致阻碍了内部市场的正常运行,特别是有损于跨境服务的发展,并且导致竞争扭曲(不正当竞争);在一定情况下,服务提供者有义务采取行动防止或制止非法行为;本指令应当为建立和发展可以移除和阻止访问非法信息的快速、可靠的程序构筑适当的基础;这一机制应当在有关各方自愿签订协议的基础上发展,且成员国应当鼓励此种机制的建立;采取并实施此种程序对于与提供信息社会服务相关的当事各方而言都是有益的;本指令中有关责任的条款不应当排除各个利益方,在《第 95/46/EC 号指令》以及《第 97/66/EC 号指令》所规定的限制范围内,对保护和认证技术系统以及通过数字技术实现的技术监控措施的发展和有效运行。

第十二条 "纯粹传输服务"

(1)若所提供的信息社会服务包括在通讯网络中传输由服务接受者提供的信息,或者为通讯网络提供接入服务,成员国应当确保服务提供者不对所传输的信息承担责任,条件是服务提供者:

(a)不是首先进行传输的一方;

(b)对传输的接受者不做选择;以及

(c)对传输的信息不做选择或更改。

(2)本条第 1 款所指的传输以及提供接入的行为包括对所传输信息的自动、中间性和短暂的存储,其前提是此种行为仅仅是为了在通讯网络中传输信息,而且信息的存储时间不得超过进行传输所必需的合理时间。

(3)本条不应当影响法院或行政机关根据成员国的法律制度,要求服务提供者终止或者预防侵权行为的可能性。

第十三条 缓存

(1)若所提供的信息社会服务包括在通讯网络中传输由服务

接受者提供的信息,只要对信息的存储是为了使根据其他服务接受者的要求而上传的信息能够被更加有效地传输给他们,成员国应当确保服务提供者不因对信息的自动、中间性和暂时的存储而承担责任,条件是:

(a) 提供者没有更改信息;

(b) 提供者遵守了获得信息的条件;

(c) 提供者遵守了更新信息的规则,该规则以一种被产业界广泛认可和使用的方式确定;

(d) 提供者不干预为获得有关信息使用的数据而对得到产业界广泛认可和使用的技术的合法使用;以及

(e) 提供者在得知处于原始传输来源的信息已在网络上被移除,或者获得该信息的途径已被阻止,或者法院或行政机关已下令进行上述移除或阻止获得的行为的事实后,迅速地移除或阻止他人获得其存储的信息。

(2) 本条不应当影响法院或行政机关根据成员国的法律制度,要求服务提供者终止或者预防侵权行为的可能性。

第十四条 宿主服务

(1) 若提供的信息社会服务包括存储由服务接受者提供的信息,成员国应当确保服务提供者不因根据接受服务者的要求存储信息而承担责任,条件是:

(a) 提供者对违法活动或违法信息不知情,并且就损害赔偿而言,提供者对显然存在违法活动或违法信息的事实或者情况毫不知情;或者

(b) 提供者一旦获得或者知晓相关信息，就马上移除了信息或者阻止他人获得此种信息。

(2) 如果服务接受者是在提供者的授权或控制之下进行活动，则本条第1款不适用。

(3) 本条不应当影响法院或行政机关根据成员国的法律制度，要求服务提供者终止或者预防侵权行为的可能性。本条也不影响成员国制定管理移除信息或者阻止他人获得信息的规定的可能性。

第十五条　不承担监督的一般性义务

(1) 在服务提供者提供本指令第十二条、第十三条以及第十四条规定的服务时，成员国不应当要求服务提供者承担监督其传输和存储的信息的一般性义务，也不应当要求服务提供者承担主动收集表明违法活动的事实或情况的一般性义务。

(2) 成员国可以要求服务提供者承担立即向主管公共机构报告其服务接受者进行的非法行为或者提供的非法信息的义务，或者应主管当局的要求，向主管当局提供可以确定与其有存储协议的服务接受者的身份的信息的义务。

第十七条　庭外争端解决机制

(1) 成员国应当确保，如果信息社会服务提供者与服务接受者出现意见分歧，其立法不应当阻碍对国内法所提供的庭外争端解决机制的使用，包括采用适当的电子手段。

(2) 成员国应当鼓励负责庭外和解,尤其是庭外解决消费者争端的机构以为有关当事人提供充分的程序保障的方式运作。
(3) 成员国应当鼓励负责庭外争端解决的机构通知委员会其关于信息社会服务的任何重要决定,并传递其他任何有关电子商务的实践、习惯和惯例的信息。

附录二、经典案例[1]

1. 米高梅制片公司等上诉人诉葛罗克斯特等案[2]

一、案件背景

(一)审理法院　美国最高法院

(二)案　由　P2P 软件开发商间接侵权(帮助侵权、替代侵权)案

(三)判决时间　2005 年 6 月 27 日

(四)诉讼两造

原告/上诉人

米高梅制片公司(Metro-Goldwyn-Mayer Studios Inc.)等电影工作室、唱片公司、流行歌曲的作者、音乐发行商

被告/被上诉人

---

[1] 经典案例,由宋海燕组织编译。

[2] Metro-Goldwyn-Mayer Studios Inc. v. Grokster, Ltd., 545 U.S. 913, 125 S. Ct. 2764.(2005)

流媒汇网络公司(StreamCast Networks Company)

葛罗克斯特公司(Grokster,Ltd.)

(五)诉讼阶段　众多版权人对点对点文件共享网络软件的开发商提起诉讼,请求其承担版权侵权责任。一审的加利福尼亚中区法院作出在帮助侵权、替代侵权责任认定上有利于被告的部分简易判决;原告上诉至美国第九巡回区上诉法院,上诉法院维持原判;最高法院签发调卷令审理本案,撤销上诉法院判决,发回重审;后又经上诉法院将本案发回地区法院重审,地区法院依原告的申请作出简易判决,认为被告需要为其引诱侵权行为承担责任,现已审结。

(六)诉讼结果　撤销上诉法院判决,发回重审。

二、案件事实

(一)点对点网络(peer-to-peer networks)的运作模式及其特点

本案争议的焦点与点对点"P2P"网络服务有关。葛罗克斯特公司"Grokster"的同名软件"Grokster"与流媒汇公司"StreamCast"的软件"Morpheus"都是 P2P 技术的应用软件,尽管两款软件采用的具体技术有略微不同,分别为"快车道"技术"FastTrack"和"努特拉"技术"Gnutella"。用户在下载、安装其中一款软件后,可向使用了相同技术原理软件的计算机直接发出文件请求。收到请求的计算机会在其文件列表中搜索文件、形成索引(某些计算机还有权限对处于联网状态的其他计算机搜索并形成暂时索引)并把搜索请求发送给其他计算机。找到目标文件后,发出搜索请求的终端用户将根据目标文件地址,从拥有该文件的所有终端用户的计算机中直接下载文件,并存在自己电脑的一个指定的共享文件夹中,所有终端用户在该共享文件夹中的文件均可供其他终端用户搜索、下载。

从被告两公司 P2P 网络的网络传输交流模式可看出,P2P 网络的特点有:

(1) 不需要主服务器处理即可在 P2P 网络上进行信息和文件的交换,因此 P2P 网络对主服务器的带宽容量、存储空间的要求相对较低。对终端用户而言,只需在 P2P 网络在线,即可互相交流、共享文件,很少受主服务器的影响。

(2) P2P 网络具有分散性,因此被告两公司并不知道被下载的具体文件及下载时间。

(3) 由于同一文件可能存在于很多终端用户的电脑,运用 P2P 网络下载文件的速度非常快。

基于上述安全、低成本和高效率等优点,P2P 软件技术被很多大学、政府机关、公司、图书馆用于文件的网络存储和传送;但正如上文提到的,被告两公司软件的个人用户也是 P2P 用户群的一部分,他们一直在未经授权的情况下分享版权音乐、电影文件。正是由于这些私人终端用户的直接侵犯版权的行为,包括原告米高梅制片公司("MGM")在内的电影工作室、唱片公司、流行歌曲的作者、音乐发行商等版权人决定向 Grokster 公司和 StreamCast 网络公司提起诉讼。

原告[①]的请求包括:

[①] 电影工作室、唱片公司、流行歌曲的作者、音乐发行商分开起诉被告,地方法院合并审理了这些案子。

(1) Grokster 和 StreamCast 应当为其用户的版权侵权行为承担责任,因为正是其知情且故意地发布 P2P 软件的行为,使两公司的用户复制、发布版权作品的侵权行为成为可能。①

(2) MGM 请求被告两公司给付损害赔偿金,并请求法院签发禁止令。

(二) 在被告两公司的 P2P 网络上可下载的文件及其性质

原告主张,(1)虽然被告两公司并不知道某一具体文件被复制的准确时间,然而仅需用其软件稍加搜索,就可了解通过上述软件在 P2P 网络上可下载到哪些文件。(2) MGM 聘请的某统计学家系统性的研究结果表明,在 FastTrack 网络上可下载的文件中,90%的文件是受版权保护的作品。②

被告两公司辩称,(1)原告所聘请的统计学家的研究方法有问题;(2)即使作品受版权保护,版权人也可能允许他人免费复制其作品;(3) P2P 网络还有潜在的非侵权性用途,比如歌手可通过在网络上发行歌曲获得新的听众;终端用户可通过网络共享诸如莎士比亚等已不受版权保护的经典著作,等等。虽然这些非侵权性用途现在未被广泛运用,却有着重要的作用。

最高法院对该事实的认定:(1)被告两公司虽能证明在其各自 P2P 网络上可下载到哪些未受版权保护的文件,却无法证明

---

① 相关用户行为的行为违反了《版权法案》(2000 年版)的相关规定。See 17 U.S.C. §101 et seq. (2000 ed. and Supp. II.).

② 相比较而言,A&M Records Inc v. Napster(239 F. 3d 1004,9th Cir. 2001)案中原告提出的证据表明,在 Napster 文件共享网络上可获得的文件中 87%是版权作品。

此种合法用途的频率和数量。(2)根据原告 MGM 的证据,有理由认为绝大多数终端用户的下载行为是直接版权侵权行为。数据显示,被告两公司的 P2P 软件已被下载超过一亿次,终端用户每个月通过支持上述软件的网络环境共享的文件数量达十亿份,因此在上述网络中,版权侵权行为的波及范围可能是惊人的。

(三)被告两公司知道终端用户会使用其软件侵犯他人版权

最高法院认为:(1)被告两公司承认大多数的下载行为是侵权性的,①这表明它们知道,终端用户使用其软件主要是为了下载版权文件。(2)终端用户有时会发邮件咨询被告两公司,如何播放其下载的版权电影,被告两公司在回复并指导怎么操作时知晓这些终端用户的直接版权侵权行为。②(3)MGM 曾通知被告两公司:通过它们的软件可以下载 800 万份版权文件。

(四)自发布软件之初,被告两公司即表明了它们希望终端用户利用其软件下载版权文件的意图,并采取了积极的措施鼓励此类行为。

最高法院认为被告两公司的具体行为包括:

(1)试图吸引原 Napster 的用户和其他潜在的版权侵权用户

1. StreamCast 网络公司的行为及意图

Napster 是著名的文件共享服务商,拥有 5000 万终端用户。在 Napster 因其终端用户的直接版权侵权行为被起诉之际,

---

① 请见 Respondents 10,n. 6.
② Grokster 公司的成立者声称:在回复终端用户询问的邮件的时候,他们并没有完整地阅读相关邮件。

StreamCast 网络公司发布了 OpenNap 软件。该软件可使终端用户同时从 Napster 和 OpenNap 的其他终端用户的计算机上下载文件，因此对 Napster 的终端用户极具吸引力。同时，StreamCast 网络公司内部的邮件等证据表明，其开发、发布 OpenNap 软件的主要目的是通过该软件获得 Napster 的终端用户的邮箱地址，向他们宣传公司的 P2P 软件（即 Morpheus 软件）；更确切地说，StreamCast 网络公司希望自己以 Napster 接班人的形象在 Napster 关闭或开始收费时吸引它的终端用户。具体的证据有：

公司的一封行政人员间的内部邮件中提到："我们开发 OpenNap 软件就是为了在 Napster 不再提供免费服务或者被法院强制关闭时，吸引那些寻找 Napster 的替代品的约 3200 万用户"。

公司的一个拟发布的广告中写道："如果 Napster 公司开始收费，你将何去何从？"

另一个拟发布的广告则号称 StreamCast 的软件为"Napster 关闭之后的第一选择"。

公司在宣传册中向广告商表示自己有潜力获得 Napster 的用户并成为"与 Napster 类似的公司"。

公司统计其 OpenNap 软件的下载量以及利用该软件的音乐下载量，并将 Morpheus 软件投放到支持 OpenNap 的网络环境中，鼓励用户下载；公司的工作人员还统计在公司的网络可下载的特定艺人的歌曲数量，以保证其网络可供下载的版权歌曲比其他的文件共享网络更多。

公司的 Morpheus 软件允许用户搜索最热门的 40 首版权歌曲。公司的宣传资料中也明确把版权歌曲列为可下载的文件的一种。公司甚至计划宣传其软件的非法用途。在 OpenNap 软件发布之初,公司的首席技术官就声称,会考虑把惹上官司(因为侵权)作为向终端用户宣传其软件的手段之一。StreamCast 网络公司同时也向使用与 Napster 兼容的软件的终端用户宣传其 P2P 软件的功能。

2. Grokster 公司的行为及意图

虽然能够证明 Grokster 意在攫取 Napster 前市场份额的证据比 StreamCast 的少,却仍有启示性的意义。具体的证据有:

公司开发了与 StreamCast 公司 OpenNap 系统类似的 Swaptor 系统。

在其网站中植入特定数字代码,使得以"Napster"和"free file sharing"(免费文件共享)为关键词进行搜索的用户被直接指向其网站,以下载其 P2P 软件。

Grokster 这一名字明显是从"Napster"衍生而来的。

公司向用户宣称自己能提供特定的、热门的版权资料的下载。

(2) 被告两公司的商业运作模式表明,其意在鼓励终端用户使用其 P2P 软件下载版权作品

被告两公司并不向其 P2P 软件的终端用户收费,广告费才是它们的收入来源。作为广告商,被告两公司的宣传方式为:一旦终端用户登录了 P2P 网络,就会看到自动弹出的广告窗口。这也意味着使用 P2P 软件的终端用户越多、终端用户越频繁地登录 P2P 网络,每一广告版面的商业价值就越大。

由于大部分终端用户都将 P2P 软件用于下载版权作品,可以认为被告两公司把终端用户对直接版权侵权的需求转化成了

营业额。

因此,被告两公司的商业运作模式表明,它们发布 P2P 软件的主要目的为鼓励用户使用软件下载版权作品。

(3)被告两公司没有尝试阻止终端用户下载版权作品

1. StreamCast 网络公司

StreamCast 网络公司曾拒绝其他公司提出的帮助其监管终端用户直接侵权行为的请求。除此之外,StreamCast 网络公司还通过限制一些 IP 地址,阻止那些可能进行监管的实体进入其网络。

2. Grokster 公司

虽然 Grokster 公司在收到版权人的警告后,曾以邮件形式通知用户哪些文件涉嫌版权侵权,但没有证据表明其曾实际阻止终端用户使用公司的 P2P 软件分享版权作品。

因此,被告两公司均未试图用过滤软件阻止终端用户下载版权作品,或阻止终端用户共享版权文件。

基于以上三点,最高法院认为:被告两公司从发布各自的 P2P 软件之日起,即用言行表明其发布软件的目的为鼓励终端用户使用软件下载版权作品、侵犯他人版权。

三、一审、二审法院的分析、判决及最高法院的评价

(一)地区法院的判决及最高法院对其判决的评价

(1)地区法院的判决[①]

(i)由于下载版权作品的行为,被告两公司软件的终端用

---

① 259 F. Supp. 2d 1029,1033(C. D. Cal. 2003)。

户确实侵犯了 MGM 的版权。(双方当事人上诉时对这一结论未提出异议)

(ii)基于 P2P 网络的分散性特点,被告两公司并不知晓终端用户具体的直接版权侵权行为,因此被告两公司不需为发布软件承担任何责任。①

(2)最高法院对上述判决的评价

地区法院的判决只考虑了被告两公司是否要为发行现有版本的软件承担侵权责任,却未考虑它们是否要为其过去发行较低版本的软件等行为承担责任。

(二)上诉法院的判决及最高法院对此的评价

(1)上诉法院的分析及判决②

一般而言,构成帮助侵权责任的要件为:(i)被告知晓直接侵权行为,(ii)被告实质上帮助了该直接侵权行为。当出售的产品有实质性非侵权用途时,根据 Sony 案③的判决,销售商只有在实际知晓特定的直接侵权行为且未采取任何行动的情况下,才要承担帮助侵权责任。

由于被告两公司的 P2P 软件具有实质性非侵权用途,本案应当采纳 Sony 案的这一规则。由于 P2P 软件的分散性特征,被告两公司并不实际知晓终端用户具体的直接版权侵权行为,因此被告两公司不必承担责任。同时,被告两公司的行为仅限于最初为用户提供软件,并未参与到用户搜索、获得侵权文件的行

---

① Case No. CV 01 08541 SVW(PJWx)(CD Cal.,June 18,2003),App. 1213.
② 380 F. 3d 1154(C. A. 9 2004).
③ Sony Corp. of America v. Universal City Studios,Inc. (464 U. S. 417).

为中,因此并未在实质上帮助该直接侵权行为。

另外,由于被告两公司并没有监督或控制其 P2P 软件的使用情况,也没有这种监管的约定权利或实际能力,亦没有独立监督侵权行为的义务,故不需承担替代侵权责任。

基于上述理由,本院判决维持原判,[①]被告两公司不承担任何责任。

(2) 最高法院对上诉法院判决的评价

1. Sony 案中法官判决的真实意思

Sony 案中,法官遇到的问题为:仅仅销售商品是否应当承担间接侵权责任。该案中,版权人起诉录像机的制造商 Sony,主张因为其用户使用录像机录制版权节目,而 Sony 提供了侵权工具,并且可以推定其知道侵权行为会发生,因此要对用户的侵权行为负帮助侵权责任。

在对事实证据进行审查时,证据表明录像机的主要用途为"改变观看的时间"(time-shifting)或者说让用户在更方便的时间观看。法官最终认为,这不是一种侵权性使用;[②]同时,既没有证据表明 Sony 出售产品的目的是为让用户进行侵权录制,也没有证据证明 Sony 采取了积极措施鼓励侵权录制以增加收益。[③]虽然 Sony 的广告力劝消费者购买录像机"录自己喜欢的节目"或者"收藏所录制节目",但以上用途都不必然导致用户侵权。

由于这些事实无法证明 Sony 有明示或暗示鼓励侵权的目

[①] 380 F. 3d 1154(C. A. 9 2004).
[②] 104 S. Ct. 774, at 423—424.
[③] 104 S. Ct. 774, at 438.

的,而只有基于 Sony 在出售录像机时知晓一些用户将使用录像机侵权,才能让 Sony 承担帮助侵权责任。鉴于其录像机有商业性实质非侵权用途,因此,不能仅基于 Sony 的销售行为就要求其承担责任。

Sony 案的分析反映了专利法上传统的"商业通用物原则"(staple article of commerce doctrine)。在该理论之下,"如果销售商制造和出售的商品只能用于组装专利产品,便可以推定他有促使用户把产品组装成专利产品的目的"。① 如果销售商制造和出售的商品只有侵权用途,推定其意在鼓励用户将产品用于侵犯他人专利权并不失公正。② 但在这一理论下,若销售商出售之产品兼具合法及非法之用途,就不应当侵权责任;责任被限定适用于销售商的过错比"只是明白会有一些用户将其产品用于侵权"更严重的情况。

Sony 案并未改变帮助侵权责任理论——要让销售商承担帮助侵权责任,仍要基于过错责任原则,不能忽视可够证明被告非法目的的证据。只是在 Sony 案中,并无直接证据证明销售商有鼓励用户使用其产品直接侵权的目的,法官才引入了通用物原则。事实上,Sony 案所设立的规则只是从所出售的产品用途的角度限制了对销售商非法目的的推定。

2. 上诉法院的错误所在

上诉法院却将 Sony 案中法官的判决理解为,只要产品有实

---

① 224 F. 452,at 459.
② 224 U.S.1,at 48.

质性合法用途,就无法认定制造商对他人之侵权性使用的帮助侵权责任;①这种对通用物原则的理解必将大大扩张其适用范围,使得即使在有产品用途、产品出售之外的证据证明销售商有导致用户侵权性使用其产品的实际目的的情况下,仍无法认定其帮助侵权责任,除非能同时证明销售者"在其帮助侵权行为时,实际知晓该直接侵权行为的存在,且并未针对该情况采取任何行动"。

因此,上诉法院对 Sony 案的解读是错误的,将本来基于推定故意所承担的责任变成了基于其他理论而承担的责任。

四、最高法院的分析及其判决

(一)引诱侵权责任的引入

Sony 案中,法官把专利法中的"通用物原则"引入版权领域,成为版权领域避风港规则(safe-harbor rule)的蓝本。虽然 Sony 案的判决并未改变有关间接责任的理论,判决的内容实在太过难懂,我们不希望类似第九巡回区法院误读 Sony 案的事件重演。与引入通用物原则类似的是,从专利法领域将"引诱侵权责任理论"引入版权领域,也是有其合理性的。我们认为:以鼓励用户用其产品实施版权侵权行为为目的而销售或发布产品者,应当为其导致的第三方直接侵权行为承担责任;该销售者或发布者的目的既可以是明示的,也可以是其促成侵权行为的积极措施所表明的。

---

① 380 F.3d,at 1162.

(二)引诱侵权责任的构成要件

(1)销售商意在鼓励用户用其产品实施版权侵权行为或采取积极措施鼓励用户侵权

1. 销售商意在鼓励用户用其产品实施版权侵权行为

通过广告等引诱他人侵权的行为,是证明被告非法目的最典型的直接证据。

以往的判例表明,如果涉嫌版权或专利侵权的被告"不仅希望且用广告诱使"用户使用产品实施直接侵权行为,将承担侵权责任;①如果产品"最显著的用途会构成侵权",而用户基于销售商对侵权用途的宣传才买了相关产品,销售商将要承担专利法上的帮助侵权责任;②法院可通过被告的广告和产品演示认定其"鼓励他人实施直接侵权行为的非法意图";③在演示侵权性活动的同时"宣传产品的侵权目的和用途"将使被告承担专利侵权责任。④

2. 销售商采取积极措施鼓励用户实施直接侵权行为

早期从判例中发展而来的引诱侵权责任理论沿用至今,并无变化。以往判例认为,能够证明"鼓励直接侵权行为的积极措施"⑤的证据包括对于产品的侵权用途的宣传、传授,这表明了

---

① Kalem Co. v. Harper Brothers,222 U. S.,at 62—63,32 S. Ct. 20(copyright infringement).

② Henry v. A. B. Dick Co.,224 U.S. 1,48,32 S. Ct. 364,56 L. Ed. 645(1912).

③ Thomson-Houston Electric Co. v. Kelsey Electric R. Specialty Co.,75 F. 1005,1007—1008(C. A. 2 1896).

④ Rumford Chemical Works v. Hecker,20 F. Cas. 1342,1346(No. 12,133)(C. C. D. N. J. 1876).

⑤ Oak Industries, Inc. v. Zenith Electronics Corp.,697 F. Supp. 988,992(N. D. Ill. 1988).

销售商鼓励用户将产品用于侵权的确定的引诱意图。在这种情况下,法律绝不会因为销售商出售的商品还有一些非侵权性用途而免除其所应承担的责任;"若被告积极帮助并教唆他人实施直接侵权行为",则应承担引诱侵权责任;①如果销售人员向顾客演示产品的侵权用途,可能要承担引诱侵权责任;②被告在宣传片和宣传册中介绍产品的侵权用途的,应承担引诱侵权责任。③

本院认为,引诱侵权责任的承担基于销售商故意的、应受处罚的言行,不会影响商业交易和技术发展。

(2)销售商出售了可用于侵权的产品

(3)用户确实通过使用产品侵犯了他人专利权(或版权)

要让销售商承担引诱侵权责任,除了证明销售商具有鼓励用户使用产品实施直接侵权行为的非法意图、出售了可以用于侵权的产品,还需要证明该产品的用户确实通过使用该设备(本案中为软件)侵犯了他人的专利权或版权。

(三)基于事实分析被告两公司的行为是否满足引诱侵权责任的要件

(1)被告两公司意在鼓励终端用户使用软件下载版权文件

根据上文的分析,要令被告两公司承担引诱侵权责任,MGM需证明被告向终端用户发布了引诱他们实施直接侵权行为的信息。

---

① Water Technologies Corp. v. Calco, Ltd. ,850 F. 2d 660,668(C. A. Fed. 1988).
② Fromberg,Inc. v. Thornhill,315 F. 2d 407,412—413(C. A. 5 1963).
③ Sims v. Mack Trucks,Inc. ,459 F. Supp. 1198,1215(E. D. Pa. 1978).

首先,StreamCast 网络公司利用 OpenNap 程序向 Napster 的终端用户宣传了公司的 P2P 软件。同时,公司还试图拉拢 Napster 的终端用户之外的潜在版权文件下载用户;而且由于公司宣称其 OpenNap 软件所提供的服务和 Napster 相同,上述用户会因此使用 OpenNap 软件下载版权文件。

Grokster 公司的行为具体表现在:(1)通过 Swaptor 软件吸引 Napster 的终端用户,向他们宣传公司的 P2P 软件;(2)通过发布电子通讯,向潜在用户宣传其 P2P 软件下载流行版权音乐的功能;(3)通过在其网站植入特定代码,使以"Napster"和"free file sharing"(免费文件共享)为关键词进行搜索的用户被指向 Grokster 网站;在提供其 P2P 软件下载的同时也让潜在的终端用户意识到,该软件有着和 Napster 软件一样的文件共享功能;(4)公司的 OpenNap 软件的名称"Swaptor"以及 P2P 软件的名称"Grokster"会让潜在用户将它们同 Napster 联系起来、推知它们有和 Napster 一样的功能。

而且,在回答终端用户如何搜索或打开版权文件的问题时,被告两公司的肯定回应,都向终端用户传递了鼓励他们实施版权侵权行为的信息。

证明被告两公司非法目的的证据集中在三个方面:

第一,在 Napster 可能被关闭之际,被告两公司试图为 Napster 用户和其他版权文件侵权下载的潜在用户提供服务。这表明,即使促成终端用户的直接侵权行为不是被告两公司的唯一目的,也是其主要目的。

第二,被告两公司从未尝试开发过滤软件或其他软件来阻止终端用户对版权文件的下载。第九巡回区法院认为:因为被告没有监管用户行为的独立义务,因此被告两没有开发过滤软件的证据与本案不相关。但事实上,这些证据在证明被告两公司促使用户使用产品实施侵权行为的非法目的上起了很大的作用。①

第三,被告两公司的商业运作模式也能直接证明被告的非法意图。被告两公司并不向公司的P2P软件的终端用户收费,广告费才是它们的收入来源。这也意味着使用P2P软件的终端用户越多,终端用户越频繁地登录P2P网络,每一广告版面的商业价值就越大。既然P2P软件的使用量决定了被告两公司的收入,它们必然希望提高软件的使用量。

因此,有关被告两公司商业运作模式的证据虽然不能单独证明它们的非法目的,但从诉讼记录的整体来看,其意义是显而易见的。

另外,在引诱侵权责任理论中,被告所传达的信息的内容即可证明被告的非法目的,至于信息是否被用户接收并不重要。

总之,简易判决的诉讼记录中有充分的证据能证明,被告两公司意在鼓励终端用户使用软件实施侵犯他人版权的行为的非法目的。

(2) 被告两公司确实发布了可让终端用户实施直接侵权行为的P2P软件。

---

① 但如果没有其他证据,而软件有实质性的非侵权用途,法院将很难基于被告未采取措施阻止侵权,就令其承担帮助侵权责任,这跟Sony案中的安全港规则还有些相似。

(3) 被告两公司的终端用户确实通过使用 P2P 软件侵犯了他人的版权。

本案中,证明被告两公司的终端用户使用 P2P 软件实施了直接侵权行为的证据非常多,法院也并不认为这些证据的充分性会影响到简易判决的作出。损害赔偿之诉的请求基础在于终端用户的直接侵权行为所带来的损失,尽管该损失尚未认定,但 MGM 有权主张损害赔偿和衡平的救济措施是毫无疑问的。

(四) 最高法院的判决

本案和 Sony 案有极大的不同。Sony 案中,法官仅基于 Sony 是否出售了具有合法用途和非法用途的录像机、是否知晓一些用户会将产品用于非法用途这两个事实,决定被告是否承担责任。为了在保护版权和鼓励技术革新之间取得了平衡,法官最后认为:因为该产品具备实质性合法用途,因此不能对销售商进行过错推定并要求销售商承担基于该推定的间接侵权责任。

本案中,虽然被告两公司发布的 P2P 软件也有合法用途,但承担责任的基础不同于 Sony 案。两家发布商(即被告两公司)的言行已表明,其意在鼓励用户使用 P2P 软件实施直接侵权行为并从中获利,因此,被告两公司最后可能承担的引诱侵权责任并非基于过错推定,而是基于其言行中所显示的非法目的。

由于在引诱侵权责任的所有要件中都有实质性的证据支持 MGM,因此,支持被告两公司的简易判决是错误的。本院决定,撤销上诉法院的判决,发回重审;重审中,应当重新考虑 MGM 提出的简易判决申请。

2. 美国 Perfect 10 公司诉 CCBill 公司和 CWIE 公司案[①]

一、案件背景

(一)审理法院　美国第九巡回区上诉法院
(二)案　由　　网络服务提供者 CCBill 公司和 CWIE 公司间接侵权(帮助侵权及替代侵权)案
(三)判决时间　2007 年 3 月 29 日
(四)诉讼两造
　　原告/上诉人 & 被上诉人
　　Perfect 10 公司(PERFECT 10 INC.)
　　被告/上诉人 & 被上诉人
　　CCBill 公司和 CWIE 公司(CCBILL LLC. & CWIE LLC.)
(五)诉讼阶段　一审的加利福尼亚中区地方法院作出部分支持原告、部分支持被告的判决。原被告双方均不服一审判决，上诉至第九巡回区上诉法院，法官作出本判决
(六)诉讼结果　部分维持原判，部分撤销原判并发回重审

二、案件事实

原告 Perfect10 公司(以下简称 Perfect10)是同名的成人娱

[①] Perfect 10, Inc. v. CCBill LLC, 488 F. 3d 1102, Case Nos. 04—57143, 04—57207 (9th Cir. March 29, 2007).

乐杂志的出版商和网站 perfect10.com 的所有者。Perfect10.com 是一个订阅网站,消费者向其支付会员费从而有权获取该网站上的信息。Perfect10 已在其网站和杂志上展示了约 5 000 个模特的图像。Perfect10 还拥有这些图像的美国注册版权,并拥有多个相关的注册商标和服务商标。

被告 CWIE 公司(以下简称 CWIE)向各种网站的所有者提供虚拟主机及相关的互联网连接服务,尤其是向其客户收取费用并提供"ping, power, and pipe"服务,即确保"盒子"或服务器正常工作,保证服务器电力供应,并通过数据连接中心使客户端的服务器或网站与互联网连接。

被告 CCBill 公司(以下简称 CCBill)提供收费服务,允许消费者使用信用卡或支票支付其电子商务渠道的订阅或会员费用。

从 2001 年 8 月 10 日开始,原告 Perfect10 向被告 CCBill 和 CWIE 的指定代理人 Thomas A. Fisher 发送信件和电子邮件,指出 CCBill 和 CWIE 的客户正在侵犯 Perfect10 的版权。Fisher 也是 CWIE 和 CCBill 的执行副总裁。

三、双方论据及法院判决意见

(一)一审阶段

(1)一审原告的主要诉求[①]:被告对其用户的版权侵权行为承担帮助侵权责任、替代侵权责任。

原告指控被告 1)侵犯其版权和商标权;2)侵犯其州法下的

---

① Id.

公开权,违反有关不正当竞争、虚假和误导性广告的州法下的规定,以及违反反诈骗腐败组织集团犯罪法(RICO)。

(2)一审原告的主要理由[1]:被告向其网站提供的服务中包含从原告Perfect10的杂志和网站上窃取的图像。

(3)一审被告的具体抗辩[2]:无需承担帮助侵权责任和替代侵权责任。

被告主张法定的"避风港"条款免责:(1)《千禧年数字版权法》(以下简称DMCA)中的版权侵权责任免责;[3] (2)根据《通信内容端正法》(Communications Decency Act,以下简称CDA) 230节[4]的规定,享有州法下的公开权、不正当竞争、虚假和误导性广告的免责。

被告认为由于其作为第三方仅仅提供与原告声称的被侵权网站的链接,因此其可以享有DMCA下的版权帮助侵权责任理论的"避风港"条款(Safe Harbor provisions)免责。

(4)一审法院判决意见:

地区法院认为被告CCBill和CWIE满足DMCA法定的"避风港"免责条款的一些要求,且根据CDA享有州法下有关不正当竞争、虚假和误导性广告的免责。但认为被告侵犯了原告州法下的公开权,判决被告负担诉讼费和律师费。

1.《千禧年数字版权法》:地区法院认为原告Perfect10没

---

[1] Id.
[2] Id.
[3] 17 U.S.C. §512.
[4] 47 U.S.C. §§230(c)(1).

有提供实质性满足§512(c)(3)所有条款的侵权删除通知①,因而无法在主要事实上,即被告 CCBill 和 CWIE 是否合理实施了反复侵权者政策(按照§512(i)规定作为一个前提性条件)②上提供证据。除了 Perfect10 提供的证据,法院拒绝考虑其他删除通知的证据,且认为根据§512(c)条款,被告 CWIE 可以免责。法院同样认为被告 CCBill 满足§512(a)③规定的服务提供商资格,因为 CCBill 经营的网站根据客户的指示将侵权材料传输给其指定的接受者,且对该侵权材料的处理未经人力干涉,而是通过自动的技术过程进行的,内容未发生改变。

2.《通信内容端正法》第 230 节:地区法院认为州法下的公开权是知识产权,因而超出了 CDA 230 节规定的范围。④

双方均不服一审判决意见,交叉上诉至美国第九巡回区上诉法院。

(二)上诉审阶段

(1)上诉人 Perfect10 的请求:推翻一审关于 CCBill 和 CWIE

---

① Perfect 10,Inc. v. CCBill,LLC,488 F. 3d 1102,(9th Cir. 2007)at 1108.
② Section 512(i)(1)(A);Ellison,357 F. 3d at 1080.
③ 17 U. S. C. §512(a)是关于临时性数字网络传输的安全港规则,其保护作为消极连接者的网络服务提供者免于承担版权侵权责任,即使侵权内容通过其网络。换句话说,若侵权材料根据第三方的指示传输给其指定的接受者;或者对该侵权材料的处理未经人力干涉,而是通过自动的技术过程进行的,并且该侵权材料在传输过程内容没有发生改变而且仅仅临时性得存储在系统中,则该网络服务提供者不应对这种传输行为承担责任。
④ Perfect 10,Inc. v. CCBill,LLC,488 F. 3d 1102,(9th Cir. 2007)at 1108.

满足 DMCA 法定的"避风港"免责条款的一些要求,且根据《通信内容端正法》享有州法下有关不正当竞争、虚假和误导性广告的免责认定。

(2) 上诉人 CCBill 和 CWIE 的请求:推翻一审关于认定其侵犯了 Perfect10 州法下的公开权,判决其负担诉讼费和律师费的判决意见。

(3) 上诉法院判决意见

　　1. 第 512 条"避风港"条款

DMCA 法案确立了某些"避风港"规则,为下列行为提供责任限制保护:(1)临时性数字网络传输;(2)系统缓存;(3)使用者要求信息系统或网络储存;(4)信息定位工具。① 这些责任限制的"避风港"规则,"不影响根据直接、替代或帮助侵权责任理论下的最终责任的认定"②且"没有证据表明§512 所述的责任限制是唯一的。"③

Perfect10 认为 CCBill 和 CWIE 没有满足 DMCA 法定的"避风港"免责条款的要求,原因如下:

　　(i) 合理实施政策

为满足§512(a)至(d)的四个"避风港"规则要求的其中任何一条规定,服务提供商必须首先满足§512(i)所述的前提性条件。如§512(i)所述,服务提供商必须:已经采用并合理地实

---

① Ellison,357 F. 3d at 1076—77,citing 17 U.S.C. §§512(a)-(d)

② Perfect 10,Inc. v. Cybernet Ventures,Inc.,213 F. Supp. 2d 1146,1174(C. D. Cal. 2002)(citing H. R. Rep. 105—551(II),at 50(1998)("H. R. Rep."))

③ CoStar Group,Inc. v. LoopNet,Inc.,373 F. 3d 544,552(4th Cir. 2004).

施了对作为"反复侵权者"的用户(订阅人和开户人)停止服务的政策。①

在本案中,该法规没有界定"合理实施",上诉法院认为一个服务提供商"实施"了该政策需满足以下条件:存在一个正常工作的通知系统;一个处理遵循DMCA要求的删除通知的程序;且没有积极妨碍著作权人收集所需的用来发布这些通知的信息。法规允许服务提供商执行各种程序,但满足"适当的情况下"的合理实施,服务提供商必须终止用户公然反复地侵犯版权。②

i."实施"

Perfect10引用来自CCBill和CWIE的"DMCA的日志"的单独一页,该页面显示在电子表格中应当标记的"网站管理员[原文]名字"有一些空白之处。因而Perfect10认为,DMCA的日志反映出CCBill和CWIE没有与"反复侵权者"的网站管理员保持联系,因此CCBill和CWIE没有合理实施反复侵权者政策。法院认为,其余的DMCA日志显示了电子邮件地址和/或网站管理员的名称是CCBill和CWIE的DMCA的日志的常规记录,且CCBill在2003年12月11日的质询答复还包含一个图表,这些证据表明CCBill和CWIE与各网站的网站管理员保持了大量联系。

上诉法院支持地区法院的意见:DMCA的日志③并没有表

---

① Section 512(i)(1)(A);Ellison,357 F. 3d at 1080.
② See 111017 U. S. C. §512(i);Corbis,351 F. Supp. 2d at 1102.
③ Perfect 10,Inc. v. CCBill,LLC,488 F. 3d 1102,(9th Cir. 2007)at 1111.

明 CCBill 和 CWIE 没有合理实施反复侵权者政策。

ii. 合理性

为了识别和终止反复侵权者,服务供应商不一定需要监督其用户来获取反复侵权的证据。§512(c)规定:"服务提供商不承担经济赔偿责任,除非在(j)款中有规定,也不对禁令或其他衡平性救济承担责任,如果(i)并不实际知晓材料或在系统或网络上使用材料的行为是侵权的;在缺乏该实际知晓状态时,没有意识到能够从中明显推出侵权行为的事实或情况;(ii)在得以知晓或意识到(侵权行为)之后,迅速移除材料或屏蔽对它的访问;在服务提供商具有控制侵权行为的权利和能力的情况下,没有从侵权行为中直接获得经济利益;以及(iii)在得到第 3 项所述的指称侵权通知后,做出迅速反应,移除被指称侵权的材料或侵权行为的内容,或'屏蔽对它们的访问'。且一项符合要求的侵权通知必须完整包含在同一次信件中。"①如果我们要求服务供应商在超出§512(c)的规定范围外来终止其(侵权)用户,那么§512(c)的免责规定就失去了意义。该条款的解释得到立法历史的支持。②

Perfect10 主张 CCBill 和 CWIE 在收到 Perfect10 和非诉讼当事方的著作权人的侵权通知及侵犯版权的"红旗"后,依然容忍其用户明目张胆地公然侵犯版权,因而二者没有合理地实施反复侵权者政策。

---

① Perfect 10,Inc. v. CCBill, LLC, 488 F. 3d 1102, (9ᵗʰ Cir. 2007) at 1113.

② See H. R. Rep., at 61 (Section 512(i) is not intended "to undermine the … knowledge standard of [§512](c).").

a. 通知要求

地区法院认为原告 Perfect10 没有提供实质性地遵守§512(c)(3)所有条款的侵权通知。Perfect10 声称其通过3份不同时间发给被告 CCBill 和 CWIE 的文件的组合满足了§512(c)(3)的要求。地区法院和上诉法院都认为如果允许著作权人"将几份相互独立的存在缺陷的侵权通知拼凑成符合要求的侵权通知",将迫使网络服务提供者从所有信件中查找§512(c)(3)所要求的所有要素,这样会给网络服务提供者造成过重的负担。[①] 因此,虽然 CCBill 确实收到了几封关于可能存在版权侵权的通知,但法院认为这些通知存在缺陷,因而 CCBill 收到这些通知并不能认定为其具备了§512(c)(1)(A)要求的"知晓"。[②]

因此法院认为原告 Perfect10 关于被告 CCBill 和 CWIE 没有合理地实施反复侵权者政策的主张不成立。

b."红旗"的认定

"红旗"标准源自 DMCA 第512条的用语,即在线服务提供商必须没有"意识到能够从中明显推出侵权行为的事实或情况",才可以受到"避风港"条款的保护。[③] 该标准包含主观要素与客观要素。客观上来说,该在线服务提供商必须知晓侵权材料存在于其系统。主观上来说,当"侵权行为对一个在相同或者类似情况下的理性人已然明显时,应适用'合理正常人的行事思考标准'"。[④]

[①] Perfect 10, Inc. v. CCBill, LLC, 488 F. 3d 1102, (9th Cir. 2007) at 1113.

[②] 同上,at1113.

[③] 17 U.S.C. §512(c)(1)(A)(ii).

[④] H. R. Rep. No. 105—551, at 53(1998). 转引自宋海燕女士的文章《从比较法角度论中国网络服务提供商侵权责任理论》。

原告 Perfect10 主张被告 CCBill 和 CWIE 知晓标志着明显侵权行为的"红旗",认为被告所提供服务的两个网站的域名为"illegal.net"及"Stolencelebritypics.com"的事实,因此原告主张被告明知"红旗"的存在。此外,被告 CWIE 还由于经营黑客密码网站可能承担帮助侵权责任。法院驳回了这一主张。法院认为该域名本身并不构成版权侵权,因为使用"illegal"或"stolen"等词语可能"是为提高网站色情吸引力,而并不代表承认这些图片确属非法或者盗得。"① 在黑客密码口令指控方面,法院认为未经深入调查不能判定网站本身存在明显的侵权行为,且服务提供商也没有义务来判断这些密码是否会导致侵权行为。②

  iii. 重审问题

上诉法院不同意地区法院关于拒绝考虑除原告 Perfect10 外的第三方提出的通知和"红旗"的证据的决定,认为这些证据与本案是有关联的。上诉法院将该项决定——CCBill 和/或 CWIE 是否适当地回应了这些通知及在其他案例中是否未合理实施反复侵权者政策——发回地区法院重审。

  a. 标准的技术措施:§512(i)(1)(B)

Perfect10 主张 CCBill 通过阻碍其访问 CCBill 的关联网站从而阻挠其发现侵犯版权的证据,因此没有履行"标准的技术性措施"的规定。于是 Perfect10 认为 CCBill 没有资格享有"避风港"规则的保护,因为法律规定如果干涉了用来识别和保护版权

---

① Perfect 10, Inc. v. CCBill, LLC, 488 F.3d 1102, (9th Cir. 2007), at 1114.
② See A & M Records, Inc. v. Napster, Inc., 239 F.3d 1004, 1013 n.2 (9th Cir. 2001).

作品的"标准的技术措施",服务提供商无权享有"避风港"规则的保护。①

上诉法院无法确定网站的正常访问是否是一个"标准的技术措施"。此外,CCBill 主张其仅仅封锁了 Perfect10 的信用卡因为 Perfect10 识别侵权行为的方法包含重新查询以前订阅的费用,这使得 CCBill 花费大量代价来处理扣款问题。上诉法院将这些请求一并发回地区法院重审。

b. 临时性数字网络传输:§512(a)

§512(a)是临时性数字网络传输的"避风港"规则。若侵权材料根据第三方的指示传输给其指定的接受者;或者对该侵权材料的处理未经人力干涉,而是通过自动的技术过程进行的,并且该侵权材料在传输过程内容没有发生改变而且仅仅临时性得存储在系统中,②则该网络服务提供者不应对这种传输和提供数字在线通信的服务行为承担责任。③

上诉法院支持 CCBill 提交的信用卡信息和支付证据是"数字在线通信"的主张。但由于缺少对 CCBill 如何发送其接收到的付款给它的账户持有人的了解,法院无法得出以下结论——CCBill 是否是§512(a)规定的服务提供商。因此上诉法院将该问题发回地区法院重审。

c. 信息定位工具:§512(d)

§512(d)是关于信息定位工具的"避风港"规则,其免除那些通过信息定位工具,如超文本链接,将用户链接至一个包含了

---

① §512(i)(1)(B).
② Perfect 10,Inc. v. CCBill, LLC, 488 F. 3d 1102, (9th Cir. 2007) at 1116.
③ Section 512(k)(1)(A).

侵权材料的在线站点的网络服务提供者的版权侵权责任,只要该网络服务提供者并不实际知晓或者推定不知晓该材料或者该行为是侵权的。

CCBill 辩称其满足这一款的要求因为其在交易过程结束时显示超文本链接,来为客户提供进入客户端网站的路径。① 上诉法院不支持该主张,指出大部分 CCBill 的服务超出了提供信息定位工具的范围。此外,Perfect10 并未主张 CCBill 通过提供超链接侵犯其版权,而是通过 CCBill 提供的其他服务发生所指控的侵权行为。

因此,上诉法院认为 CCBill 无法满足§512(d)的"避风港"规则的要求。

d. 根据用户的指令存在系统中的信息:§512(c)

§512(c)是关于根据用户的指令存在系统中的信息的"避风港"规则,适用于为终端用户的侵权材料提供主机服务的网络服务提供者。

上诉法院不支持 Perfect10 关于 CWIE 从侵权行为中获得直接经济利益的主张。法院引用立法者的话②并且指出"从参与侵权行为的用户处收取一次交付的设置费及单纯的、阶段性的服务费并不构成'直接从侵权行为中获取经济利益'。"③。法院认为 CWIE 经营的网站收费与侵权材料的数量无关,而且 Per-

---

① Perfect 10, Inc. v. CCBill, LLC, 488 F. 3d 1102, (9th Cir. 2007) at 1117.
② H. R. Rep. No. 105—551, pt. 2 at 54(1998).
③ Perfect 10, Inc. v. CCBill, LLC, 488 F. 3d 1102, (9th Cir. 2007) at 1118.

fect10 没有提供有效证据来证明这些利益的存在。因此,法院认为如果地区法院认定 CWIE 满足§512(i)规定的前提性条件,则 CWIE 有权享有§512(c)的"避风港"规则的免责。

2. 通信内容端正法(CDA,COMMUNICATIONS DECENCY ACT)

CDA 法案为交互式计算机服务提供商提供联邦豁免,使其免于被认为是另一个信息内容提供商提供的信息的出版商或发言人从而承担责任。①

但是 CDA 法案不保护那些侵犯"知识产权"的行为②,并且由于缺少权威解释③,上诉法院认为那仅指联邦范畴的而不是州政权范畴的知识产权,因而本案中的发布权就不包含在内。法院认为这项保护政策"因州而异",且提供者在决定不同情况下的适合的保护方式时会遇到困难。在本案中,法院认为 CCBill 和 CWIE 满足 CDA 规定的豁免条件,有权享有 Perfect10 主张的侵权的免责。

3. 直接侵犯版权

Perfect10 指控 CCBill 和 CWIE 通过它们的网站"hornybees.com"直接侵犯其版权。该网站在没有得到 Perfect10 授权的情况下发布了 Perfect10 享有版权的图像。④ 但是,该网站与 CCBill 和 CWIE 的关系是不清楚的。CWIE 声称该网站由 CC-

---

① 47 U.S.C. §§230(c)(1),(e)(3).
② Gucci Am.,Inc. v. Hall & Assocs.,135 F. Supp. 2d 409,413(S. D. N. Y. 2001)(quoting§230(e)(2)).
③ See 47 U.S.C. §§230(a)and(b);see also Batzel,333 F. 3d at 1027.
④ Perfect 10,Inc. v. CCBill,LLC,488 F. 3d 1102,(9th Cir. 2007)at 1120.

Bucks 经营,而 CCBill 和 CWIE 与"hornybees. com"没有任何关系。但也有一些证据表明 CCBill 和 CWIE 也许与该网站有关。上诉法院将这个问题发回地区法院重审。

4. 有关诉讼费和律师费的讨论(略)

5. 法院的结论

综上,维持一审关于根据 CDA 享有州法下的不正当竞争、虚假和误导性广告的免责的认定。推翻一审法院关于侵犯州法下的公开权的认定,认定 CCBill 和 CWIE 没有侵犯 Perfect10 州法下的公开权。本判决作出之后,一审法院应当对以下问题进行重审:

(1) 根据§512(i)(2)(A),网站的正常访问是否是一个标准的技术性措施。如果是的话,CCBill 是否妨碍了正常访问。

(2) 第三方的通知是否使得 CCBill 和 CWIE 清楚它们正在为重复侵权者提供服务,如果是的话,CCBill 和 CWIE 是否做出了适当的回应。

(3) CCBill 和/或 CWIE 在其他案例中是否未合理实施反复侵权者政策。

(4) CCBill 是否是§512(a)规定的服务提供商。

(5) CCBill 和/或 CWIE 是否通过直接经营"hornybees. com"网站侵犯 Perfect10 的版权。[①]

部分维持原判,部分撤销原判并发回重审。

---

① Id. at 1121.

3. 艾米斯特文件共享提供服务商版权诉讼[①]

一、案件背景

(一) 审理法院　美国联邦第七巡回区上诉法院
(二) 案　由　网络服务提供者 Aimster 公司间接侵权(帮助侵权及替代侵权)案
(三) 判决时间　2003年6月30日
(四) 诉讼两造
　　原告/被上诉人
　　唱片产业公司(the recording industry)[②]
　　被告/上诉人
　　John Deep(Aimster 网络服务公司的所有者)
　　Aimster 网络服务公司("Aimster"Internet service)[③]
(五) 诉讼阶段　一审的伊利诺伊州北区地方法院签发了有利于原告的诉前禁令。被告上诉至第七巡回区上诉法院,法官作出本判决。
(六) 诉讼结果　维持诉前禁令

二、案件事实

原告各公司从事版权音乐和录音资料的营利性录制、发行

[①] In re Aimster Copyright Litigation,334 F. 3d 643,67 U. S. P. Q. 2d(BNA)1233(7th Cir. 2003).
[②] Id. at 645.
[③] 后更名为"Madster"公司,以下简称 Aimster。

和销售业务。

在 Napster 案①的判决之后,其他的点对点网络服务提供商同行开始尝试设计新的系统来避免承担帮助侵权和替代侵权责任,被告 Aimster 就是其中的一家公司。

Aimster 基于美国在线(America Online)即时传讯系统的文件分享软件,帮助用户通过即时通讯服务进行文件交换。Aimster 的加密技术能够阻止其用户之外的任何人包括它自己的监控。② 在其提供的服务中,用户的音乐文件以附件形式传输给"即时通讯"。Aimster 自己的服务器从未托管或传输过这些音乐文件。相反,针对用户的搜索请求,Aimster 的服务器搜查其他 Aimster 用户的上网电脑,当发现被请求的文件时,"指示"这些文件传输给提出要求的用户。③

Aimster 遇到了与 Napster 公司同样的法律命运:该案的实质案情尚未审理终结,唱片产业公司就成功地取得了最终导致 Aimster 关闭的诉前禁令。

三、双方论据

(一)原告/被上诉人的请求:④(1)被告对其用户的版权侵权行为承担帮助侵权责任、替代侵权责任;(2)法院向被告签发诉前禁令。

---

① A&M Records, Inc. v. Napster, Inc., 239 F. 3d 1004(9th Cir. 2001).
② In re Aimster Copyright Litigation, 334 F. 3d 643, 67 U. S. P. Q. 2d(BNA)1233(7th Cir. 2003), at 646.
③ Id.
④ Id. at 645.

原告唱片公司认为被告 Aimster 的即时通讯服务对其用户的版权侵权行为提供了不可忽视的帮助,使其用户更容易地进行版权侵权行为。

(二)被告/上诉人的答辩与请求:①(1)Aimster 无需承担帮助侵权责任和替代侵权责任;(2)请求撤销诉前禁令。

被告 Aimster 辩称,(1)自身软件对搜索请求进行了加密处理,因而自己并不知晓用户通过即时通讯服务搜寻和接收的文件内容(因此,网络服务提供者并不实际知晓侵权行为的存在或并没有意识到能够从中明显推出侵权行为的事实或者情况,因而其无法阻止用户侵犯版权或无法知晓用户是否在进行版权侵权行为),所以无需承担帮助侵权责任和替代侵权责任。(2)既然自己提供的服务仅限于使用即时通讯的用户(比 Napster 案中的用户范围要小得多),所以应该适用《千禧年数字版权法(DMCA)》第 512 条的"避风港"条款,享有侵权责任的免责。

四、上诉法院判决意见

法院首先认为音乐文件的拷贝没有储存在 Aimster 的服务器上,因此 Aimster"不是音乐版权作品的直接侵权人"。②

法院分析了 Aimster 提供的服务,并讨论了一种可做无害目的使用的网络文件交换系统(例如商业公司雇员间进行快捷的商业机密交换的系统)。③ 事实上受版权保护的文件有时可在

---

① Id.

② Id. at 647.

③ See Daniel Nasaw,"Instant Messages Are Popping Up All Over,"Wall St. J. ,June 12,2003,p. B4;David A. Vise,"AOL Makes Instant-Messaging Deal,"Wash. Post,June 12, 2003,p. E5.

未得到版权人授权的情况下通过这种系统在用户之间进行交换,且不会使服务提供商成为帮助侵权人。①

接下来法院根据"Sony 案"②的审判原则,进而分析 Aimster 的网络是否构成"实质性的非侵权用途"。③ 法院讨论了"Sony 案"中 Betamax 的抗辩,并且得出结论 Aimster 并无证据表明存在非侵权用途。法院认为根据已有的证据可得出以下结论:Aimster 很有可能成为帮助侵权责任人。④ 但是法院推翻了一审法院认为该案不适用"主要商业用途"原则的推理,它认为最高法院在"Sony 案"中的相关认定是为了避免使版权所有人有不适当的技术控制权,"商业通用物"原则(staple articles of commerce)不仅适用于产品,对于服务也同样适用,关键问题在于服务或者产品能否影响终端用户的侵权能力。⑤

Aimster 主张仅为其用户的侵权行为提供帮助性指导不足以使其承担帮助侵权责任,法院否定了这项主张。法院认为,如果服务提供商使用加密技术企图避免知晓非法使用其服务的行为,那么则构成帮助侵权责任且无法得到豁免。⑥

Aimster 宣称其不同于 Napster,其所提供的服务无法监督

---

① Id.
② Sony Corp. of America, Inc. v. Universal City Studios, Inc., 464 U. S. 417, 104 S. Ct. 774, 78 L. Ed. 2d 574(1984); see also Vault Corp. v. Quaid Software Ltd., 847 F. 2d 255, 262—67(5th Cir. 1988).
③ In re Aimster Copyright Litigation, 334 F. 3d 643, 67 U. S. P. Q. 2d(BNA)1233(7th Cir. 2003)at 648.
④ Id.
⑤ Id.
⑥ Id.

交换文件的内容。但法院认为这是被告"故意视而不见"的表现，无法构成对于帮助侵权行为的抗辩。①

更值得注意的是：Aimster还主张其提供的服务可以用于非侵权用途，因此可以免则。法院也否定了该项主张。法院认为这可能是一个极端的例子，且超出了"Sony案"中最高法院的设想。② 相反，法院认为"当供应商提供的产品或服务既可用于非侵权用途又可用于侵权用途时，在判断其帮助侵权责任时对这些用途进行不同程度的分析十分必要。"③在有关帮助与教唆性质的版权案件中，"slinky-dress案④与Sony案〔结论是帮助侵权行为没有发生〕相符合，并没有对产品或服务提供商强加责任；而在'massage-parlor案'⑤中，服务提供商的服务既可用于侵权用途又可用于非侵权用途，但实际上只用于侵权用途"。⑥

唱片产业主张一个单独已知的侵权人可以使得服务提供商成为帮助侵权责任人，法院否定了上述主张。同时法院也否定了Aimster关于一个单独的非侵权用途可以使其完全免责的主张。⑦

---

① Id. at 650.

② Id. at 651.

③ Id.

④ United States v. Giovannetti, supra, 919 F. 2d at 1227; People v. Lauria, 251 Cal. App. 2d 471,59 Cal. Rptr. 628(1967)

⑤ See United States v. Sigalow, 812 F. 2d 783,784,785(2d Cir. 1987); State v. Carpenter,122 Ohio App. 3d 16,701 N. E. 2d 10,13,18—19(1997); cf. United States v. Luciano-Mosquera, 63 F. 3d 1142,1149—50(1st Cir. 1995).

⑥ In re Aimster Copyright Litigation, 334 F. 3d 643,67 U. S. P. Q. 2d(BNA)1233(7th Cir. 2003). at 652.

⑦ Id.

Aimster 比较接近"*massage-parlor* 案",因为其除了便利版权文件在用户间传输,还做了其它两件事情:Aimster 提供的服务不仅包括使用指南以教导使用者如何侵害版权内容,还包括聊天室和公告板以供用户公开讨论他们的侵权活动;而且 Aimster 出售俱乐部会员资格,每月支付 4.95 美元便可通过一次点击频繁下载 Aimster 用户分享的音乐,而这些音乐都是唱片产片公司的版权音乐文件。① 法院认为这些证据表明 Aimster 通过提供与其他服务提供商不同的服务实质地帮助了侵权行为,因为其诱使用户下载受版权保护的音乐文件。②

因此,法院认为,虽然上述证据不能排除 Aimster 系统实质性非侵权用途的可能性,但是证据却充分表明,尤其是在诉前禁令阶段,Aimster 必须承担证明其非侵权用途的责任。③

法院通过举例来分析 Aimster 非侵权用途的可能性,认为服务提供商进行非侵权用途的可能性不足。Aimster 无法提供足够的证据来证明其提供的服务可以用于非侵权用途,更不必说非侵权用途的频率问题。④

另外,法院解释称:当网络文件分享服务提供商的服务可用于非侵权用途时,如果要使其侵权用途实质性地规避帮助侵权责任,服务提供商必须证明取缔或显著减少侵权用途会使其付出不成比例的代价。⑤ 但是 Amister 不能证明其减少或取缔侵

---

① Id. at 652.
② Id. at 653.
③ Id.
④ Id.
⑤ Id.

权用途需要支出过多的代价。

但在替代侵权责任问题上,法院没有完全接受地区法院的主张。法院认为,替代侵权责任理论一般是指被代理人为代理人的侵权行为承担责任,而在本案中,使用 Aimster 的系统来进行侵权行为的用户显然不是 Aimster 的代理人。①

并且替代侵权责任的界定范围是不确定的。② 参照"Sony 案",法院的做法表明帮助侵权责任和替代侵权责任是可互换的,从而认定 Sony 不是替代侵权责任人。③通过消除加密技术并在运行系统时监督用户的活动,Aimster 的确像 Sony 一样限制了侵权行为的数量。但是 Aimster 消极地拒绝调查其系统在多大程度上被用来进行侵权行为,这一做法恰恰再次证明 Aimster 是帮助侵权责任人。④

在回答 Aimster 援引§512 的"避风港"条款所提出的抗辩时,法院裁定,由于 Aimster 并未遵守受"避风港"条款保护的前提性条件,即已经合理地实施了对作为反复侵权者的用户停止服务的政策⑤,因而 DMCA"避风港"条款在此并不适用。相反,Aimster 邀请反复侵权人,向他们展示甚至指导他们如何对自身的请求加密,以及如何侵犯原告唱片产业公司的版权。⑥ 因此,

---

① Id. at 654.

② Id.

③ Sony Corp. of America, Inc. v. Universal City Studios, Inc., supra, 464 U. S. at 435 and n. 17, 104 S. Ct. 774.

④ In re Aimster Copyright Litigation, 334 F. 3d 643, 67 U. S. P. Q. 2d(BNA)1233(7th Cir. 2003). at 655.

⑤ 17 U. S. C 512(i)(1)(A).

⑥ In re Aimster Copyright Litigation, 334 F. 3d 643, 67 U. S. P. Q. 2d(BNA)1233(7th Cir. 2003). at 655.

法院驳回了 Aimster 关于"避风港"条款保护的抗辩。

最后,法院通过分析受损程度,认为唱片产业显然受到不可挽回的损害,因而诉前禁令的签发是符合其立法原则的。法院同时驳回了 Aimster 关于诉前禁令的范围的抗辩,认为 Aimster 在其诉讼中没有对此问题做进一步陈述,也没有对选择地区法院或本法院进行裁决做出表述。①

法院最终维持了诉前禁令。

---

① Id. at 656.

4. 艾伯特莫斯唱片公司等诉纳普斯特公司案[①]

一、案件背景

(一)审理法院　美国第九巡回区上诉法院

(二)案　　由　网络服务提供者纳普斯特公司间接侵权(帮助侵权及替代侵权)案

(三)判决时间　2001年2月12日

(四)诉讼两造

原告/被上诉人

艾伯特莫斯唱片公司(A&M Records,Inc.)、格芬唱片公司(Geffen Records,Inc.)、Interscope唱片(Interscope Records)、索尼音乐娱乐公司(Sony Music Entertainment, Inc.)、MCA唱片公司(MCA Records,Inc.)、大西洋唱片公司(Atlantic Recording Corp.)、小岛唱片公司(Island Records,Inc.)、莫汤唱片有限公司(Motown Record Co.)、卡比特尔唱片公司(Capitol Records,Inc.)、杰瑞·雷伯((Jerry Leiber)自然人,经营杰瑞·雷伯音乐(Jerry Leiber Music));迈克·斯托勒(Mike Stoller)和弗兰克音乐公司(Frank Music Corp.),代表其自身及与其诉讼地位相同的其他当事人

[①] A&M Records,Inc. v. Napster,Inc.,239 F.3d 1004(9th Cir. 2001).

被告/上诉人

纳普斯特公司(Napster, Inc.)

(五)诉讼阶段　一审的加利福尼亚北区法院签发了有利于原告的诉前禁令。被告上诉至第九巡回区上诉法院,法官作出本判决。之后又经发回下级法院重审,修改了该诉前禁令;上诉法院维持该裁判,现已审结。

(六)诉讼结果　部分维持原判,部分撤销原判并发回重审

二、案件事实

原告各公司从事版权乐曲和录音资料的营利性录制、发行和销售业务,被告(Napster)则为其用户提供 MP3 传输服务。借助"点对点"文件分享程序(依靠 Napster 网站的免费"Napster 音乐分享"软件、Napster 网络服务器及服务器端软件实现),Napster 可以帮助其用户进行以下行为:(1)允许其他用户复制自己电脑上的 MP3 文件;(2)搜索其他用户电脑上的 MP3 文件;(3)通过互联网传输不同用户电脑上的 MP3 文件的复件。Napster 还为用户索引(indexing)、搜索 MP3 的功能及其他功能(包括讨论音乐的"聊天室"、提供艺术家音乐信息的目录)提供技术支持。

(一)系统的准入[①]

用户先从 Napster 网站下载"音乐分享"软件,[②]安装后进入

[①] Id. 1011.

[②] Id. 1011. See http://www.Napster.com.

Napster 系统并注册。

(二)编辑可用文件列表[1]

用户需要在电脑上创建"用户图书馆"目录,将自定义命名的 MP3 文件存储在该目录下;再登录 Napster 系统时,"音乐分享"软件会检索该目录,并将可用的 MP3 文件的文件名上传到 Napster 服务器(文件内容仍保存在用户电脑中)。上传的文件名将被存储在服务器端"图书馆"的该用户名之下,并成为文件"集合目录"的一部分;集合目录会随着用户实时在线的情况不断变化,且只显示当前可用的文件名。

(三)文件搜索[2]

Napster 提供了两种搜索方式:Napster 的搜索功能及其"热点列表"功能。

用户在"音乐分享"软件的输入框中输入歌曲名或歌手名,就能搜索到实时在线的文件。Napster 程序会生成一份包含搜索用语所有文件名的列表,并回传给用户。Napster 的搜索限于"对特定索引集合中的文件名进行字面搜索",而并不搜索 MP3 的内容,"因为其搜索的文件都是用户自定义命名的,可能有排版错误或对内容的不确切描述"。[3]

"热点列表"功能指用户利用以往获取文件的源用户名创建一份列表;再登录 Napster 时,系统会提示列表中还有哪些用户在线;使用"列表"的用户就可以访问源用户全部的 MP3 索引,

---

[1] Id. 1011—1012.
[2] Id. 1012.
[3] Id. Citing:A&M Records, Inc. v. Napster, Inc. ,114 F. Supp. 2d 896,at 906.

选中文件名获取相关文件。

(四)MP3 文件复件的传输①

Napster 软件将主机用户(拥有可用文件的用户)的网址传递给请求用户;请求用户的电脑据此与主机用户建立联系,"点对点"地下载 MP3 文件内容的复件;下载的复件可用 Napster "音乐分享"软件打开,也可以用其他软件打开。

三、两造的主张、抗辩及法院的判决理由

原告一审请求:②(1)被告对其用户的版权侵权行为承担帮助侵权责任、替代侵权责任;(2)法院向被告签发诉前禁令。

针对被告的帮助侵权责任和替代侵权责任,原告主张,(1) Napster 用户的行为构成对原告的直接侵权。③ 相关用户参与了批量复制、传播原告版权作品的活动,在未购买正版作品的情况下得到了相关作品,损害了原告的版权乐曲及录音资料市场,④这是对原告版权作品的商业性使用而非合理使用。⑤ 相关证据包括:原告方专家证人针对大学生的抽样调查("杰氏报告"),对 MP3 网上分享的效果研究("范氏报告"),及对原告已经遭受及可能遭受的损害的调查("蒂斯报告")。⑥ (2)Napster

---

① Id.
② Id. 1011.
③ Id. 1013.
④ Id. 1016.
⑤ Id. 1015.
⑥ Id. 1016—1017, A & M Records, Inc. v. Napster, Inc., 2000 WL 1170106(N. D. Cal. August 10,2000),at * 2, * 6.杰氏报告、蒂斯报告被一审法院采信;范氏报告因为被告提出的针对其调查方法、结果的抗辩而未被采信。

实际知晓也应当知晓其用户的直接侵权行为，并为该行为提供了实质性帮助，应当承担帮助侵权责任。(3)Napster从其用户的侵权行为中获得了直接经济利益，且具有监管用户侵权行为的权利和能力，应当承担替代侵权责任。(4)鉴于Napster及其用户已经做出和将要做出的侵权行为会对原告造成难以弥补的损失，请求对Napster签发诉前禁令。①

被告一审答辩：(1)Napster无需承担帮助侵权责任和替代侵权责任；(2)原告请求诉前禁令没有事实和法律根据。

被告辩称，首先，其不应承担帮助侵权责任和替代侵权责任。(1)被告用户的行为不构成直接侵权，而是《美国法典》第17编第107节(17 U.S.C.§107)意义上的合理使用，包括但不限于被告系统中的以下行为：试听、空间切换、得到新锐及成名艺术家许可的唱片发行。②(2)即使被告用户的行为构成直接侵权，由于被告无法区分侵权文件和非侵权文件，因此被告并不"知道"直接侵权的存在，因此不应承担帮助侵权责任。③(3)被告未从其用户的侵权行为中获得直接经济利益，且无法监督用户行为，故不应承担替代侵权责任。(4)即使法院认为被告的间接侵权行为成立，被告也应当依法免责，因为其用户的行为受

---

① Id. 1013. Citing：Prudential Real Estate Affiliates, Inc. v. PPR Realty, Inc., 204 F. 3d 867, 874(9th Cir. 2000); see also Micro Star v. Formgen, Inc. 154 F. 3d 1107, 1109(9th Cir. 1998)。

Id. 1016. Citing：Napster, 2000 WL 1170106, at ＊3;1025. Citing：Napster, 114 F. Supp. 2d at 926。

② Id. 1014, 1015 FN4;1017, Napster, 2000 WL 1170106, at ＊7—＊8;1018. Citing：Napster, 114 F. Supp. 2d at 915—16。

③ Id. 1020. Citing：Napster, 114 F. Supp. 2d at 917。

《1992年音乐产品家庭录制法案》第1008节(即《美国法典》第17编第1008节)(§1008 of the Audio Home Recording Act of 1992,17 U.S.C. §1008)保护,被告自身则符合《千禧年数字版权法》(即《美国法典》第17编第512节)的责任限制情形。①

其次,针对原告诉前禁令的请求,被告辩称,即使法院认定应当制裁被告,也应适用强制使用费的救济手段而非禁令。②

一审判决意见:(1)原告初步证明了被告用户的直接侵权行为;(2)被告的"合理使用"抗辩不成立;③(3)原告已经证明,被告的帮助侵权责任和替代侵权责任可能成立;(4)支持原告的诉前禁令请求。被告在未取得受联邦或州法保护之权利人明示许可的情况下,停止参与或帮助其他人复制、下载、上传、传输或传播原告版权乐曲和录音资料的行为。④

被告对一审的判决意见不服,提起上诉。

上诉人的请求:(1)推翻一审关于上诉人帮助侵权责任和替代侵权责任的认定;(2)撤销诉前禁令。

针对其帮助侵权责任和替代侵权责任的认定,上诉人认为,(1)一审法院错误地认为,"试听"和"空间切换"不是合理使用行为。⑤ 对于"试听"的错误认定包括:(i)认定试听为商业性使用,忽略了其兼具的非商业性和个人性特点;(ii)判定"试听"对被上诉人的音乐市场造成了不利影响,却未能说明具体有何种不利

---

① Id. 1024,1025.
② Id. 1028.
③ Id. 1014.
④ Id. 1011. Citing: Napster,114 F. Supp. 2d at 927.
⑤ Id. 1018.

影响;(iii)仅凭音乐小样(samples)有可能被用于侵权活动,就将"试听"排除在合理使用之外。① 此外,一审不应拒绝采信上诉人证明试听有利于增加光盘销量的证据。② (2)根据先例中对"帮助侵权"的界定,上诉人的帮助侵权责任不成立。③ (3)即使上诉人对帮助侵权行为负有责任,一审法院不应驳回上诉人的"弃权"、"默示许可"及"原告滥用著作权"抗辩。④ 针对一审签发的诉前禁令,上诉人认为,(1)被上诉人未能证明,对于驳回上诉人的任何肯定性答辩具有盖然性优势。⑤ (2)即使诉前禁令成立,其范围也过于宽泛,侵犯了宪法第一修正案所保护的(i)上诉人的目录出版权;(ii)其用户的信息交换权。⑥ (3)即使禁令的范围无误,(i)一审要求被上诉人提供的禁令担保额过低;⑦(ii)应当用"推定特许使用费支付安排"替代该禁令。⑧

被上诉人对一审判决没有异议。⑨

上诉法院判决意见:要判断一审是否应当签发诉前禁令,首先需要认定一审原告的诉讼请求及被告的答辩是否成立。

(一)Napster 用户的行为是否构成直接侵权

间接侵权责任成立的前提是:存在第三人的直接侵权行为。

---

① Id.
② Id.
③ Id. 1020. Citing:Sony Corp. v. Universal City Studios, Inc. , 464 U. S. 417, 104 S. Ct. 774, 78 L. Ed. 2d 574(1984).
④ Id. 1025—1026.
⑤ Id. 1015.
⑥ Id. 1027—1028.
⑦ Id. 1028.
⑧ Id.
⑨ Id. 1015.

一审认为,原告初步证明了 Napster 用户的行为构成直接侵权,鉴于上诉人未对该认定提出异议,①本院将仅就直接侵权的成立要件做简要说明。

(1)直接侵权的初步证据

为初步证明直接侵权行为的存在,原告必须证明(1)其对被侵权材料享有所有权;(2)侵权人侵犯了版权人至少一项专有权。② 原告在一审中证明了其所有权③及专有权遭到侵犯。④ 本院同意,Napster 用户至少侵犯了原告的两项专有权:上传文件名供其他用户复制的行为侵犯了原告的"发行权"(第 106 节第 3 款);下载版权音乐文件的行为侵犯了"复制权"(第 106 节第 1 款)。⑤

(2)被告的"合理使用"抗辩

被告主张其用户的行为是合理使用,并列举了三类其认为构成合理使用的行为:试听、空间切换、得到新锐及成名艺术家许可的唱片发行。⑥

一审法院援引了法律规定的"合理使用"的四项判断因素:(1)使用的目的和性质,(2)版权作品的性质,(3)使用部分的数量和质量,以及(4)对版权作品潜在市场的影响。⑦ 一审首先对

---

① Id. 1013.
② Id. Citing: 17 U. S. C. § 106.
③ Id. Citing: Napster,114 F. Supp. 2d at 911.
④ Id. 1013—1014,Citing: Napster,2000 WL 1009483,at * 1.
⑤ Id. 1014.
⑥ Id. 1014,1018. Citing: Napster,114 F. Supp. 2d at 915—16.
⑦ Id. 1014. Citing: 17 U. S. C. § 107.

Napster 系统的使用进行了综合分析,随后针对 Napster 所提出的具体行为进行分析,认定 Napster 用户并非合理使用者。① 本院同意上述认定。具体理由如下:

1. 使用的目的和性质

首先,判断使用的"目的和性质"需要考虑:新作品是简单机械地替换了原作对象,还是赋予作品更深的目的或不同的性质? 即新作品是否具有及在多大程度上具有"转换性"?② 一审认为,下载行为并非对版权作品的"转换"。③ 本院同意这一认定,通过其他媒体转播原创作品的行为不是合理使用行为。④

其次,系争行为是"商业性使用"还是"非商业性使用"? 一审认为 Napster 用户是商业性使用,因为(1)向匿名请求用户传送文件的行为,无法认定为个人使用行为;(2)Napster 用户免费得到了他们本应购买的东西。⑤ 本院认为上述认定并无明显不当,而商业性使用就很难说属于合理使用——尽管并非绝对如此。⑥

使用者是否获得直接经济利益并不影响商业性使用的认定。一审中原告已经证明,尽管 Napster 用户并未销售其得到的复制品,但反复地、无节制地(exploitative)复制(而非购买)版

---

① Id.
② Id. 1015. Citing: Campbell v. Acuff-Rose Music, Inc. ,510 U. S. 569,579,114 S. Ct. 1164,127 L. Ed. 2d 500(1994).
③ Id. Citing: Napster,114 F. Supp. 2d at 912.
④ Id. Citing: Infinity Broadcast Corp. v. Kirkwood,150 F. 3d 104,108(2d Cir. 1998); UMG Recordings,Inc. v. MP3. com,Inc. ,92 F. Supp. 2d 349,351(S. D. N. Y.);2000 WL 710056(S. D. N. Y. June 1,2000).
⑤ Id. Citing: Napster,114 F. Supp. 2d at 912.
⑥ Id. Citing: Campbell,510 U. S. at 584—85,114 S. Ct. 1164.

权作品的行为本身,就可能构成商业性使用。①

2. 版权作品的性质

相较于事实性作品,保护创造性作品更能体现版权保护的题中之意。② 一审认为原告的版权作品具有创造性,判断是否属于合理使用应采取更高证明标准。③ 本院同意上述理由。

3. 使用部分的数量和质量

一审认为,Napster 文件的传输需要整体复制版权作品,所以相关用户的行为是"批量复制"版权作品行为。④ 本院同意这一判定。⑤ "批量复制"虽不必然排斥"合理使用"本身,但复制完整作品的行为很难被认定为是合理使用。⑥

4. 对版权作品潜在市场的影响

只有未实质损害被复制作品适销性的复制行为才可能是合理使用。⑦ "对市场的影响"这一要素的重要性因案而异,既要考虑损害的大小,也要考虑"合理使用"其他要素的情况。⑧ 一审认

---

① Id. Citing: Worldwide Church of God v. Philadelphia Church of God, 227 F. 3d 1110, 1118 (9th Cir. 2000); American Geophysical Union v. Texaco, Inc., 60 F. 3d 913, 922(2d Cir. 1994). 上述先例认为,教会在未向版权人付费、未经许可的情况下传播、使用宗教文献的行为,是获利行为;营利性实验室的研究人员复印版权学术文章的行为,是间接获取经济利益的行为。

② Id. 1016. Citing: Campbell, 510 U. S. at 586, 114 S. Ct. 1164.

③ Id. Citing: Napster, 114 F. Supp. 2d at 913.

④ Id. Citing: Napster, 114 F. Supp. 2d at 913.

⑤ Id. Citing: Sony Corp. v. Universal City Studios, Inc., 464 U. S. 417, 449—50, 104 S. Ct. 774, 78 L. Ed. 2d 574(1984). Sony 案法院认为,特定条件下的整体复制仍有可能属于合理使用,如"改变观看时间"。

⑥ Id. Citing: Worldwide Church, 227 F. 3d at 1118(quoting Hustler Magazine, Inc. v. Moral Majority, Inc., 796 F. 2d 1148, 1155(9th Cir. 1986)).

⑦ Id. Citing: Harper & Row Publishers, Inc. v. Nation Enters., 471 U. S. 539, 566—67, 105 S. Ct. 2218, 85 L. Ed. 2d 588(1985).

⑧ Id. Citing: Campbell, 510 U. S. at 591 n. 21, 114 S. Ct. 1164; Sony, 464 U. S. at 451, 104 S. Ct. 774.

为 Napster 至少对原告市场造成两种损害：减少了光盘在大学生群体中的销量；为原告进入音乐数字下载市场设置了障碍。①

本院支持上述认定，Napster 对当前或未来的数字下载市场造成了有害影响；纵使 Napster 对既有市场未造成损害，版权人开发作品的替代市场的权利应不受影响，②但本案的诉讼记录表明，"原告已经为数字下载的在线销售、许可投入了大量的财力、物力"，③而 Napster 提供的免费下载必将损害版权人相同服务的利润。

(3)对几种具体使用行为的认定

1."试听"

原告各唱片公司对免费的促销下载实行了严格管制，并对用户从零售网站获取的歌曲小样收取使用费。④ 证据表明，唱片公司免费提供的歌曲小样要么是时长在 30 至 60 秒不等的截取片断，要么是在超过一定下载时间后就无法播放的完整长度。⑤因此一审判定，即使 Napster 部分用户最后购买了音乐，之前的试听仍属商业性使用；即使是以试听为目的且获得授权的个别歌曲的临时下载行为，究其本质，仍属商业性使用。⑥ 本院同意上述判断。

Napster 上诉称一审未对"试听"的市场影响作专门认定，但

---

① Id. Citing：Napster,114 F. Supp. 2d at 913.
② Id. 1017. Citing：L. A. Times v. Free Republic,54 U. S. P. Q. 2d 1453,1469—71(C. D. Cal. 2000)；UMG Recordings,92 F. Supp. 2d at 352.
③ Id. Citing：114 F. Supp. 2d at 915.
④ Id. 1018. Citing：Napster,114 F. Supp. 2d at 913.
⑤ Id. Citing：Id. at 913—914.
⑥ Id. Citing：Id. at 913.

事实上一审初步认定:(1)试听用户下载的音乐越多,其购买光盘的可能性就越小;(2)即使光盘市场未受损害,Napster也将损害正在发展的数字下载市场。因此一审判定,"即使Napster的试听模式属于非商业性使用,原告也已经证明,其很可能证成:该模式的普及很可能对原告版权作品的潜在市场产生不利影响"。①

上诉人诉称,一审不应拒绝采信其专家报告——"音乐小样"的下载增加了/意在增加音频光盘的销量。一审认为,"[被告的行为]对原告销量的任何潜在促进作用[……]并不说明被告的使用是合理使用"。② 本院同意一审的看法,即使试听增加了光盘销量,版权人对版权材料的许可权应当不受影响;③版权人开发数字下载市场的权利应当不受影响。④

综上,一审的事实认定并无不当,一审对于"原告能否证明'试听不构成合理使用'"的判断,也未滥用自由裁量权。⑤

2."空间切换"

被告主张"空间切换"属于合理使用,并列举本院的先例加以佐证。⑥

一审法院认为被告误读了Sony案和Diamond案中有关"切

---

① Id. Citing: Id. at 914.
② Id. Citing: Id.
③ Id. Citing: Campbell, 510 U. S. at 591 n. 21, 114 S. Ct. 1164.
④ Id. Citing: L. A. Times, 54 U. S. P. Q. 2d at 1469—71.
⑤ Id. 1019.
⑥ Id. Citing: Recording Indus. Ass'n of Am. v. Diamond Mul-timedia Sys., Inc., 180 F. 3d 1072, 1079(9th Cir. 1999); Sony, 464 U. S. at 423, 104 S. Ct. 774.

换"("shifting")问题的分析,上述案件中的切换方法并未同时向公众传播版权材料;版权材料仅为最初的切换者所用。① 与此相反,本案中,一旦 Napster 用户将其已有的音乐列在 Napster 系统中,该音乐将可以"为千千万万其他人所用",这在先例中也不构成合理使用。② 本院同意上述认定。

3. 其他使用

一审法院指出,原告并未要求禁止 Napster 上"经独立艺术家或成名艺术家许可的复制"行为,以及包括聊天室、留言板在内的任何其他不侵权的使用行为。③ 原告在上诉中对上述使用无异议。

综上,一审认为原告有可能成功证明"Napster 用户的行为并非合理使用"的结论并无不当,即 Napster 用户的行为可能构成直接侵权。

(二)Napster 是否负有帮助侵权责任

传统上认为,"一方如果在知晓侵权行为存在的情况下,引诱、导致或者实质上帮助了其他人的侵权行为,则可能被认定为帮助侵权人"。④ 也有人主张,如果被告参与了"鼓励或协助侵权的个人行为",也应承担责任。⑤ 一审判定,原告有可能证明

---

① Id. Citing:Napster,114 F. Supp. 2d at 913.

② Id. Citing:UMG Recordings,92 F. Supp. 2d at 351—52;Religious Tech. Ctr. v. Lerma,No. 95—1107A,1996 WL 633131,at *6(E. D. Va. Oct. 4,1996).

③ Id. Citing:Napster,114 F. Supp. 2d at 917.

④ Id. Citing:Gershwin Publ'g Corp. v. Columbia Artists Mgmt.,Inc.,443 F. 2d 1159,1162(2d Cir. 1971);see also Fonovisa,Inc. v. Cherry Auction,Inc.,76 F. 3d 259,264(9th Cir. 1996).

⑤ Id. Citing:Matthew Bender & Co. v. West Publ'g Co.,158 F. 3d 693,706(2d Cir. 1998).

Napster 的帮助侵权责任成立。本院同意上述认定,Napster 通过其行为故意鼓励并协助了侵犯原告版权的行为。①

(1) 知晓(Knowledge)

帮助侵权要求间接侵权人知晓或有理由知晓直接侵权行为的存在。② 被告在一审中辩称其无法区分侵权和非侵权文件,并不"知晓"直接侵权行为的存在。法院驳回了这一抗辩,认为法律并不要求间接侵权人知晓"具体侵权行为";③ 一审还认定 Napster 实际知晓也应当知晓其用户互换版权音乐的行为。④

Napster 在上诉中援引"索尼公司诉美国环球电影制片公司案"("Sony 案")对"帮助侵权"的界定,认为自己不应承担帮助侵权责任。⑤ 本院认为,本案与 Sony 案不同,区别就在 Napster 处于实际、具体知晓直接侵权行为的状态。同时,必须区分 Napster 的系统架构和有关 Napster 系统运行能力的行为。⑥

---

① Id. 1020.
② Id. Citing: Cable/Home Communication Corp. v. Network Prods., Inc., 902 F. 2d 829,845 & 846 n. 29(11th Cir. 1990);Religious Tech. Ctr. v. Netcom On-Line Communication Servs., Inc., 907 F. Supp. 1361,1373—74(N. D. Cal. 1995).
③ Id. Citing: 114 F. Supp. 2d at 917.
④ Id. FN5;114 F. Supp. 2d at 918,919.
一审法院认定实际知晓的理由为:(1)Napster 的创始人之一,肖恩·帕克(Sean Parker)写的一份文件提到,"'用户交流的是盗版音乐',因此有必要隐去其真实姓名以及 IP 地址";(2)美国唱片工业协会("RIAA")已经通知 Napster,其系统有超过 12,000 件侵权作品,部分至今仍然可用。
认定应当知晓的理由为:Napster 的高级管理人员(1)曾有唱片产业的从业经验;(2)在其他事件中维护了自身的知识产权;(3)从该系统下载了版权歌曲;(4)利用屏幕快照增加网站点击率,而相关快照就列有侵权文件。
⑤ Id. Citing: Sony Corp. v. Universal City Studios,Inc.,464 U. S. 417,104 S. Ct. 774,78 L. Ed. 2d 574(1984).
⑥ Id.

在"Sony案"中,尽管有证据表明录像机可以用于且已被用于侵犯原告的电视节目版权,但法院认为,要追究制造商、零售商的责任必须证实:"其在向客户出售该机器时,已经'推定知晓客户可能用该机器制作未经授权的版权作品的复制品'",①因为上述机器既能用于侵权用途,也能用于"实质的非侵权用途",所以不能一概推定被告达到了"帮助侵权"所要求的知晓程度,②因此被告的帮助侵权责任不成立。有评论者认为,根据"Sony案"的标准,大多数网络服务提供者("ISP")对侵权行为的知晓程度,都不足以使其承担帮助侵权责任。③

根据"Sony案",本院认为不能仅因点对点文件分享技术可能被用于侵权,就推定Napster达到了必要的知晓程度。④ 一审认为,Napster未能证明其系统是可以被用于"商业性实质的非侵权用途";⑤但这种认定只着眼于Napster的现有用途,却忽视了系统自身的能力,⑥过度放大了现有侵权用途所占的比例,因此,本院不同意一审的上述分析,但这并不表明一审的结论必然错误——⑦本案的上诉提起的较早,很多事实问题还有待一审的充

---

① Id. Citing: 464 U.S. at 439.
② Id. Citing: Id. at 442.
③ Id. See Internet Service Provider Liability for Subscriber Copyright Infringement, Enterprise Liability, and the First Amendment, 88 Geo. L. J. 1833, 1874 & 1893 n. 210(2000).
④ Id. 1020—1021. Citing: U. S. at 436, 104 S. Ct. 774.
索尼案中,原告认为提供"实施侵权行为的'手段'"已足以使被告承担责任,法院反对这一主张。
⑤ Id. 1021. Citing: Napster, 114 F. Supp. 2d at 916, 917—18.
⑥ Id. Citing: Sony, 464 U. S. at 442—43, 104 S. Ct. 774.
索尼案中,法院对于问题的定位是,录像机是否可以被用于具有商业价值的非侵权用途。
⑦ Id. Citing: Sports Form, Inc. v. United Press Int'l, Inc., 686 F. 2d 750, 752(9th Cir. 1982)

分质证;①就现阶段诉讼记录而言,原告有可能成功证明,Napster实际知晓或应当知晓其用户的侵权行为。②

在"宗教技术中心诉奈康在线通讯服务公司案"("Netcom案")中,法院也认为,在网络环境中只有证明计算机系统经营者实际知晓具体侵权行为,才能要求其承担帮助侵权责任。③ Netcom案法院要求版权人"提供必需的材料,证明有疑似侵权行为的存在";④并指出如果原告能提供上述材料,被告将因未能移除侵权材料而"构成实质性参与"侵权行为并承担帮助侵权责任。⑤ 本院同意,如果运营商知道其系统上存在某个侵权材料但并未将其清理,则该运营商知晓并促成了直接侵权。⑥ 与此相反,在没有具体侵权信息的情况下,不能仅因为系统结构可能被用于版权作品交换,就要求运营商承担帮助侵权责任。⑦

尽管如此,从本案的诉讼记录来看,Napster实际知晓具体侵权材料的存在,知晓自己本可以屏蔽侵权材料提供者对Napster的访问;也知晓自己未能移除侵权材料;⑧Napster对于侵权

---

① Id. Citing: Id. at 753.
② Id.
③ Id. Citing: Religious Technology Center v. Netcom On-Line Communication Services, Inc. ,907 F. Supp. at 1371,1374—1375.
④ Id. Citing: Id. at 1374.
  作为对比,法院又援引了 Cubby, Inc. v. CompuServe, Inc. ,776 F. Supp. 135,141(S. D. N. Y. 1991). ,该案法院则认为,检验每一个可能涉及潜在诽谤材料的超链接,将使在线服务提供商不堪重负。
⑤ Id. Citing: Id. at 1374.
⑥ Id. Citing: Id. at 1374.
⑦ Id. Citing: Sony, 464 U. S. at 436,442—43,104 S. Ct. 774.
⑧ Id. 1022. Citing: Napster,114 F. Supp. 2d at 918,920—21.

行为的知晓程度足以使其承担帮助侵权责任。

（2）实质性帮助

一审认为"如果没有被告的技术支持，Napster 用户将无法如此轻易地找到、下载所需的音乐"。[1] 本院同意，Napster 为直接侵权提供了"网站和设备"。[2]

本院维持一审的有关结论，即原告已经证明，其很可能证成被告的帮助侵权行为。

(三) Napster 是否负有替代侵权责任

替代侵权责任是雇主责任理论的产物。[3] 在版权法的语境中，替代责任超越了雇主—雇员关系，适用于被告"具有控制、监管直接侵权行为的能力和权利，而且也从该直接侵权行为中直接获得经济利益"的情况。[4]

（1）经济利益（Financial Benefit）

如果（在被告处）可以获得侵权材料这一事实"起到了'招揽'客户的作用"，则应认为被告从中获得了经济利益。[5] 证据表明，Napster 的预期利润和"用户数量的增加"直接相关；随着"可以获得的音乐质量、数量不断提高"，越来越多的用户在 Napster 系统上注册。[6] 因此本院同意一审的认定：原告已经证明，其很可能证成 Napster 从侵权活动中获得了经济利益。[7]

---

[1] Id. Citing: Id. at 919—20.
[2] Id. Citing: Fonovisa, 76 F. 3d at 264.
[3] Id. 1022. Citing: Fonovisa, 76 F. 3d at 262.
[4] Id. Citing: Id. at 262, quoting Gershwin, 443 F. 2d at 1162.
[5] Id. 1023. Citing: Id. at 263—64.
Fonovisa 案主张，如果侵权活动增强了侵权地的吸引力，则表明存在经济利益。
[6] Id. Citing: 114 F. Supp. 2d at 902.
[7] Id. Citing: Id. at 921—22.

(2)监管

一审认为被告具有监管其用户行为的权利和能力,[1]本院部分同意这一判定。

首先,Napster对其系统准入有控制权。Napster在其网站声明,明确保留"依其判断,拒绝服务或终止账户的权利,适用情况包括但不限于:Napster认为用户行为违反了相关法律[……]或由Napster依其自行斟酌为之,无论是否事出有因"。屏蔽侵权人访问的能力说明,Napster有监管的权利和能力。[2]

既然有能力监管,Napster就应该最大程度地行使其监督权;如果为了赢利而对本可发现的侵权行为视而不见,就要承担侵权责任。[3]

一审对上述问题的认定正确,但一审法院却未意识到Napster"控制并巡视"的范围是有界限的:[4]其监督的"权利和能力"受到该系统现有架构的制约,其只能检查索引中文件的格式,而无法读取文件的内容。[5]

然而,Napster仍有能力通过检索索引找到侵权材料,也有

---

[1] Id. Citing: Id. at 920—21.
被告在一审中曾经陈述,被告改进了对遭到权利持有者投诉之用户的屏蔽方法[…]这无异于承认,被告可以做到,而且有时已经做到:对服务进行自我监督。

[2] Id. Citing: Fonovisa,76 F. 3d at 262.
作为对比,法院援引了Netcom案,原告对被告是否有能力监管的事实提出异议,其证据是BBS提供者可以冻结用户方的账户。

[3] Id. Citing: Shapiro, Bernstein &. Co. v. H. L. Green Co. ,316 F. 2d 304(2d Cir. 1963).

[4] Id. Citing: Fonovisa,76 F. 3d at 262—63;Polygram,855 F. Supp. at 1328—29.
Fonovisa案中提到,被告不仅有权禁止某些商贩进入,而且"控制并巡视"着交易地点。Polygram案中,法院认为展销会的主办方不仅有调动展出方的合同权利,而且保留了会展期间的监督权,有权让其雇员维护会场,保证会展的规范性。

[5] Id. 1024.

权利禁止用户进入其系统。Napster 有能力监督由文件名组成的索引,该索引处在 Napster 的能力"范围"之内。尽管用户自定义的文件名可能与版权材料并不完全匹配,但为了使 Napster 有效运作,文件名和文件内容必须适度匹配或大致匹配,否则用户将无法找到想要的音乐。①

综上,Napster 未能在其系统的"范围"内进行监督;Napster 从系统的侵权材料中获得了经济利益。本院接受一审的结论:原告已经证明,其很可能证明被告的替代侵权责任成立。

(四)是否存在禁令实施的阻却事由

被告根据两部法律的规定主张免责。首先,Napster 主张其用户的行为受《1992 年音乐产品家庭录制法案》第 1008 节保护;其次,其自身符合《千禧年数字版权法》责任限制的规定。②

(1)音乐产品家庭录制法案

节录该法案部分规定如下:根据本编规定,不得对下列行为以侵犯版权为由提起任何诉讼:制造、进口或分销数字录音设备、数字录音媒体、模拟录音设备或模拟录音媒体的行为,以及消费者将上述设备或媒体用于非商业目的,制作数字音乐录音或模拟音乐录音的行为。③ Napster 辩称,其用户在 Napster 交换 MP3 文件的行为属于该法所保护的"非商业性使用",不是侵权行为;因此 Napster 不应承担间接责任。④

---

① Id.
② Id. 1024,1025.
③ Id. 1024. Citing: 17 U.S.C. § 1008. 着重号依照原文标出。
④ Id.

一审驳回该抗辩,因为(1)原告并未依据该法案提起诉讼;(2)该法案不涉及 MP3 文件下载问题,故对本案并不适用。①

本院同意,该法案不涉及 MP3 文件下载问题。因为计算机硬盘既不属于该法案界定的"数字录音设备",计算机也并未依据该法案规定的方法制作"数字音乐录音"。②

(2)千禧年数字版权法

Napster 还主张享有《千禧年数字版权法》为"网络服务提供者"设计的"避风港"原则的保护,③但一审认为,该法定责任限制不影响法院是否签发诉前禁令的判断;被告"未能证明第 512 节(d)款④(subsection 512(d))同样适用于帮助侵权者"。⑤

《千禧年数字版权法》第 512 节是否保护间接侵权人?对于这个问题,本院认为不必作出看似统一实则笼统的回答。⑥ 因此,本院不同意一审的上述理由,不能因为 Napster 可能负有帮助和替代侵权责任,就认定《千禧年数字版权法》对其并不适用;

---

① Id. Citing: Napster, 114 F. Supp. 2d at 916 n. 19.
② Id. 1024—1025. Citing: Recording Indus. Ass'n of Am. v. Diamond Multimedia Sys. , Inc. , 180 F. 3d 1072, 1078 (9th Cir. 1999); Diamond, 180 F. 3d 1077, quoting S. Rep. 102—294.
③ Id. 1025. Citing: 17 U. S. C. §512; Napster, 114 F. Supp. 2d at 919 n. 24.
④ 针对链接服务提供商的责任限制条款,译者注。
⑤ Id. Citing: Napster, 114 F. Supp. 2d at 919 n. 24.
⑥ Id. Citing: S. Rep. 105—190, at 40(1998), reprinted in Melville B. Nimmer & David Nimmer, Nimmer on Copyright: Congressional Committee Reports on the Digital Millennium Copyright Act and Concurrent Amendments(2000); Charles S. Wright, Actual Versus Legal Control: Reading Vicarious Liability for Copyright Infringement Into the Digital Millennium Copyright Act of 1998, 75 Wash. L. Rev. 1005, 1028—31 (July 2000).
该法案在起草中,立法者就曾指出,"(a)款至(d)款的责任限制,保护的是满足条件的服务提供商,保护其免于所有因直接、替代及帮助侵权所引起的金钱赔偿责任。"也有评论者认为,"(立法)委员会的报告表明,立法者将为替代责任人提供一定的救济措施"。

就目前的审理情况来看,原告的确就"Napster 能否享有责任限制"提出了有力质疑,①原告也证明了给予其禁令救济的必要性,②但 Napster 是否受"避风港"原则的保护还有待一审的进一步审理。

(五)被告针对其间接侵权责任的三项肯定性答辩是否成立

(1)弃权

"弃权是自愿抛弃其明知的权利,即要求知晓该权利的存在,且有抛弃该权利的意图"。③ 在版权法领域,"仅当版权人有意图放弃作品的权利时",才构成弃权或放弃版权。④

被告主张,原告主动为消费者提供在线复制、传播 MP3 技术支持的行为构成了弃权,原告不得再主张对 MP3 的制作、传播享有排他性控制权;但一审认为,上述抗辩不足以说明"原告的行为是作茧自缚";⑤"原告只是在寻找商业伙伴共同投资营利性文件下载,为计划中的在线销售开发播放器"。⑥ 本院同意一审的认定。

---

① Id. Citing: A & M Records,Inc. v. Napster,Inc. ,No. 99—05183,2000 WL 573136 (N. D. Cal. May 12,2000).

原告的质疑包括:1)Napster 是否为第 512 节 d 款意义上的"网络服务提供者";2)版权人是否有义务向服务提供商发出"正式"通知,以确保提供商知晓或意识到系统上的侵权活动;3)Napster 是否遵守第 512 节 i 款的规定,及时制定了详尽的知识产权保护策略。

② Id. Citing: Prudential Real Estate,204 F. 3d at 874;see also Micro Star v. Formgen, Inc. 154 F. 3d 1107,1109(9th Cir. 1998).

③ Id. Citing: United States v. King Features Entm't,Inc. ,843 F. 2d 394,399(9th Cir. 1988).

④ Id. Citing: 4 Melville B. Nimmer & David Nimmer, Nimmer On Copyright 13. 06 (2000).

⑤ Id. 1026. Citing: Napster,114 F. Supp. 2d at 924.

⑥ Id. Citing: Id. at 924,and FN7.

(2) 默示许可

仅当一方当事人"应[另一方的]要求创作作品,并将作品交付对方,以供其复制、发行"时,法院才能认定默示许可成立。① 被告辩称,原告鼓励 MP3 在线传播的意思表示构成对被告的默示许可。② 一审认为没有证据支持这一抗辩,"恰恰相反,美国唱片工业协会(the Recording Industry Association of America ("RIAA"))曾向 Napster 发出明示通知,反对 Napster 在其系统中提供版权音乐下载服务"。③ 本院同意上述认定。

(3) 滥用版权

如果版权人(原告)主张一项版权管理机构并未授予的"专有权"或"限制性独占权",则被告可以请求禁止这种权利的滥用行为。④ Napster 主张,在线发行权并不在版权独占权之列;原告各公司互相串通,企图"利用版权,将控制力延伸到在线发行领域"。⑤

滥用版权抗辩的目的是:防止版权人借助其限制性独占权的杠杆效应,将触角伸向独占权之外的领域。⑥ 而本案中,原告所维护的复制权与发行权,都是版权人的固有专有权;⑦对于被

---

① Id. Citing: SmithKline Beecham Consumer Healthcare, L. P. v. Watson Pharms., Inc., 211 F. 3d 21,25(2d Cir. 2000)(quoting Effects Assocs., Inc. v. Cohen, 908 F. 2d 555, 558(9th Cir. 1990)), cert. denied, 531 U. S. 872,121 S. Ct. 173,148 L. Ed. 2d 118(2000).

② Id.

③ Id. Citing: Napster, 114 F. Supp. 2d at 924—25.

④ Id. Citing: Lasercomb Am., Inc. v. Reynolds, 911 F. 2d 970, 977—79 (4th Cir. 1990), quoted in Practice Mgmt. Info. Corp. v. American Med. Ass'n, 121 F. 3d 516, 520(9th Cir.), amended by 133 F. 3d 1140(9th Cir. 1997).

⑤ Id.

⑥ Id. 1026—1027. Citing: Lasercomb, 911 F. 2d at 976—77; see also *1027Religious Tech. Ctr. v. Lerma, No. 95—1107A, 1996 WL 633131, at *11(E. D. Va. Oct. 4, 1996).

⑦ Id. Citing: 17 U. S. C. § 106; see also, e. g., UMG Recordings, 92 F. Supp. 2d at 351.

转换成 MP3 格式的版权音乐,权利人仍享有上述权利。① 因此,上述抗辩应予驳回。

(六)审查诉前禁令需考量的因素

本院对一审禁令的审查需要考虑:法院发出诉前禁令的法律标准是否适当及法院对有关前提性问题的法律理解是否正确。② 如果地区法院正确地适用了法律,不能仅因为上诉法院在个案中适用法律时得出了不同的结论而撤销该禁令。③ 本院认为,在一审签发禁令时,被告的合理使用抗辩已被成功驳回,法院在有关驳回合理使用的事实认定和法律论理中并未滥用自由裁量权;④原告也证明了权衡两造所遇之困难,应当给予原告禁令救济,⑤因此签发诉前禁令并无不当。

(七)法院的结论

综上,一审法院应当根据本院意见,对其做出的诉前禁令进行修改;修改裁判做出前,该禁令中止执行。本判决做出之后,一审法院应当对以下问题进行重审:继续原审的争议解决程序,修改诉前禁令。判决如下:

部分维持原判,部分撤销原判并发回重审。

---

① Id.
② Id. 1013. Citing: Rucker v. Davis,237 F. 3d 1113,1118(9th Cir. 2001).
③ Id. Citing: Gregorio T. v. Wilson,59 F. 3d 1002,1004(9th Cir. 1995).
④ Id. 1017,1018.
⑤ Id. 1013,1015,1026. Citing: Prudential Real Estate Affiliates, Inc. v. PPR Realty, Inc. ,204 F. 3d 867,874(9th Cir. 2000);see also Micro Star v. Formgen,Inc. 154 F. 3d 1107, 1109(9th Cir. 1998).

5. 成人娱乐公司 IO Group 诉 Veoh Networks 视频网站版权侵权案[①]

一、案件背景

（一）审理法院　美国加利福尼亚北区地方法院

（二）案　　由　视频网站 Veoh Networks 公司版权侵权（直接侵权、帮助侵权及替代侵权）案

（三）判决时间　2008 年 8 月 27 日

原　　告

IO Group 公司（IO GROUP，INC. 以下简称 IO Group）

被　　告

Veoh Networks 公司（VEOH NETWORKS，INC. 以下简称 Veoh）

（四）诉讼阶段　原被告双方提出有关简易审判的交叉动议，加利福尼亚北区地方法院做出该简易判决

（五）诉讼结果　法院最终批准了被告提出的简易审判的动议

二、案件事实

原告 IO Group 是一家色情娱乐产品（包括电影）的生产商、销售商和分销商，拥有自主制作的影片作品的版权。被告 Veoh

---

[①] *IO Group，Inc. v. Veoh Networks，Inc.*，586 F. Supp. 2d 1132（N. D. Cal. 2008）.

是一家 Flash 视频网站,其通过提供软件与网站(Veoh.com)帮助其用户通过互联网上传、分享用户提供的视频内容,以及提供例如特纳广播公司(Turner)、哥伦比亚广播公司(CBS)、Us 杂志(Us Magazine)及 汽车杂志(Road & Track Magazine)授权许可的商业制作视频。①

2006 年 6 月,原告 IO Group 在被告 Veoh 的网站上发现了十个未经其授权便上载和观看的版权电影及剪辑。② IO Group 并没有采用《千禧年数字版权法》("the Digital Millennium Copyright Act",以下简称 DMCA)提供的"通知—删除"(take-down)程序及其他任何补救办法,便提起了版权侵权诉讼。③

巧合的是,在得知 IO Group 的行动之前,Veoh 自主决定禁止从其网站上获取色情内容,并终止其网站上所有色情内容的访问(包括 IO Group 的视频剪辑)。④

三、双方诉求及论据

(一)原告的主要诉求

被告应当承担版权侵权的直接侵权责任、帮助侵权责任及替代侵权责任,请求给予简易判决。⑤

原告 IO Group 认为 Veoh 允许其用户上传、观看未经授权的 IO Group 公司的版权电影及剪辑,应当承担版权侵权责任。

---

① Id. 1136.
② Id.
③ Id. 1137.
④ Id.
⑤ Id. 1135.

(二)被告的具体抗辩

根据法定的"避风港"条款(Safe Harbor provisions)[1]可以免责,无需承担直接侵权责任、帮助侵权责任及替代侵权责任,请求给予简易判决。[2]

被告 Veoh 认为其作为网络服务提供商,不应对其用户上传的侵权电影和剪辑承担责任。并且根据 DMCA 的规定,提供了通知—删除(take-down)程序作为补救办法;而被告也实施了反复侵权者政策(repeat infringer policy),并满足了 DMCA 的其他要求,因此有资格受到 DMCA§512(c)"避风港"条款的保护。

四、法院判决意见

首先,在直接侵权责任的认定上,法院否决了 IO Group 提出的直接侵权诉由,认为"Veoh 仅仅建立了一种系统,由软件自动处理用户递交的内容并将其转换为用户更易于观看的格式,但 Veoh 自身没有积极参与、指导文件上传行为。在上传完成前,其也并未浏览、挑选这些文件。相反,这些视频文件完全是通过根据用户的指令而发起的自动过程而上传的。"[3]

接下来,法院分析 Veoh 的间接侵权责任问题。法院并没有回答原告所提出的帮助侵权责任和替代侵权责任的诉由,而仅仅分析了 Veoh 是否有资格享受 DMCA§512(c)"避风港"条款的保

---

[1] 17 U.S.C.§512

[2] IO Group, Inc. v. Veoh Networks, Inc., 586 F. Supp. 2d 1132(N.D. Cal. 2008). at 1135.

[3] Id. 1148.

护。通常情况下,法院在评估是否适用 DMCA 的"避风港"条款前应当先评估被告 Veoh 是否实施了版权侵权行为。① 不过,该法庭认为,本案应当首先判断被告 Veoh 是否有资格享受 DMCA§512(c)"避风港"条款的保护,因为这样是适当和更有效的。②

(一) DMCA"避风港"条款

(1) 前提性要求

为了有资格享受 DMCA§512(c) 规定的"避风港"条款的保护,被告 Veoh 需要满足以下条件:第一,它必须是一个服务提供商;③第二,它已经采取、通知并合理地实施了针对反复侵权者用户的停止服务政策;第三,④它必须采用并且没有干涉"标准的技术性措施",以使版权所有者能够识别其作品。⑤

在本案中,IO Group 没有质疑 Veoh 的服务提供商资格,也没有质疑 Veoh 采取并通知了其终端用户有关反复侵权者的政策。最后,IO Group 同样没有质疑 Veoh 采用并且没有干涉"标准的技术性措施"。但是 IO Group 质疑 Veoh 是否合理实施了反复侵权者政策,并认为其是一个可裁判的问题。⑥

---

① Id. 1141.

② See Corbis Corp. v. Amazon. com, Inc., 351 F. Supp. 2d 1090, 1098 (W. D. Wa. 2004) ("[E]ven if [plaintiff's] copyright infringement claims can bare [sic] fruit, [defendant's] liability protection ensures that the claims will wither on the vine"); see also Costar Group, Inc. v. LoopNet, Inc., 164 F. Supp. 2d 688, 699 (D. Md. 2001) ("On summary judgment, it is often appropriate for a court to decide issues out of the traditional order because a dispute of fact is only material if it can affect the outcome of proceeding.").

③ 17 U.S.C. §512(k).

④ 17 U.S.C. §512(i)(1)(A); Ellison, 357 F. 3d at 1080.

⑤ 17 U.S.C. §512(i)(1)(B); Ellison, 357 F. 3d at 1080.

⑥ IO Group, Inc. v. Veoh Networks, Inc., 586 F. Supp. 2d 1132 (N. D. Cal. 2008). at 1143.

尽管 DMCA 没有明确的合理实施定义,法院注意到第九巡回法院在"Perfect 10 案"①中创设了有约束力的先例。在"Perfect 10 案"中,第九巡回法院将合理性定义为"假设,'在适当的情况下',服务提供商终止公然反复地侵犯版权的用户"。②

法院认为,Veoh 提供的以下证据足以证明其充分处理了版权侵权通知:Veoh 设立了工作通知系统并已确定了指定的版权代理人来接收那些声称侵权的通知;Veoh 已经生成并利用了数字指纹过滤技术;Veoh 在收到单一警报后便终止其用户账户;Veoh 停用侵权用户上传的所有内容;Veoh 阻止侵权用户用其电子邮件地址开立不同的账户;Veoh 根据反复侵权者政策已经终止了 1096 位用户;以及 Veoh 在收到删除通知的同一天内或稍后对通知做出回应并删除通知指出的内容。③

但 IO Group 并不认同以上证据。IO Group 认为,Veoh 的政策实施力度不够,因为其没有阻止反复侵权用户用不同的 email 地址重新登录。IO Group 诉称,Veoh 应使用一个标准,通过实际的姓名或 IP 地址来跟踪其用户。

法院没有采纳 IO Group 的意见,认为 IO Group 没有证据表明实际的反复侵权者创设了新的账户。④ 法院还指出 IO Group 并没有提出任何证据以表明:通过实际的姓名或 IP 地址阻止用户比使用用户的电子邮件地址更加合理。⑤

---

① Perfect 10,Inc. v. CCBill LLC,488 F. 3d 1102(9th 2007).
② Id. 1109.
③ IO Group,Inc. v. Veoh Networks,Inc. ,586 F. Supp. 2d 1132(N. D. Cal. 2008). at 1143.
④ Id. 1144.
⑤ See generally Columbia Ins. Co. v. seescandy. com,185 F. R. D. 573,575(N. D. Cal. 1999)(IP addresses"are a series of numbers that are used to specify the address of a particular machine connected to the Internet. ")

相反,法院指出,根据 DMCA 的规定,仅要求服务供应商在适当的时候终止反复侵权者的账户,且对服务提供商的这项要求须在其知晓侵权行为的前提下进行。如果法院超越文本扩大责任,将会妨碍国会政策的施行。① 的确,另一个美国地方法院曾认为,"DMCA 要求合理但并非完美的政策……"②因此,Veoh 现有的侵权内容跟踪政策足以满足前提性条件的要求。

在该问题上,法院最终认为被告 Veoh 提供的证据证明其有资格享受 DMCA§512(c)"避风港"条款的保护。

(2)DMCA 第 512 节(c)"避风港"

在符合前提性要求后,法院转向§512(c)的规定:该条款保护无意中为用户上传的侵权内容提供存储服务的网站免于承担法律责任。③ 欲援引该条款寻求保护的网络服务提供商不仅要遵守如上所述的两大前提性要求,还需满足以下条件:(1)并不实际知晓侵权行为的存在或并没有意识到能够从中明显推出侵权行为的事实或者情况;(2)在服务提供商具有控制侵权行为的权利和能力的情况下,没有从侵权行为中直接获得经济利益;以及(3)在得以知晓或意识到(侵权行为)或者从版权人或其代理人处收到侵权通知后,迅速删除侵权内容或者屏蔽对它的访问。④

---

① IO Group,Inc. v. Veoh Networks,Inc.,586 F. Supp. 2d 1132(N. D. Cal. 2008). at 1144.

② Corbis Corp. v. Amazon.com,Inc.,351 F. Supp. 2d 1090,1104(W. D. Wa. 2004).

③ 17 U. S. C. §512(c).

④ IO Group,Inc. v. Veoh Networks,Inc.,586 F. Supp. 2d 1132(N. D. Cal. 2008). at 1146.

原告 IO Group 认为被告 Veoh 没有资格享受 DMCA§512(c)"避风港"条款的保护,因为 Veoh 创建附有截图的 Flash 视频内容,当它被上传时,这些版权侵权复制品没有根据用户的指令储存在 Veoh 系统中。IO Group 认为 Veoh 实际知晓其用户的侵权行为,且具有控制侵权行为的能力和权利并从侵权行为中直接获得经济利益。①

1. "根据用户的指令"

IO Group 认为侵权行为不是根据 Veoh 用户的指令所为,而是 Veoh 通过自己的决定和行动所为。②

法院认定侵权行为完全由 Veoh 的用户发起,Veoh 既未积极参与文件上传行为,也未对该行为提供指导。法院认为"Veoh 仅仅建立了一种系统,由软件自动处理用户递交的内容并将其转换为用户更易于观看的格式,但 Veoh 自身没有积极参与、指导文件上传行为。在上传完成前,也并未浏览、挑选这些文件。相反,这些视频文件完全是通过根据用户的指令而发起的自动过程而上传的。"③

2. 红旗标准

在红旗标准下,如果法院发现服务提供商对侵权行为有实际的知晓或者可被推定知晓时而没有采取行动,该服务提供商没有资格享受 DMCA§512(c)"避风港"条款的保护。④

---

① Id.
② Id.
③ Id. 1148.
④ CCBill,488 F. 3d at 1114,quoting 17 U.S.C.§512(c)(1)(A)(ii).

IO Group 认为其作品中的版权登记足以证明其对这些涉嫌版权侵权作品享有版权所有权。① 法院认为，由于原告 IO Group 在提起诉讼前并未向 Veoh 发送删除通知，Veoh 用户上传的被指侵权的视频文件均不包含 IO Group 的版权提示，因而 Veoh 对侵权行为并无实际的知晓。② 同时，通过援引"Corbis Corp案"③，法院明确了红旗标准应当作如下解释："服务提供商是否在已经意识到了那些很显然的事实后，仍然故意地继续不作为。"④据此，法院认为并无证据表明 Veoh 可被推定知晓侵权行为的发生。

关于迅速删除或者屏蔽访问这一问题，法院表示尽管 Veoh 从未收到过来自原告的删除通知，但 Veoh 自觉地从其网站上删除了所有成人内容。而且，法院指出 Veoh"必要的话，在收到通知的同一天内对通知作出回应并删除通知指出的内容。"⑤

3. "避风港"条款的例外

根据普通法的替代侵权责任理论⑥，如果服务提供商符合以下标准，则没有资格享受 DMCA §512(c)"避风港"条款的保护：(1)具有控制侵权行为的能力和权利，(2)从侵权行为中直接获得经济利益。⑦

---

① 17 U. S. C. §205(c).
② IO Group, Inc. v. Veoh Networks, Inc. ,586 F. Supp. 2d 1132(N. D. Cal. 2008). at 1149.
③ Corbis Corp. v. Amazaon. com, Inc. ,351 F. Supp. 2d(W. D. Wa. 2004).
④ Id. at 1108(quoting H. R. Rep. No. 105—551, pt. 2, at 57).
⑤ IO Group, Inc. v. Veoh Networks, Inc. ,586 F. Supp. 2d 1132(N. D. Cal. 2008). at 1150.
⑥ See CCBill, 488 F. 3d at 1117("[W]e hold that 'direct financial benefit' should be interpreted consistent with the similarly-worded common law standard for vicarious copyright liability. ")
⑦ 17 U. S. C. §512(c)(1)(B).

关于控制的权利和能力这一问题，法院区分了服务提供商控制"其系统"的权利和能力以及控制"侵权行为"的权利和能力，①并认定 Veoh 并不具有控制侵权行为的权利和能力。②

虽然 Veoh 已经设立有关政策来管理其系统，但相关的问题重点在于其对侵权行为的控制能力。在互联网背景下，服务提供商从其服务器上删除侵权内容超出了其控制能力，因为在符合"避风港"条款要求的情况下同时要求做出上述行为，二者是不一致的。相反，删除或禁止访问侵权内容需要更多的能力。③

对于 Veoh 而言，对侵权行为进行控制，将需要其在发布之前预先筛选它的每一个文件。假设 Veoh 有能力审查数以十万计的视频，也不能保证其能够区分侵权内容与非侵权内容。④

(二)法院结论⑤

最终，法院得出结论，即 Veoh 有资格享受 DMCA§512(c)"避风港"条款的保护，因此批准了 Veoh 提出的简易审判动议。

---

① IO Group, Inc. v. Veoh Networks, Inc., 586 F. Supp. 2d 1132(N. D. Cal. 2008). at 1151.
② Id. 1154.
③ Id. 1151—1153.
④ Id. 1154.
⑤ Id. 1155.

6. 美国维亚康姆集团诉 YouTube 视频网站案

一、案件背景

（一）审理法院　美国纽约南区联邦地方法院

（二）案　由　网络服务提供者 YouTube 公司直接侵权和间接侵权案

（三）判决时间　2010年6月23日

（四）原　告

美国维亚康姆集团(VIACOM INTERNATIONAL INC)

Comedy Partners 电影公司(Comedy Partners)

乡村音乐电视公司(Country Music Television,Inc)

派拉蒙电影公司(Paramount Pictures Corporation)

布莱克娱乐电视公司(Black Entertainment Television LLC)

（五）被　告

YOUTUBE,INC.

YouTube,LLC

Google,Inc

（六）背　景　影视作品的版权人对网站所有人和运营商允许用户免费下载影视文件的行为提起侵权之诉，被告申请简易判决

（七）主　张　地方法院法官 Louis L. Stanton,J,认为：

(1)被告的行为符合美国《千禧年数字版权法》(Digital Millennium Copyright Act,以下简称 DMCA)中"避风港"规则的规定;

(2)版权人将影片删除的请求并不会剥夺服务提供者享有的法定的保护;

(3)服务提供者只需删除符合 DMCA 的通知中列明的特定链接,所以服务提供者仍然受到保护。

(八)判决结果　法院支持被告的申请

二、抗辩双方辩称[①]

被告认为根据 DMCA 避风港(17 U.S.C. §512(c))的规定其可以对抗原告所有直接或间接的侵权诉求,包括引诱帮助侵权责任("inducement"contributory liability),因为他们并没有收到符合 DMCA 规定的具体侵权通知,并据此向法院请求作出简易审判。

原告提出反请求,认为被告不能根据避风港规则获得保护,应当对 viacom 数以千计的影视作品的直接和间接侵权行为负有责任,因为:(1)被告在明知或应知侵权行为的情况下,没有能够有效而迅速的阻止侵权行为;(2)被告从这些侵权行为中直接获得金钱利益;(3)被告的侵权行为并不是局限于根据用户提供其所需内容或 512 条中规定的其他网络行为。

三、法院观点和命令

原告指称"YouTube 网站上数以万计的作品是从 Viacom

---

① 该部分在案件判决中位于下文法院观点和命令部分的开始,为行文完整和易于理解将其特编一节。

的作品中未经授权违法的抽取出来的,这些作品获得了几亿的点击量","被告明明知道也应当知侵权行为和侵权作品的存在,但是并没有对此采取任何措施"。

但是,被告确有指定一个代收人,当他们收到关于某一片段侵犯某一版权的特定通知时,他们迅速地删除了这一片段。对于所有诉讼中涉及的片段都被删除了这一观点双方是没有争议,其中大部分是根据 DMCA 法案的删除通知的要求删除的。

因此,最关键的问题是法条中的"明知或应知"(在 DMCA 中,相应的用语是"实际知晓其系统或网络中存在侵权行为",以及"意识到了能够从中明显发现侵权行为的事实或情况")究竟是指知道对特定作品的特定侵权行为,还是指一般性地知道其网站中普遍存在侵权。

(一)立法背景(legislative history)

参议员委员会在 1998 年的司法报告(S. Rep. No. 105—190 (1998))的第 8 页介绍了立法的背景:

因为电子作品很容易在虚拟世界被复制和传播,版权的所有权人在没有防盗版的合理保证下是不会愿意将作品放到网络上的。立法将对此提供保护的条约适用到了国内,并为版权作品的全球电子在线市场的发行创造了法律平台。它能使美国的电影、音乐、软件和文学作品在网上更迅速和方便获得。通过设立强有力的国际版权标准,它也能够鼓励电子版权作品在现有全球离线市场的持续发展。

同时,如果不对服务提供者做出区分,他们也许不愿意对网络速度和容量的提升进行投资。在服务提供者提供服务的一般操作过程，他们必然会进行很多活动导致自己暴露在版权侵权责任之下。例如，服务提供者在信息传输的过程中必然要复制无数的电子复件。一些服务提供者根据用户指令提供网站地址，而有些网站可能会有包含侵权的内容。简而言之，通过限制服务提供者的责任，DMCA 保证互联网效率的不断提高，以及网上服务的多样化和质量不断提升。

内务委员会商务司报告用与参议员司法委员会报告基本相同的语言描绘了 DMCA 的目的和结构：

新的 512 条(a)到(d)款和(f)款规定了服务提供商责任限制的五种情况。正如(k)款所说的，512 条不是意图在服务提供商的行为符合或不符合责任限制而需要或不需要承担责任的情况下适用，而是在服务提供商在已有的法律原则下需要承担责任的情况下适用。

(a)到(d)款的限制使得符合条件服务提供商免除了因直接侵权、承担帮助责任和帮助侵权而所负的金钱赔偿责任。金钱救济的概念规定在(j)款(2)项中，包括了损害赔偿、费用、律师费和其他形式的金钱赔偿。这些条款也限制了(i)款中规定的禁令的适用。服务提供商必须符合(h)款中规定的条件，服务提供商的行为必须符合(a)、(b)、(c)、(d)或(f)款中的功能，才能获得责任限制。责任限制的规定适用于服务提供商运行或为服务提供商运行的网站，所以也就适用于提供服务的服务提供商和为其他服务提供商运行部分或全部系统或网站的承包商。

他们还讨论了适用的主观标准，512(c)(1)(A)设立了主观标准，包括"明知和应知"（"实际知晓其系统或网络中存在侵权行为",以及"意识到了能够从中明显发现侵权行为的事实或情况")。委员会认为这里的行为是指发生在服务提供商系统或网站中的发生或接收包含侵犯版权的材料的行为。例如,在线提供未经公开授权的音频或视频的行为。

512(c)(1)(A)(ii)(即应知)被称之为"红旗标准"。服务提供商无需通过主动监控或搜索侵权行为来适用责任限制的规定(除了需符合(h)款的标准的技术措施)。但是,如果服务提供商已经意识到了"红旗"的存在,即侵权行为已十分明显,但仍未采取任何行动,则不能获得责任限制的保护。"红旗"标准包括了主观和客观两个方面。在决定服务提供商是否意识到"红旗"时,需要确定的是:服务提供商主观上是否意识到侵权的事实或环境,即主观标准。而在决定相关侵权行为是否达到"红旗"标准,即侵权行为对于处在相同或者相似的情况下的理性人看来是否明显时,则要用客观标准。

512(c)(1)(A)(iii)规定,服务提供商在明知或应知侵权材料或侵权行为的情况下,如果立即删除或屏蔽访问这些侵权材料,那么它还是可以享受责任限制的保护。但因为每个案件的实际情况千差万别,所以不可能对"立即"做出具体的时间上的限制规定。

512(c)(1)(B)规定,如果服务提供商从控制侵权活动中获益,那么它将失去(c)款关于责任限制的保护。在判断经济利益是否存在的时候,应当使用一般常识和依据事实的方法。一般而言,合法经营的服务提供商不会被认为从侵权行为中获得商业利益,因此从侵权行为人手中收取一次性注册费和固定期限的服务费不被认为是从侵权行为中获得商业利益。

512(c)(3)(A)(iii)要求版权人或他的代收人提供的信息必须足够充分以保证服务提供商识别和定位到其所指控的侵权材料,例如,一份包含了所指控材料的复印件或描述以及相关的网页的通知是一份信息充分的通知。这条规定的目的是为服务提供商提供充分的信息以方便其迅速的找到侵权材料。

委员会在讨论512条(d)款时解释了"具体化"的要求,(d)款是关于信息定位工具的规定。

与512(c)款的信息存储避风港规则一样,服务提供商如果没有明知或应知侵权材料或侵权行为的存在,则可以适用这一避风港规则(即信息定位工具避风港①)。在这一标准下,服务提供商没有义务去搜寻侵权作品,但是如果他对明显侵权的"红旗"视而不见,则不能符合这一避风港规则的要求。

例如,如果版权人能证明在目录索引提供者浏览时,网站明显是包含了未经授权即可供下载、播放的音频、软件、电影或书籍的侵权站点,那么权利人就证明了服务提供商意识到侵权行为的存在。在没有这样的"红旗"或明知的存在的情况下,目录索引提供者并不因为看到一个或很多名人的照片挂在网上就有理由认为是侵权材料,因为当服务提供商在为目录分类时,访问的时间很短,因而无法判断哪些照片受到了保护,哪些已进入公共领域或已获许可,哪些属于合理使用。

这个标准的目的是将那些明显剽窃的目录索引排除在外,

---

① 信息定位工具,避风港是指如果服务提供者将用户指引或链接至一个包含了侵权材料或侵权行为的网站而侵犯版权的,可以限制服务提供者的责任。

这些网站明显侵权是因为他们使用了类似于"盗版"、"非法制造"，或者是网址和标题信息中的俚语明显显示了非法性质。因为即使是简单的浏览，这些网站的侵权性质也是十分明显的，浏览并链接到这类地址的服务提供商就不能适用避风港规则的规定了。

从这方面看，512(d)的"红旗"标准试图建立一个平衡。该标准不要求在线编辑和分类人区分潜在的版权侵权是一个常识，但是如果网站的剽窃事实十分明显，仅仅看一眼就能判断出这是一个"红旗"，那么服务提供商就不能根据避风港规则受益了。信息定位工具和目录索引对于用户查找相关信息是十分关键的。

上述条款的大意是"明知或应知"是指对具体的可辨识的个别侵权行为或侵权材料的明知或应知。仅仅是一般的了解侵权行为或材料的普遍存在是不够的。仅仅知道普遍侵权的存在，而把发现用户上传的具体的侵权材料的责任加在服务提供商身上是不符合 DMCA 的宗旨的。正如 Perfect 10, Inc. v. CCBill LLC, 488 F. 3d 1102, 1113 (9th Cir. 2007)(以下简称 CCBill 案)议案中说的：

DMCA 的通知程序将发现潜在侵权材料的责任加在了著作权人的身上，我们不倾向于将这一责任从著作权人身上转移到服务提供商身上。

这种做法有其合理性，涉案的侵权作品也许只是用户上传的数百万个作品中的小部分，而服务提供商也不能判断这些作品的使用是否已经经授权或者是合理使用。DMCA 已经明确的表述了:"服务提供商监控其服务或主动搜索明示侵权行为事实不是适用避风港规则的条件"①。

事实上,本案表明 DMCA 通知程序是十分有效的,当 Viacom 在 2007 年 2 月 2 日一次性发出了 100,000 个影视作品的删除通知之后,YouTube 在第二个工作日就将这些作品全部删除了。

(二) 判例法

在 CCBill 案中,被告为网站提供网页主机服务和其他一系列的网站服务,原告称被告应当知道其服务中存在明显侵权的情况,因为网站的名称是"illegal.net"、"stolencelebritypics.com","password-hacking"等字眼。第九巡回法院不认同原告的观点,称"本院不会让服务提供商承担确定图片是否真的非法的责任,服务提供商如果不去输入密码,他也不可能知道网站是侵权的,我们没有要求有服务提供商进行调查的义务。"

UMG Recordings, Inc. v. Veoh Networks, Inc., 665 F. Supp. 2d 1099, 1108(C. D. Cal. 2009)(以下简称 UMG 案)的地方法院在总结 CCBill 案的时候说道,CCBill 如果在识别具体材料是否侵权的时候需要调查事实和情况的话,那么这些事实和情况并不是"红旗"。

在 Corbis Corp. v. Amazon. com, Inc., 351 F. Supp. 2d 1090, 1108(W. D. Wash. 2004)(以下简称 Amazon 案)案中,法院认为:问题不在于亚马逊公司一般的意识到网站中的物品也许会

---

① See 17 U.S.C. §512(m)(1).

侵权，而是他是否实际知道具体哪一家在贩卖侵犯 Corbis 版权的物品。这要求这些站点包含达到满足"红旗标准"明显的侵权行为。其他证据不足以证明亚马逊意识到却选择忽视达到"红旗"标准的具体侵权行为的存在。

最近第二巡回法院审理的一起 ebay 销售假冒蒂凡尼珠宝案商标侵权案时得出了类似的结论。在 Tiffany（NJ）Inc. v. eBay Inc. ,600 F. 3d 93(2d Cir. April 1,2010)一案中,地方法院否认了 eBay 的广告和编目行为造成商标侵权和淡化,上诉法院支持地方法院的判决。商家在 eBay 上销售蒂凡尼标准银饰的有 75％是仿造的,虽然也有大量真品在 eBay 上销售。具体的问题就是 eBay 是否需要因为仿造商家提供侵权便利而承担帮助侵权责任,因为 eBay 在明知或有理由知道的情况下持续的向仿造商家提供服务。蒂凡尼公司认为 eBay 明知或有理由知道蒂凡尼的仿造商品在其网站上无所不在,而且地方法院发现 eBay 普遍意识到在他网站上销售的部分蒂凡尼商品可能是仿造的。但是地方法院认为,像这样的"一般知道"不足以要求 eBay 去解决这一问题,蒂凡尼如果想要 eBay 承担帮助责任,必须证明 eBay 知道或有理由知道具体的侵权行为,而不是普遍性的了解。

上诉法院同意地方法院的观点,服务提供商一般的明知或有理由知道其服务被用来销售仿造商品并不足以要求其承担帮助侵犯商标权的责任,还需要同时知道具体哪些陈列的商品是侵权的或将会侵权。

eBay 承认它确实知道一般情况下,其网站上有仿造蒂凡尼商品陈列和销售的现象。但是在没有进一步明确的情况下,这样的知道还不足以引发责任。

虽然立法方法不同,但 DMCA 采取的是相同的原则。它建立的避风港规则是十分清楚和可操作的:如果服务提供商知道(不论是通过权利人的通知或是通过"红旗"标准)具体侵权行为的存在,服务提供商必须立即删除侵权材料;如果不知道,那么版权人有义务和责任监控和识别具体侵权行为。一般性的知道侵权行为的普遍存在不能使得服务提供商产生主动调查的义务。

(三)其他争议点

(1)原告指控 YouTube 复制、传输和播放影片的行为不属于 512(c)中的存储行为。但是这样一来原告对"存储"一词的解释会过于狭窄而不符合法条的目的。

法条 512(k)(1)(B)对服务提供商的定义是,一个在由用户指定的两点或数点之间,对于用户选择的材料,不修改其传输或收到的材料内容,而提供传输、路由或提供数字在线通信接入服务的单位。他们提供过的服务当然包含在避风港规则的规范里面,参议员的报告指出:

在服务提供商提供服务的一般操作过程,他们必然会进行很多活动导致自己暴露在版权侵权责任下……简而言之,DMCA 通过限制服务提供商的责任来促进互联网的效率和网上服务的多样化以及质量。

在 IO Group, Inc. v. Veoh Networks, Inc. ,586 F. Supp. 2d 1132,1148(N. D. Cal. 2008)(以下简称 Veoh 案)和 UMG 两个案件中,法官认为:服务提供商提供帮助用户访问材料的方法不使服务提供商的丧失避风港的保护。

虽然Veoh案中指出512(c)中的用语十分宽泛,但是本法庭不对其外延做出规定,因为法条的用语已经十分明确了,"因为……的原因"的意思是"由……造成的"和"可归因于……"所以很容易理解,含有版权的材料被播放或传播是因为存储用户上传材料的缘故。如果说提供存储将使得不能适用DMCA的责任限制,这会导致服务提供商不能行使为公众提供信息和材料存储的基本功能。

如果服务提供商的活动超过了上述"存储"的范围,那么他们就要适用一般的版权法,而不再适用避风港规则的规定,是否构成侵权也要根据版权侵权的一般法律规定来判断。

(2)避风港规则要求服务提供商在有权利和能力控制侵权行为的情况下,没有从侵权活动直接获得商业利益。有权利和能力控制侵权行为的前提是必须知道具体的侵权是什么。这里也许会争论,广告的投放并不区分内容是否侵权,那么来源于广告的收入是否属于直接获得的收入呢。但是不论什么情况下,服务提供商必须要知道具体侵权行为是什么,才谈得上控制它。正如在第一和第二部分中讨论的,服务提供商不需要主动寻找侵权事实。如果"红旗"指示了具体的侵权材料,那么它必须被删除。

(3)以下三个小的争议点不影响YouTube适用避风港规则

1. 当YouTube警告用户上传了侵权材料后就会终止用户的资格(三振出局政策)。

YouTube把下面两种情况都算成是一振:(1)一份DMCA的删除通知指名的具体上传侵权材料的用户;(2)在两个小时内

收到的多份删除通知中指名的用户。但是这一政策并不意味着没有合理实施§512(i)(1)(A)的要求。在"Amazon案"中,在衡量亚马逊是否符合了(i)(1)(A)的要求时,法院称即使是DMCA的合规通知也不能证明明显侵权的存在。在UMG案中,法院支持Veoh的在第二次警告后终止用户资格的政策,即使第一次警告是由于一次通知中的多次侵权,法院认为:

在"Corbis案"中法院指出,"反复侵权者"并没有严格定义。国会在立法时没有采用详细的条款进行规定的目的是将这一政策要求和服务提供商的义务宽泛的定义。法庭认为Veoh的政策符合国会的意图——那些反复在网络上存取侵犯版权的用户需要知道他们会收到失去访问资格的真实警告。

2. 在YouTube"申明你的内容"系统中使用了"可听魔术"这一指纹工具,这一工具可以在侵权视频与版权人提交的参考视频部分吻合的情况下自动删除侵权视频。版权人在审查了侵权视频之后,也可以手动将侵权作品删除。但是YouTube仅仅将手动删除视频作为一振。对权利人作出这样的要求并不违反512(i)(1)(A)的要求。UMG案和CCBill案中,法官持相同的意见。

3. 原告指出YouTube仅仅删除了DMCA通知中指出的具体片段,但是没有删除其他侵犯同一版权的片段。他们指出§512(c)(3)(A)(ii)规定,通知必须指名被侵权的作品,或者,如果一个通知包括了一个网站上的很多被侵权作品,则列出代表作品的名称。"代表作品的清单"如果解释为一般的描述而不需要给出作品的地址,这是有违我们第一和第二部分讨论的具体通知的要求和(m)款禁止服务提供商进行事实调查的要求的。虽然立法规定作品可以选取有代表性的进行描述,但是512(c)(3)(A)(ii)要求版权人指名需要删除的侵权作品的同时必须提供足以使服务提供商找到侵权材料的信息。

(四)结论

法院按照被告的申请做出简易判决,被告根据17 U.S.C.§512(c)的规定对原告所有直接或间接侵犯版权提出的抗辩都得到法院的支持。原告诉求不被支持。

对于案件中需要司法关注的问题,双方应当见面协商并在2010年7月14日提交一份报告。

7. 康佩尔等人诉阿卡夫玫瑰音乐公司案①

一、案件背景

(一)审理法院　美国最高法院
(二)案　　由　　2 Live Crew 乐队直接侵权(合理使用抗辩)案
(三)判决时间　1994 年 3 月 7 日
(四)诉讼两造

　　原告/被上诉人
　　阿库夫-罗斯音乐有限公司(Acuff-Rose Music, Inc.)
　　被告/上诉人
　　卢瑟·R. 坎贝尔(Luther R. Campbell)
　　克里斯多夫·汪文(Christopher Wongwon)
　　马克·罗斯(Mark Ross);
　　戴维·霍布斯(David Hobbs)
(五)诉讼阶段　一审法院做出了支持 2 Live Crew 乐队的一审判决。原告上诉至美国第六巡回区上诉法院,第六巡回区上诉法院推翻原判,做出了有利于 Acuff-Rose 音乐有限公司的判决。Campbell 等人上诉至美国最高法院,最高法院做出本判决。后又经上诉法院根据本判决发回地区法院重审,现已审结。

---

① Campbell v. Acuff-Rose Music, Inc., 510 U.S. 569, 114 S.Ct. 1164. (1994).

（六）判决结果　撤销原判（美国第六巡回区上诉法院的判决），发回重审。

二、案件事实

1964年，Roy Orbison 和 William Dees 创作了一首名为《噢，漂亮女人》的摇滚民谣，并将其版权转让给一审原告 Acuff-Rose 音乐有限公司。Acuff-Rose 将这首歌进行了版权登记。

一审被告 Luther R. Campbell、Christopher Wongwon、Mark Ross 和 David Hobbs 均为 2 Live Crew 乐队的成员，这是一支广受欢迎的说唱音乐团体。1989年，被告乐队的成员之一 Campbell 创作了一首名为《漂亮女人》的歌曲，此后他在一份宣誓陈述书中表示，其意在"以喜剧性的歌词对原作进行讽刺……"[①]1989年7月5日，2 Live Crew 乐队的经理告知 Acuff-Rose 公司：2 Live Crew 乐队创作了一首对《噢，漂亮女人》的戏仿作品（parody）——《漂亮女人》。他们愿为使用原告作品《噢，漂亮女人》中的素材向原告支付一笔使用费用，并将新作品归功于原告公司。所附的信函中还包括了乐队创作的《漂亮女人》的歌词复印件和乐队演唱的录音。Acuff-Rose 的代理人拒绝了 2 Live Crew 乐队的许可要求，其回复中表示："我知道 2 Live Crew 乐队获得了巨大的成功，但是我必须告诉您，我们不能许可对《噢，漂亮女人》的戏仿使用。"[②] 虽然未得到原告的许可，被告依然在 1989 年 6、7 月份[③]出版发行的专

---

① App. to Pet. for Cert. 80a.
② Id.
③ 双方当事人对时间的认定有争议。2 Live Crew 乐队主张专辑是在 7 月 15 日发行的，地区法院也这样认定。上诉法院称，Campbell 的宣誓陈述书说发行的时间是在 6 月，因此上诉法院认定发行的时间是 6 月。但是对时间的争议与认定合理使用无关。

辑《As Clean As They Wanna Be》中录入了其戏仿作品《漂亮女人》的录音、磁带和CD。专辑和CD上同时标明《漂亮女人》的作者是Orbison和Dees,发行商是Acuff-Rose有限公司。

一年以后,在该唱片差不多销售了25万份后,Acuff-Rose公司以版权侵权为由起诉2 Live Crew乐队和它的唱片公司——Luke Skyywalker唱片公司。

三、辩论双方论据

(一)原告/被上诉人请求

2 Live Crew的歌曲《漂亮女人》侵犯了原告对Roy Orbison的摇滚民谣《噢,漂亮女人》拥有的版权。

(二)被告/上诉人答辩

《漂亮女人》对Roy Orbison的摇滚民谣《噢,漂亮女人》的戏仿构成合理使用。

四、审理过程

一审法院做出了支持2 Live Crew的简易判决。法院认为2 Live Crew乐队的作品具有的商业目的并不妨碍其构成合理使用;2 Live Crew乐队的版本是以文字秀的形式展现的戏仿作品,以极具冲击力的语言代替了原作中平凡的歌词,告诉听众Orbison的歌曲有多乏味多陈腐;2 Live Crew乐队并没有在超过戏仿的必要目的之外改变原作;"2 Live Crew乐队的歌曲绝对不可能对原作的市场有不利影响"。[①] 地区法院全面权衡这些

[①] 754F. Supp. 1150,1154—1155,1157—1158(MD Tenn. 1991).

因素以后认为,2 Live Crew 乐队的歌曲是对 Orbison 的原作的合理使用。

上诉法院撤销了一审法院的判决,认为戏仿作品的商业性质使它无法满足第 107 节所列举的合理使用的第一个判断因素;2 Live Crew 乐队提取原作品的"内核"作为新作品的"内核",按照第 107 节的第三个因素,在性质上过多使用了原作品的内容;同时也违背了第 107 节针对商业使用而规定的第四个因素。

美国最高法院认为,戏仿作品的商业性质仅仅是认定合理使用的一个要素,上诉法院在认定复制程度的时候对戏仿的性质考虑不足;因此,最高法院撤销上诉法院判决,发回重审。

五、美国最高法院审理意见

毫无疑问,2 Live Crew 乐队的歌曲如果无法认定为戏仿形式的合理使有的话,必然侵犯了 Acuff-Rose 公司根据《1976 年版权法案》第 106 节[1]的规定对《噢,漂亮女人》所享有的版权。自版权保护伊始,人们就意识到,在某些情况下允许对版权作品的合理使用,恰恰是实现版权制度的目的所不可或缺的,因为这

---

[1] 第106条部分规定如下:

"根据第 107 条至 120 条的规定,本章下的版权人可以排他性地行使以下权利或批准以下行为:

(1)以纸质或音频的方式复制版权作品;

(2)创作版权作品的演绎作品;

(3)以销售或者其他转让所有权的方式或者出租、租赁或出借的方式发行版权作品的印刷品或者录音。"

样"可以促进科学和艺术的发展"。① 就像 Story 法官解释的那样,"在真理、文学、科学和艺术领域,能够在抽象意义上的确称得上是新的、原创性的作品,凤毛麟角,但也不可能更多。文学、科学和艺术方面每一本著作都会借用(也有必要借用)或使用很多已被用过的、广为人知的作品"。② 与此相类,Ellenborough 勋爵也表示,在保护版权作品和允许他人在版权作品基础上有所建树这两种需求之间存在内在矛盾,"我有义务在保证每个人的版权不被侵犯的同时,保证他不能束缚科学的发展"。③ 根据《1710 年安妮法案》,英国法院在审判版权案件时认为,在某些情况下"合理的删减"不侵犯原作者的权利,④虽然议会在颁布最初版本的版权法时没有明确提到"合理使用",但是美国法院仍然认可了这个原则。

在 Folsom v. Marsh 案中,⑤ Story 法官对以往判例中的审判要旨和方法的总结是:"考量所选取的材料的性质和目的,所使用材料的数量和价值,使用在多大程度上影响了原作的销量、或者减少了利润、或者替换了原作的客体"。⑥ 这表明,合理使用

---

① U. S. Const. , Art. I,§8, cl. 8. 将思想和事实排除在外的版权保护观点也是为这一目标而服务的。见§102(b)("在任何情况下,对原作的版权保护都不延伸至任何思想、程序、过程、系统、操作方式、概念、原则和发明……");Feist Publications, Inc. v. Rural Telephone Service Co. ,499 U. S. 340,359(1991)("现存作品中的事实可以自由复制");Harper & Row, Publishers, Inc. v. Nation Enterprises,471 U. S. 539,547(1985)(版权人的权利不包括事实和思想,还有合理使用)。

② Emerson v. Davies,8F. Cas. 615,619(No. 4,436)(CCD Mass. 1845).

③ Carey v. Kearsley,4 Esp. 168,170,170 Eng. Rep. 679,681(K. B. 1803).

④ W. Party 著:《版权法中的合理使用豁免》6—17(1985)(以下简称"Patry")。Leval 著:《合理使用的标准》(103《哈佛法律评论》1105(1990 年))(以下简称 Leval)。

⑤ 9 F. Cas. 342(No. 4,901)(CCD Mass. 1841).

⑥ Id. at 348.

在《1976年版权法案》通过之前,始终是一项司法创制的原则,在《1976年版权法案》中体现了Story法官的观点:

"第107节 独占权的限制:合理使用

虽然符合第106节和第106A节的规定,但是以批评、评论、新闻报道、教学(包括为课堂教学使用而大量复制)、学术研究或科学研究等为目的,对版权作品的合理使用,包括以复制或者录音或者第106节规定的其他方式使用,不构成对版权的侵犯。在判定任何具体案件中的使用行为是否构成合理使用时,应当考虑的因素包括——

(1) 使用的性质和目的,包括这种使用是商业性使用还是用作非营利性教育目的的;
(2) 版权作品的性质;
(3) 被使用的部分在版权作品整体中所占的篇幅和重要性;以及
(4) 使用对版权作品潜在市场和价值的影响。

作品未公开发表的事实本身,并不阻碍根据以上所有因素综合考虑所做出的合理使用认定。"[1]

议会旨在通过第107节"重申司法现实中的合理使用原则,而不作任何修改、扩大或者缩小",它希望法院延续其合理使用判决的普通法传统。[2] 合理使用原则因此"允许(并且要求)法院变通适用版权法条款,因为在某些情况下,机械适用版权条款将会扼杀法律所保护的创造性"。[3]

---

[1] 17 U.S.C. §107(1988ed. and Supp. Ⅳ).

[2] H. R. Rep. No. 94—1476, p. 66(1976)(以下简称 House 报告);S. Rep. No. 94—473, p. 62(1975).(以下简称"议会报告")

[3] Stewart v. Abend, 495 U.S. 207, 236(1990).

第 107 节的序言段落中的"包括"和"等"①二词,表明相关例子只是起到"非穷尽式列举"的作用,②因此只是以法院和议会在已有认定中最常见的合理使用类型,提供一项概括性指导。③ 四个法定因素也不能被割裂开来理解,必须综合权衡,并根据版权的目的得出结论。④

(一) 使用的性质和目的;包括题述使用是商业性使用或是用作非营利性教育目的的使用

这个因素吸收了 Story 法官的表述,"所选取的材料的性质和目的"。⑤ 第 107 节的序言中的例子可为判断是否构成合理使用提供指导,即考虑系争使用是否出于批评、评论、新闻报道,或者其他类似目的。用 Story 法官的话说,进行这种调查的核心目的是看新作品是否仅仅"替换了原作的客体",⑥或是添加了一些

---

① 英文原文为 such as,即例如,在前文对第 107 节的翻译中,为行文流畅,译为"[……]等"。译者注。

② 17 U.S.C.A. § 101. 该条为定义条款,明确规定了"包括"、"例如"等词的非穷尽式列举含义。

③ 见议会报告,第 62 页(判断特定作品中对作品的使用是否是 107 条第一句中提到的使用取决于决定性因素的适用)。

④ 见 Leval 1110—1111;Patry & Perlmutter,《合理使用的误读:利益、前提和戏仿》,11 Cardozo Arts & Ent. L. J. 667,685—687(1993). (以下称为 Patry & Perlmutter)

因为在涉及戏仿(或者其他批判性作品)中,合理使用经常要求仔细审查可以借用的范围、程度,法院也应当明白,如果戏仿作者已经超越了合理使用的范围,随之而来的强制性救济措施可能已无法实现版权法的目标,即"激励有教益的作品的创作和出版",Leval 1134,见 U. S. C. 105 条(a)项:法院为合理防止或限制侵犯权利可以颁布禁令;Leval 1132:在绝大多数案件中,禁令救济是合理的,因为多数侵权仅仅是盗版方式,这些案件与由合理使用的合理性争论引发的案件不一样,由合理使用的合理性争论引发的案件中,衍生作品的发表可能牵涉到巨大的公共利益,因此,[原始作品]的版权人的利益可以通过损害赔偿的方式得到保护;Abend v. MCA,Inc. ,863 F. 2d 1465,1479(CA9 1988)(认定在特定情况下,签发禁令可能导致对被告的巨大损害以及"公共损失"),aff'd sub nom. Stewart v. Abend,495 U. S. 207(1990).

⑤ Folsom v. Marsh,supra,at 348.

⑥ Folsom v. Marsh,supra,at 348;accord,Harper & Row,supra,at 562.

有深层次意义和不同特征的新客体,以新的表达、涵义和信息替换了原来的客体;换句话说,这需要考虑新作是否,以及在多大程度上是"转换性的"。① 虽然这种转换性使用并不是构成合理使用的必然要素,②但其创作通常会进一步促进科学和艺术的进步,这也正是版权制度的价值所在。因此,此类作品位于合理使用原则所支撑的生存空间的中心,版权在此处理应受到限制,③新作品的转换性越强,合理使用的其他门槛对其羁绊作用就越小,这一点与"商业性"程度对一种使用的影响恰恰相反。尽管在以往判例中对戏仿的转换性并无定论,但时至今日,戏仿的转换性价值已被承认,就连 Acuff-Rose 自己也不否认。因此,我们认为戏仿作品和其他评论或批判作品一样,可以主张第 107 节的合理使用抗辩。④

"戏仿"一词发端于希腊语中的"parodeia",Nelson 法官曾在其上诉法院判决的异议意见中引述该词的定义——"和着其他歌曲的一首歌"。⑤ 现代词典据此将"戏仿"描述为"模仿某位作者或某件作品的特有风格而创作的文学艺术作品,意在取得喜剧效果或讽刺效果";⑥或"一份散文或诗歌作品,通过对某一作

---

① Leval 1111.
② Sony,supra,at 455,n 40,关注转换性使用的显著法定除外情形是为课堂教学使用而将版权作品机械复制多份。
③ 见 Sony,supra,at 478—480(BLACKMUN,J,dissenting).
④ 见 Fisher v. Dees,794 F. 2d 432(CA9 1986)("When Sonny Sniffs Glue","When Sunny Gets Blue"的戏仿作品,是合理使用);Elsmere Music,Inc.,v. National Broadcasting Co.,482 F. Supp. 741(SDNY),aff'd 623 F.,2d 252(CA2 1980)("我爱 Sodom",我爱纽约的"周六晚间直播"电视戏仿节目,是合理使用);见 House Report,p. 65;Senate Report,p. 61(以戏仿形式使用戏仿作品的某些内容可能构成合理使用).
⑤ 972 F. 2d,at 1440,quoting 7 Encyclopedia Britannica 768(1975 年第 15 版).
⑥ 美国继承词典 1317(1992 年第 3 版).

者或作者群体所特有的思路或遣词造句方式的某种模仿,使其变得十分滑稽"。① 从版权法的视角来看,戏仿的精髓在于,作者使用原作品中的某些要素来创作新作品,其目的是(至少部分是)为了评论原作品。② 如果评论作品中不存在任何对原作品的实质和形式进行批判的内容,被指控的侵权人仅仅是使用原作品来引起注意,或是不愿意花费功夫创作出新内容,借用他人作品构成合理使用的抗辩理由的合理性就相应减弱,而类似商业性程度等其他因素的考虑权重就要增加。③ 戏仿对原作品的模仿是为了有的放矢,这才有理由使用原作品的创意;而讽刺作品可以不依靠别的作品,因此讽刺作品在借用其他作品时需要合理的理由。④

尽管戏仿作品可以借用其他作品的内容,但其借用的合理程度仍是未决的问题。戏仿也有可能并非合理使用。原告所认为的任何戏仿都是合理使用,就像主张任何新闻报告的使用都是合理使用一样,在法律上和事实上是站不住脚的。⑤ 版权法没

---

① 11 牛津英语辞典(1989 年第 2 版)。

② 见 Fisher v. Dees,supra,at 437;MCA,Inc. v. Wilson,677 F. 2d 180,185(CA2 1981)。

③ 比此处我们分析的作品对原作讽刺性更弱的戏仿作品经过我们的分析可能仍然具有对原作品的针对性。如果一部在市场上广为流传的戏仿作品存在替代原作或其得到版权保护的衍生作品的风险(见 infra,at 590—594,讨论第四个因素),那么更应当分析认为构成合理使用的作品的转换性程度和戏仿作品与原作的批判性关系。相反,如果不存在市场替代的风险,是否很大程度上是原作品的转换、新作品在市场上只是小范围的发行或者其他使对原作品的戏仿目标在分析的时候都不是决定性的因素,戏仿形式可能构成合理使用,因为讽刺相比其他形式对原作品的借用不需要很多合理性。

④ Bisceglia,《戏仿和版权保护:将衡平法案变成欺诈法案》,in ACSAP,版权法座谈会,No 34,p 25(1987)。讽刺已经被定义为"以讽刺的方式攻击普遍的罪恶和恶习"的作品,14 牛津英语辞典,supra,at 500,或者是"通过讽刺、嘲笑和机敏来攻击",美国继承词典,supra,at 1604。

⑤ 见 Harper & Row,471 U S,at 561。

有表露对戏仿作者有利的倾向,判断是否构成戏仿作品的前提条件也不会考虑到戏仿作品变成讽刺作品的可能性(当戏仿作品以其创造性的笔触讽刺社会时),或考虑一部作品同时包含戏仿和非戏仿成分的事实。因此,戏仿和其他任何使用行为一样,在判断的时候应当考虑相关的各种因素,根据版权法的目标进行个案考察。

地区法院和上诉法院认为,2 Live Crew 所创作的作品《漂亮女人》包含了评论和批判原作品的戏仿,无论其对社会整体作何评论。正如地区法院所提到的,2 Live Crew 乐队的歌词复制了原作品的第一行,但是接下来"很快便成为一场文字秀,以让人震惊的语言替换了原来的歌词……讽刺性地揭露出 Orbison 的歌听上去多么的陈腐"。① Nelson 法官在上诉判决的异议意见中,得出了同样的结论。② 虽然上诉法院的多数派认为很难辨识出 2 Live Crew 乐队的歌曲中对原作的批判,但承认作者有意在歌词中显露批判的意思。③

为戏仿作品援引合理使用抗辩时,其核心问题在于判断作品的戏仿性能否被合理地领会到。④ 除此以外的问题,比如戏仿作品是否质量上乘或是不值一读都与合理使用的判断无关,也不应有关。就像 Holmes 法官所阐释的,"如果仅在法律领域受

---

① 754 F Supp,at 1155.
② 972 F 2d,at 1442.
③ Id,at 1435—1436,and n 8.
④ 其实,法院将会对一部作品进行的进一步判断是评估戏仿元素的程度有多少,复制的或多或少的部分与戏仿元素的关系,因为一部仅有一点戏仿元素却有很大程度上的复制元素的作品将更可能仅仅替换原作品中的客体。见 infra,586—594 页,探讨第三和第四元素。

过专业训练的人,自命为作品价值的终局裁量者,在(法律所划定)最为严格且明显的限制之外去品评一部作品,这将是非常危险的。最极端的例子是,一些天才的作品在公众能够理解他们的天马行空之前,肯定备受冷遇"。①

最高法院认为,2 Live Crew 乐队歌曲对原作在一定程度上的评论或批判,是能够被合理领会的。2 Live Crew 乐队将一个梦想成真的男人的浪漫冥想、恶俗的嘲笑、对性的强烈需求和摆脱父亲责任的解脱感结合了起来。最后的歌词可以被认为是对原作幼稚风格的批判,流露出对原作忽略街头生活的丑陋和其所象征的堕落的不满情绪。借鉴和讽刺的结合,将作者选择的戏仿与其他传统上可以"转换性作品"为由要求合理使用保护的评论和批判形式区分开来。②

上诉法院的不当之处在于:对于 2 Live Crew 乐队的合理使用主张,法院将其推理限于合理使用的第一个判断因素,尤其聚焦在该因素的一个相关事实,即使用的"商业性"问题上。法院援引了一个看似从 Sony 案总结而来的推定规则,即"任何对版权作品的商业性使用都被推定为非合理使用",从而夸大了"商业性"问题的重要性,③将其作为实质上的决定性因素,这样的论

---

① Bleistein v. Donaldson Lithographing Co. ,188U. S. 239,251(1903)(马戏团的海报受到版权法保护);cf. Yankee Publishing Inc. v. News America Publishing,Inc. ,809 F. Supp. 267,280(SDNY 1992)(Leval,J.)(第一修正案保护不仅仅适用于表达清楚,笑话讲得好笑和戏仿成功的人)(商标案例)

② 我们在以前说过 2 Live Crew 乐队不需要为主张合理使用的保护在整个专辑或者这首歌中标明是戏仿作品,他们也不需要因为这是他们的第一部戏仿作品而受到惩罚。不管是否标明,戏仿作品都服务于它的目标,要求戏仿作品标明最明显的特征(或者甚至是合理感知到的特征)也是不合理的。见 Patry & Perlmutter 716—717。

③ Sony,464 U S,at 451.

证过程是错误的。

法律条文中有明确表述,作品的商业性或非营利性教育目的,仅仅是考察戏仿作品的目的和特征的(第一个因素)的一个方面。第107节第1款使用"包括"这个词引出并提到了"商业性"的这项子条款,而该条款整体则表达了对"目的和性质"应作宽泛的考量。因此,以往判例认为,不能仅凭使用行为是教育性的、且非以营利为目的就认定该行为不侵犯版权人的版权;任何商业性以外的因素也会阻碍合理使用的认定。事实上,如果商业性本身就被推定为无法构成合理使用,那这种推定将会使第107节序言所列举的几乎所有使用都无法主张合理使用抗辩,包括新闻报道、评论、批评、教学、学术和研究,因为这些活动"在我国基本上均为营利性的"。① 议会不可能意在制定这种规则。而从普通法判例中也推断不出这种规则——案例是根植于经济现实的,我们生活在一个文字信息铺天盖地的世界,但正如Samuel Johnson所说的,"如果不是为了钱,只有傻子才会去写"。②

最高法院认为一部作品所具有的商业性或者非营利性教育性质"不是决定性的",③只是在确定构成合理使用时应当与其他因素一起考虑的事实。④ 上诉法院将Sony案中的一句话提升到核心规则的高度违背了Sony案的宗旨,也违背了普通法对合理使用判决的传统。

---

① Harper & Row,supra,at 592(Brennan,J,dissenting).
② 3 Boswell's Life of Johnson 19(G Hill ed 1934).
③ Id,at 448—449.
④ Id,at 449,n 32(House Report 上引用,第66页).

(二)版权作品的性质

第107节第2款规定的"版权作品的性质"吸收了Story法官的表述,"使用的素材的价值"。① 这个因素说明有些作品相比其他作品更接近版权保护的核心,所以当认定对这些作品的合理使用时门槛更高。② 最高法院同意地区法院和上诉法院的意见,Orbison公开发表的具有创造性的作品符合版权法保护的目的。③ 然而,上述认定对本案并无助益,因为戏仿作品一定会复制公众耳熟能详的有表现力的作品,因此原作的表现力并无助于将戏仿行为(合理使用)从一般的盗版行为中甄别出来。

(三)被使用的部分在版权作品整体中所占的篇幅和其重要性

第三个因素是第107节第3款规定的"被使用的部分在版权作品整体中所占的篇幅和重要性"(或者,用Story法官的话说,"被使用的材料的质量和价值"④是否合理的与复制的目的相关)。这个因素关注的是,戏仿者对于其选中的"复制"部分的理由是否有说服力,而这又转而与第一个法定因素相关,因为使用的目的和性质不同,可以被允许的复制程度就不同。⑤ 与第三个

---

① Folsom v. Marsh, 9 F. Cas. , at 348.
② 见 Stewart v. Abend, 495 U. S. , at 237—238(把虚幻短小说与写实作品相比较);Harper & Row, 471 U. S. , at 563—564(把将要发表的论文集已发表的演讲作比较);Sony, 464 U. S. , at 455, n. 40(把移动的图片与新闻报道作比较);Feist, 499 U. S. , at 348—351(将创造性的作品与仅仅单纯的编辑作品作比较);3 M. Nimmer & D. Nimmer, Nimmer on Copyright 13. 05[A](2)(1993)(以下简称 Nimmer);Leval 1116.
③ 754 F. Supp. , at 1155—1156;972 F. 2d, at 1437.
④ Folsom v. Marsh, supra, at 348.
⑤ 见 Sony, supra, at 449—450(整部作品的再创作并不阻碍构成合理使用,这就像家庭观看的电视节目的录像一样);Harper & Row, supra, at 564("即使对已发表作品的评论或者对演讲的新闻报道中的替代性的引用可能也构成合理使用",但是在将要出版的论文集中的引用就不构成).

因素相关的事实也会影响到第四个因素,因为它揭示了戏仿作品在多大程度上可能对原作或潜在的许可衍生作品具有市场替代作用。①

地区法院考虑到了这首歌的戏仿目的,所以他们认为 2 Live Crew 乐队并没有复制太多素材。② 但是上诉法院并不这样认为,"虽然复制并没有超过必要的程度,但也已经达到实质性的程度了。我们认为,提取原作品的核心而将它作为新作品的核心,这种行为是盗取原作品精髓的实质部分"。③

上诉法院认为这个因素不仅要求考虑被使用的素材的数量,还要考虑其质量和重要性。本院同意上述观点。在 Harper & Row 案中,被告《国家》杂志(the Nation Magazine)仅仅从福特总统的回忆录中提取了大约 300 个字,但是被引用素材的重要性足以构成"回忆录的核心",是最具有新闻价值的部分,在许可长篇连载中很重要。④ 本院也同意上诉法院所提出的,"侵权作品的实质性部分是否逐字复制了"版权作品,是与合理使用相关的一个问题,⑤因为这可能揭示了作品缺乏第一个因素中要求的转换性性质或目的,或更可能造成第四个因素中的市场损害;如果被诉作品主要由原作品(尤其是其核心部分)构成,基本未作添加或更改,则更可能仅仅起替代作用,满足对原作品的需要。

本院与上诉法院的分歧在于:怎样将这些条件用于评价戏

---

① 见 Leval 1123.
② 754 F. Supp.,at 1156—1157.
③ 972 F. 2d,at 1438.
④ 471 U. S.,at 564—566,568(内部引用标注省略).
⑤ Id.,at 565.

仿行为,特别是系争作品的戏仿行为。戏仿行为颇难评价。戏仿中的幽默或评论需要通过改头换面的模仿,从对其原型的可辨识性暗示中表现出来。其中的玄妙之处就在于公众熟知的原作品与其戏仿作品的紧张关系中。当戏仿作品将矛头对准某个原创作品,它必须截取原创作品的特定部分,使批判对象可以为公众所辨识。① 引用原作品中最有特色的或最令人难忘的特征才能使戏仿作品具有可辨识性,戏仿作者要确保读者肯定知道。一旦为达到可辨识性已使用了原作品的足够部分,再使用多少才是合理的就取决于戏仿作品究竟在何种程度上、以"戏仿"为其最重要的目的和特征,或者戏仿作品成为原作品的市场替代品的可能性。但无论如何,使用原作的某些典型特征是不可避免的。

本院认为,上诉法院在作出 2 Live Crew 乐队的使用不合理的判断时,没有充分考虑戏仿对视觉和听觉可辨识性的需要。的确,2 Live Crew 乐队复制了原作中最有特点的男低音即兴重复段(或者说音乐片段),第一行也复制了 Orbison 的歌词。但是如果认为,对开始的即兴重复段和第一行歌词的引用是提取了原作品的"核心",那么也应意识到,核心也是最容易被戏仿的内容,而戏仿作品的目标就是原作品的核心。因此不可仅因提取的部分是原作品的核心,就认为这是与戏仿目的不相称的过量复制。如果 2 Live Crew 乐队选择复制原作品中更大篇幅的不那么难忘的部分,反倒很难将这种行为视为戏仿了。②

---

① E. g.,Elsmere Music,623 F. 2d,at 253,n. 1;Fisher v. Dees,794 F. 2d,at 438—439.
② Fisher v. Dees,supra,at 439.

正如新闻报道,在戏仿作品中,文本就是一切。合理使用的关键在于戏仿作者除了提取原作品的核心之外还做了什么。2 Live Crew 乐队不仅复制了原作品的第一行,更在随后与 Orbison 的歌词明显分离,发展出了自己的结尾。2 Live Crew 乐队不只复制了男低音即兴重复段,①更创作出了不同的音乐,加入了"推土机"的噪音,加入了不同调式的独唱,改变了鼓的节奏。②因此,这首歌不属于"戏仿作品中的替代性部分本身是对原作品的逐字复制"这种类型。它也不是不具有替代性的戏仿,在那种情况下,第三个因素是对戏仿作者不利的因素,必须想办法消解其不利影响。

至于歌词,上诉法院正确地认为"提取的原作品部分并未超过需要的限度",③但是正是这个推理使本院无从知晓复制部分要达到何种程度才能"超过"戏仿的目的(因为上诉法院之前认为该戏仿提取了原作的"核心")。至于音乐,我们不知道男低音即兴段落的重复是否属于过量复制。我们需要根据歌曲的戏仿目的和特征、转换性元素和市场替代的可能性来评估提取的数量。

(四)使用对版权作品潜在市场和版权作品价值的影响

合理使用的第四个因素是第 107 节第 4 款规定的"使用对版

---

① 就像一位证人说的,这可能是为强调戏仿的喜剧效果。App. 32a, Affidavit of Oscar Brand;也见 Elsmere Music, Inc. v. National Broadcasting Co., 482 F. Supp. 741, 747 (SDNY 1980)(《我爱 Sodom》的重复),或者为了与原作品的音乐相融合,就像 Acuff-Rose 现在所主张的。

② 754 F. Supp., at 1155.

③ 972 F.2d, at 1438.

权作品潜在市场和价值的影响"。这要求法院不仅考虑非法行为已造成的市场损害,还要考虑"被告的行为如果不加制止并广泛传播,会不会对原作品的潜在的市场造成实质性的不利影响"。①

因为合理使用是一种肯定性抗辩,②其主张者可能因为没有与相关市场有关的有利证据,而无法完成其合理使用的举证责任。③一审中,申请简易判决的2 Live Crew即面临此问题,他们未能证明其行为对说唱音乐衍生市场的影响,因此只能把立场限制在对原作品的市场不可能存在影响的理由上。然而,他们也不服从上诉法院所采取的证据推定。在评估重大市场影响的可能性过程中,上诉法院引用了Sony一案中的判决理由"如果使用是为获取商业利益,即可推定可能性的存在。但如果是为非商业性使用,必须要证明可能性的存在"。④ 法院推论说,因为"对版权作品的使用完全是商业性的,我们推定对Acuff-Rose的版权作品造成损害的可能性"。⑤ 通过以上对商业性使用效果的推定,法院在第四个因素上作出不利于2 Live Crew乐队的认

---

① Nimmer第13.05条[A](4),p.13—102.61;根据Harper & Row,471 U.S.,at 569;Senate Report,p.65;Folsom v. Marsh,9 F. Cas.,at 349.判断是否构成合理使用"不仅仅要考虑对原作品的损害,还要考虑对于衍生作品的市场损害"。Harper & Row,supra,at 568.

② Harper & Row,471 U.S.,at 561;H. R. Rep. No.102—836,p.3,n.3(1992).

③ 即使有利证据也不是合理使用的保证。Leval法官举了个例子,电影制造者使用了作曲家之前写的一首不知名的歌,并且使这首歌获得了巨大的商业成功。这种成功不能使电影对音乐的复制成为合理使用。Leval 1124,n.84.这种因素可能只能通过"敏感的利益平衡"来解决。Sony Corp. of America v. University City Studios, Inc.,464 U.S. 417,455, n. 40 (1984).市场损害是由程度来判断的,这种因素的重要性不仅会根据损害的质量有所不同,而且也会根据对其他因素的影响而有所不同。

④ 972 F. 2d,at 1438,引用Sony一案,464U.S.,at 451.

⑤ 972 F. 2d,at 1438.

定,但这种理由是错误的。

Sony案中关于市场损害的假设或推论对该案及纯粹的商业性复制案件也许有效,但不能适用于超出商业性复制的案件中。Sony案中关于推定的讨论,是围绕着"对原作逐字逐句的整体商业性复制"和"非商业性复制"(以家用为目的对电视节目进行复制)展开的。在以上情况中,Sony一案所说的倒是正确的:当商业使用仅仅是原作品的简单复制时,那么它很明显"替代了原作品",[1]成为原作品的市场替代品,这很可能产生对原作品可辨识的市场损害。[2] 但是,当第二次使用是具有转换性的,市场替代性至少没有那么明显,市场损害可能不会轻易推断出来。事实上,对纯粹的戏仿作品来讲,新作品很可能不会以可辨识的方式影响原作品的市场,也就是说,它不会成为原作品的替代作品。[3] 这是因为戏仿作品和原作品一般具有不同的市场功能。[4]

当然不是说,戏仿作品一点都不会损害原作品的市场,但当戏仿作品像严苛的戏剧评论那样扼杀了公众对原作品的市场需要时,这并不构成《版权法案》中可辨识的损害。因为"戏仿作品以为原作品敲响丧钟、从商业上和艺术上推翻原作为己任,是再正常不过的了",[5]法院的角色是辨别"抑制原作品市场需要的犀利批判和侵犯原作品版权的侵权作品"。[6]

---

[1] Folsom v. Marsh, supra, at 348.
[2] Sony, supra, at 451.
[3] Leval 1125; Patry & Perlmutter 692, 697—698.
[4] Bisceglia, ASCAP, 版权法研讨会, No. 34, at 23.
[5] B. Kaplan, An Unhurried View of Copyright 69(1967).
[6] Fisher v. Dees, 794 F. 2d, at 438.

潜在的可挽回的替代和不可挽回的批判之区别在于：批判没有可保护的演绎作品市场(derivative market)。潜在的演绎使用的市场只保护那些原作品的创作者自己创作的、许可他人创作的作品。然而作品的创作者不太可能许可他人对其作品进行评判、评论或讽刺，这就使这种类型的合理使用不可能在潜在的许可市场中存在。"人们要求批评，但是他们内心其实只想要褒奖"。① 因此，法院不应考虑《噢，漂亮女人》的戏仿作品市场所遭受的损害问题。②

在阐释法律不承认批评性作品的演绎作品市场的原因时，法院对于后出现的作品的界定，使其看似只有批判作用（例如，"纯粹的戏仿"③）；但实际上，后出现的作品可能有更复杂的特征，不仅对原作品有批判性影响，而且对原作品的演绎作品的市场也有影响，如果争议是根据演绎作品的权利产生，法院将暂时搁置戏仿作品的批判性，转而考虑它的其他影响，正如下文所阐述的。2 Live Crew 乐队结合了戏仿和说唱音乐，因此其对于说唱音乐的演绎作品市场的影响也应予以关注，对该市场的实质性损害的证据将会阻碍合理使用的认定，④因为演绎作品的许可能给原作带来巨大的经济利益。⑤ 当然，正如前文所讨论的，法

---

① S. Maugham, Of Human Bondage 241(Penguin ed. 1992).
② 我们没有分析使用原作品中的元素作为讽刺或者娱乐工具的作品的演绎市场，在这种作品中，作者没有对作品作任何评论或批判。
③ Supra, at 591.
④ Nimmer 第 13.05[A][4], p.13—102.61("对潜在市场的实质性不利影响"); Leval 1125("合理的实质损害"); Patry & Perlmutter 697—698.
⑤ 17 U.S.C. 第 106 条(2)项(版权的享有者有权创作演绎作品).

院需要考虑的对演绎作品的损害仅指市场替代性的损害；戏仿作品的有效批评对演绎市场的损害则与版权上的损害无关，这与戏仿对原作品的市场影响道理相同。①

虽然 2 Live Crew 乐队提交了宣誓陈述书，说明对原作品的市场损害问题（原告对此亦无异议）；但双方都没有提供证据或宣誓陈述书，说明 2 Live Crew 乐队的戏仿说唱歌曲对非戏仿的说唱版本《噢，漂亮女人》市场销量的可能影响。虽然 Acuff-Rose 希望，法院会以"2 Live Crew 乐队录制了《噢，漂亮女人》的说唱戏仿作品、而另一支说唱组合会请求原作品作者的许可来录制说唱演绎作品"这个事实，作为有关说唱市场的认定依据，但是仍然没有证据证明，2 Live Crew 乐队的戏仿说唱版本损害了潜在的说唱市场。2 Live Crew 乐队的戏仿作品作为其说唱专辑的一部分在市场上销售这个事实本身，并不能说明戏仿作品对原作（无论是音乐本身或者带歌词的音乐）说唱版本的市场影响。地区法院略过了这个问题，只提到 Acuff-Rose"有权录制它所想要的原作品的任何版本"，②上诉法院因为错误的推定而使意见偏离了正轨。本院认为，对第四个因素未作认定，则无法就合理使用做出结论，进而无法支持被告的简易判决申请，因此，需要对此问题重审。

---

① 在一些案件中判断损害由何而来可能有些困难。在这些案件中，合理使用的其它因素可能会提供可能的损害来源。与不包含戏仿目的绝大部分内容是复制的作品相比，最重要的目的和特征是戏仿的作品和与戏仿相关的借用仅有一点的作品不太可能造成可辨识的损害。

② 754 F. Supp.，at 1158.

六、审理结论

最高法院不支持上诉法院的判决结果,撤销原判,发回重审。

8. 哈珀与罗出版公司诉国家杂志公司版权侵权案

一、案件背景

（一）审理法院　美国最高法院

（二）案　　由　国家杂志公司（Nation Enters）出版《福特总统回忆录》侵犯哈珀与罗出版公司版权

（三）原　　告　哈珀与罗出版公司（Harper & Row Publishers）

（四）被　　告　国家杂志公司（Nation Enterprises）

（五）诉讼阶段　一审地区法院认定 Nation Enterprises 侵权，二审上诉第二巡回区法院推翻一审判决，认定侵权方合理使用。最高院 O'Connor 法官认定被告的行为侵犯原告首次出版权，不属于合理使用

（六）诉讼结果　推翻上诉二审法院判决，发回重申

二、案件事实

Harper & Row Publishers（以下称 H&R）同前总统福特签订合同，出版其回忆录。该回忆录对尚未公开出版的水门事件、福特总统对尼克松的赦免等历史事件进行了描述。除了出版回忆录，双方还达成协议：H&R 可在书出版前授权第三方连载书的某些章节，之后 H&R 授权《时代》杂志出版回忆录的某些章节。《时代》杂志为此先支付 12,500 美元，在相关章节出版之后

可协商支付剩下的 12,500 美元。然而,在《时代》杂志出版前两到三个礼拜,有不明身份人士将即将出版的章节泄露给《国家杂志》(*The Nation*)的编辑 Victor Navasky,Victor 随后引用章节中的材料写成新闻稿并出版。随后《时代》杂志撤销了其出版章节的计划,并拒绝向 H&R 支付剩下的 12,500 美元。

H&R 向地区法院提出诉讼,地区法院判决《国家杂志》的行为侵犯了作品的复制权、授权第三方在出版前准备演绎作品的权利以及首次出版权,并驳回了被告提出的合理使用抗辩,因为被告出于盈利目的而出版该文章,且其行为导致《时代》杂志拒绝履行合同义务,因此侵害了版权人权利。虽然回忆录中的某些元素是不受版权法保护的历史事实,但是历史事实加上福特总统自己对事件的看法,这些要素的总和则受到版权法保护。

上诉法院认为,虽然历史事件与福特总统自身看法的总合受到版权法保护,但是去除那些不受版权保护的内容,《国家杂志》出版的文章只有 300 字左右(全文 2250 字左右)是来自回忆录的章节。上诉法院认定,对回忆录部分章节的使用是为了达到新闻报道的目的。同时由于没有证据证明《时代》杂志撤销出版回忆录章节的原因完全是由于《国家杂志》引用并出版了回忆录的章节,所以被告的行为对原作品的潜在市场影响甚小,因此被告的行为构成合理使用。

三、最高法院判决意见

版权法为了给公众创造提供一定的激励,在第 106 条规定了一系列版权人享有的垄断性权利,比如出版权、复制权、发行权等。版权所有人行使这些权利所获得的利益是对创造过程的投入的补偿。福特总统在撰写回忆录的过程中有相当的投入,其作品具有原创性(originality),因此其未出版的作品受到版权法第106条的保护。除非满足合理使用的条件,逐字逐句的引用其回忆录中的内容属于侵犯其版权的行为。但是版权法并不禁止公众使用他人作品中不具备原创性的内容,比如事实或者进入公共领域的材料。《国家杂志》(*The Nation*)逐字使用了回忆录章节中的文字,该行为实质上是强制性地行使了回忆录的首次出版权,本院认为该使用不属于合理使用,理由如下。

(一)首次公开作品的权利(The right of first publication)

法院通常认为,合理地使用他人版权作品的前提是要得到版权人的同意。早在1841年,Story法官在关于前总统华盛顿的信件案中就提到:他人为了合理的目的可以使用版权人的作品,但是如果使用该作品的结果是导致原作品被新作品代替,那么这种使用就构成侵权。

合理使用原则建立的基础是版权人向公众提供自己的作品后,他人合理地使用该作品就无需经过原权利人的同意,因为版权人出版作品的行为已经暗示同意他人的合理使用。因此,一般来说,合理使用原则只适用于已经出版的作品,对还没有出版的作品则不适用。他人使用还没有出版的作品,其合理使用的抗辩是很难成立的。在作者允许传播作品之前就出版其作品,这一行为严重侵犯了作者决定何时以及以何种方式出版作品的权利。虽然这种权利和版权法第106条中列出的其他权利一样是可以作为合理使用抗辩的对象的,但是首次出版权与其他权利的不同点在于其具有高度排他性(只有一个人可以成为首次出版人,该权利一次性用尽)。因此本院认为,作品还未出版这一事实是驳回被告合理使用抗辩的一个关键因素。

(二)公众人物传记(Public figure's memoirs)与合理使用

被告声称,当某个作品和公众利益相关时,他人对该作品的使用属于合理使用。[1] 因此被告又以这个理由作为其合理使用的抗辩,并指出《国家杂志》(*The Nation*)的文章使用回忆录中的表达是完全必要的,其目的在于完成新闻报道。在这种情况下,公众通过新闻报道及时或更早地了解总统回忆录内容的利益远远高于版权人首次出版权的利益。

版权法只保护表达,对思想和事实不予保护。对新闻事件的记录的确属于对历史事实的记录[2],但是版权法的作用就在于,对作者在撰写历史著作过程中的付出提供一定的补偿。被告的抗辩理由大大地拓宽了合理使用的范围,并且使公众人物的历史传记丧失了版权保护,这样会使公众人物丧失撰写历史传记的激励,从而损害公众利益,因此有违版权法的立法初衷。

《国家杂志》提出,禁止其出版关于总统回忆录的新闻故事侵犯了宪法第一修正案赋予其的言论自由权。Fuld 法官曾经提到:一方面,宪法第一修正案的要旨是禁止对他人自愿发表言论

---

[1] Consumers Union of the United States, Inc. v. General Signal Corp., 724 F. 2d 1044,1050(CA2 1983).

[2] International News Service v. Associate Press,248 U. S. 215,234,39 S. Ct. 68,71, 63 L. Ed. 211(1918).

的权利的限制,但同时,该修正案的另一方面旨在保证公众不公开发表言论的自由。① 版权中的首次出版权的目的就是为了实现第一修正案的另一个要义。②

本院认定,不应当扩大合理使用的范围,把凡是使用公众人物的传记就视为对其作品的合理使用。对公众人物传记作品的使用是否符合合理使用,本院认为,也还是应当按照合理使用的四个构成要素来进行个案审查。

(三)合理使用

(1)使用的性质

1. 新闻报道

第二巡回法院指出,《国家杂志》(The Nation)使用总统回忆录的目的在于新闻报道。版权法第107条也确实规定了新闻报道可能构成合理使用,但不可一概而论,以新闻报道作为合理使用抗辩是否成立必须根据每个案子的具体事实进行个案分析。《国家杂志》有权首次公开出版其文章中的新闻事实,但是它不只是使用了回忆录中不受版权保护的历史事实,它也使用了回忆录中尚未公开出版的受版权保护的表达。

2. 商业性

作品的商业性使用因素会对被告的合理使用抗辩构成不利影响。③ 商业性和非商业性区别不在于行为的目的是否是为了

---

① Estate of Hemingway v. Random House, Inc. ,23 N. Y. 2d 341,348,296 N. Y. S. 2d 771,776,244 N. E. 2d 250,255(1968).

② Schnapper v. Foley,215 U. S. App. D. C. 59,667 F. 2d 102(1981),cert. denied,455 U. S. 948,102 S. Ct. 1448,71 L. Ed. 2d 661(1982).

③ Sony Corp. of America v. Universal City Studios, Inc. ,464 U. S. ,at 451,104 S. Ct. ,at 793.

金钱利益,而是该行为在利用他人的版权利益获利时有没有支付给对方一定的报酬。①

本院认为:首先,《国家杂志》(The Nation)为了实现对回忆录的独家新闻报道,故意地行使了版权人的首次出版权,使得版权人丧失了首次出版权所带来的经济利益;其次,合理使用的前提是行为人善意公平,但是《国家杂志》在明知的情况下故意地剽窃了回忆录中的章节,明显带有恶意。

(2)作品的性质

1. 回忆录的传记性质

总统的回忆录是对历史事件的记录,带有历史记录和传记性质。《国家杂志》出版的文章对回忆录的某些引用是阐述事实所必须的,但是文章也引用了总统本人受版权法保护的表达。

2. 回忆录还未公开出版

已出版的作品同未出版的作品相比,使用已出版的作品更有可能构成合理使用。版权人对作品的首次出版权不仅包括其是否打算出版该作品,也包括何时、何地、以何种方式出版该作品。在本案中,总统回忆录的保密性非常重要,在出版前,任何知悉作品的人都需要签订保密协议。但是《国家杂志》没有履行此义务,其出版的文章是迅速拼凑而成的,而且文章中几处存在事实错误。《国家杂志》的这种行为很难被认为是合理的。

---

① Roy Export Co. Establishment v. Columbia Broadcasting System, Inc. , 503 F. Supp. , at 1144.

(3)使用部分的数量和质量

纯粹从字数角度看,《国家杂志》(*The Nation*)确实引用了原文很少的一部分。但是地区法院认为,该引用的部分属于原著中的核心内容。《时代》杂志的一位主编也提出,回忆录中对尼克松总统赦免情节的描述是全书最有趣最感人的部分,而且 Navasky 也说明他逐字逐句地引用回忆录这部分描述是因为这是福特总统自己对这段历史的表达,具有相当地真实性和权威性。这本身就说明了《国家杂志》侵犯了原著中受到版权保护的表达。

《国家杂志》文章中对原著的逐字引用虽然只占了该文章的13%,但是整篇文章是围绕这段引用展开的,被引用部分是文章的核心。考虑到被引用部分包含了福特总统自己的表达以及其在侵权文章中的重要作用,本院认为这一因素对原告有利。

(4)对作品市场的潜在影响

地区法院在审理过程中认定,《国家杂志》(*The Nation*)的行为对版权人已经造成了实际的损害。但是上诉法院认为,双方提供的证据不能说明《时代》杂志的不履行行为和《国家杂志》的行为之间有因果关系。本院认为,当版权人提供证据证明侵权人的行为同自己的收入损失之间可能存在因果关系,那么举证责任将发生转移:侵权人需要证明在没有其侵权行为的情况下,版权人同样会遭到损失。在本案中,原告提出的请求具备初步事实证据,完成了自己的举证义务,但是《国家杂志》未能完成自己的举证义务。①

---

① Stevens Linen Associate, Inc. v. Mastercraft Corp. , 656 F. 2d 11,15(CA2 1981).

为推翻对方合理使用的抗辩,一方只需证明对方对其作品的使用行为一旦变得广泛,便会对其原著以及演绎作品的潜在市场造成损害。① 如果被告的行为影响了任何原告作品的版权(本案中就包括原著的改编等演绎作品),被告的行为就是不合理的。

毫无疑问,《国家杂志》文章中的事实部分来自原回忆录,这些事实是关于赦免尼克松总统的情节,直接引用原著的表达会增加其文章的权威性,因为读者可以感到这是福特总统而不是《国家杂志》在讲述这段历史。但是原告已经将这部分章节的出版权授权给了《时代》杂志,很明显《国家杂志》的行为影响了《时代》杂志的市场需求。因此,此要素有利于原告。

(四)最高法院的结论

推翻上诉法院的判决,按照本院意见发回重审。

---

① Sony Corp. of America v. Universal City Studios, Inc., 464 U. S., at 451, 104 S. Ct., at 793; Iowa State University Research Foundation, Inc. v. American Broadcasting Cos., 621 F. 2d 57(CA2 1980).

9. 美国索尼公司诉环球电影制片公司案[①]

一、案件背景

(一) 审理法院　美国最高法院

(二) 案　由　　Betamax 制造暨销售商 (manufacturer and seller) 索尼公司帮助侵权案

(三) 判决时间　1984 年 1 月 18 日

(四) 诉讼两造

原告/被上诉人

环球电影制片公司 (Universal City Studios, Inc.)

迪士尼制片公司 (Walt Disney Productions)

被告/上诉人

索尼公司 (Sony Corp. of Amer.)

(五) 诉讼阶段　一审加利福尼亚中区地区法院驳回了原告所有的诉讼请求。原告上诉至第九巡回区上诉法院,上诉法院撤销原判决,支持原告的诉讼请求。被告上诉至最高法院,最高法院撤销上诉法院的判决,支持被告的诉讼请求,现已审结。

(六) 判决结果　完全支持地区法院的判决

[①] Sony Corp. of Amer. v. Universal City Studios, Inc., 464 U.S. 417.

二、案件事实

被上诉人环球电影制片公司和迪士尼制片公司对一些通过公共电视广播播出的电视节目享有版权。立足于现有的商业平台，上述公司对其版权作品的利用方式可谓多种多样，包括授权电影院播放、许可有线电视或电视网有限播放、向地方电视台出售节目的重复放映权以及销售预录在录像带或影碟上的节目等。

上诉人索尼公司是 Betamax 录像机的制造商，并通过大量的零售商销售该产品。Betamax 录像机包含三个基本构造：(1)调谐器，用于接收通过公共电视广播的电视频带传输的电磁信号，并将其分离为音频信号及视频信号；(2)记录机，用于将上述信号记录在录像带上；(3)适配器，用于将上述视频和音频信号转换为能被电视机接收的合成信号。

Betamax 中独立的调谐器使其能够在电视机切换频道后仍录制原台节目，也即，对于希望收看同一时段的两台新闻节目的观众来说，可以收看其中之一的直播，而将另一台录下以后观看。录像带可以多次使用，录下的节目在看前或看后均可删掉。用户还可以利用 Betamax 的定时器功能按预设时间开关机器，即使出门在外仍可以录下想看的节目。另外，Betamax 的暂停键可以让用户在录制时跳开广告，快进键可以让用户在收看时迅速跳过不感兴趣的部分。

三、两造的主张、抗辩及法院的判决理由

(一)原告一审请求：

(1)被告对 Betamax 录像机用户的版权侵权行为承担帮助

侵权责任;(2)被告给付金钱赔偿以及基于利润的公平补偿,同时请求法院签发禁止制造和销售该录像机的禁令。

(二)被告一审答辩:(1)被告无须承担侵权责任;(2)要求法院驳回原告所有诉讼请求。

(三)地区法院判决意见

地区法院主要讨论的是对录像机的私人或家庭使用问题——即观众在未付费的情况下,录下公共电视广播所播放的节目的行为。[1] 法院认为,为非商业性的家庭用途而录下节目的行为是对版权作品的合理使用而非版权侵权行为。法院强调了大部分节目本身就是免费播放的这一事实,以及用户上述录制行为的非商业性、因其完全在家中进行而具有的私人性。法院进一步认定,上述使用行为的目的之一是增加人们观看电视节目的机会,这符合公共利益的要求,也与宪法第一修正案"通过公共电视广播提供获取信息的最大可能"的政策相一致。[2] 法院认为,即使用户将一部完整的版权作品录了下来,也属于合理使用,因为这并没有影响原告版权作品的市场销售状况。[3]

法院认为,即使对录像机的家庭使用被认定为侵权行为,索尼公司对此也不须承担帮助侵权责任;因为索尼公司与那些录制了版权作品的 Betamax 用户并没有直接的联系;虽然索尼公司在广告中没有提及可能出现的版权侵权问题,但是其在产品

---

[1] Id. ,at 425,citing: 480 F. Supp. 429,432—433,442.

[2] Columbia Broadcasting System, Inc. v. Democratic National Committee, 412 U. S. 94,102. Id. ,at 454.

[3] Id.

说明书中有以下声明:

"电视节目、电影、录像带和其他一些材料可能受到版权保护。未经授权而录制上述材料的行为可能违反美国有关版权的法律规定。"[1]

地区法院据此推断,索尼公司应当知晓 Betamax 可能被用于录制版权节目,但法院同时也同意,索尼公司只是在销售一种"可以被用于多种用途,其中一些用途涉嫌侵权"的产品。[2] 法院认为:

"销售一种通用物,例如打字机、录像机、摄像机、复印机,从技术上说都对人们随后利用它们所实施的侵权行为有所帮助,但如果这种"帮助"也被视为充分的责任基础,将会大大扩张帮助侵权理论的适用范围,超出先例所确定的范围,甚至越出司法能动的边界。的确,通用物的某些用户在某些情况下,对通用物的某种使用——在法院事后凭第一印象看来——是侵犯他人权利的,但法院不能仅因为制造商'应当'知道上述可能性的存在,就要求其承担帮助侵权责任,否则,必将阻碍商业的发展"。[3]

对于原告所主张的禁令救济,法院认为,先例中从未出现过,版权人起诉某种可能促成侵权行为之产品的制造商、经销商、零售商和广告商的情况,因此本案的禁令诉求是"罕见的"。[4] 法院认为本案完全不具备签发禁令的条件,因为相较原告可能

---

[1] Id., at 436.
[2] Id., at 461.
[3] Id.
[4] Id., at 465.

遭受的任何损害而言,以下事实更应予以优先考虑:用户可以使用Betamax合法录制无版权材料或者版权人允许复制的材料;禁令将剥夺公众利用Betamax从事非侵权录制行为的能力。

原告不服地区法院的判决,上诉至第九巡回区上诉法院。

(四)上诉法院的判决意见

上诉法院撤销了地区法院针对被上诉人①版权之诉所作的判决。其并未撤销地区法院对于事实的认定,而是认为既然对录像机的家庭使用并非一种"生产性使用"(productive use),那么作为法律问题,就不能将其认定为合理使用;既然如此,原告就无需证明,其版权作品的潜在市场遭受了任何损害;但法院又同时认为,由于录像机使得大量复制成为可能,其累积效应对于被上诉人作品潜在市场的挤压作用是不言而喻的。②

在帮助侵权的问题上,上诉法院首先认为,录像机与录音机、复印机等商业通用物(staple articles of commerce)不具有可比性,因为这些通用物"可能对于某些目标的实现意义重大",且很少会产生版权问题;③而录像机的"主要目的就在于复制电视节目",而且"几乎所有"上述节目都是版权材料。④ 因此,即使一些版权人选择不去行使其权利,也并未改变录像机不适用于任何实质非侵权用途这一事实。

地区法院认为,索尼公司对于家庭使用可能侵权这一情况

---

① 本审的被上诉人,即一审原告,译者注。
② 659 F. 2d, at 974.
③ Id., at 975.
④ Id.

并不知晓的主观状态,也使其无需承担帮助侵权责任;上诉法院反对上述理由,并且基于"有关侵权救济的成文法规定同样适用于尚未法典化的帮助侵权行为"这一假定,认为被告的善意只能减轻其损害赔偿责任,而不能完全免除其侵权责任。鉴于复制版权材料是 Betamax"最显而易见的或者说最主要的用途",因此,索尼公司应当为知晓其用户可能实施的侵权行为承担责任。①

在救济方式的问题上,上诉法院认为"法定损害赔偿也许可以适用",地区法院应当重新考虑其拒绝签发禁令的决定;而且,参考"与本案相类的复印领域",上诉法院建议,由地区法院判决授予强制许可,再由索尼公司据此缴纳持续性使用费,也不失为一种可以接受的解决方案。②

被告不服上诉法院的判决,上诉至最高法院。

(五)最高法院的判决意见

最高法院的法官在审理此案时存在两种意见,以 Stevens 法官为代表的多数派支持被告的主张,以 Blackmun 为代表的少数派支持原告的主张。多数派与少数派争议的焦点主要在以下两个方面:

(1)Betamax 录像机用户录制电视节目的行为是否属于合理使用

1. 多数派的观点

诉讼双方都同意,Betamax 最主要的使用方式是"改变观看时间"。③ 而用户在家中进行的私人非商业性"改变观看时间"行

---

① Id.
② Id., at 976.
③ 464 U.S. 417, at 423.

为,属于对版权材料的非侵权使用,这是因为(1)被上诉人无权阻止其他版权人授权他人复制其节目,(2)地区法院的事实认定表明,即使是在家中进行的、未经授权的"改变观看时间"行为,也属于正当的合理使用行为。①

(i)经授权的改变观看时间

两个被上诉人都有大量价值较高的版权节目和作品,但在整个电视节目市场来看其份额很小,虽然没有精确的统计数据,但应低于10%。如果他们胜诉的话,本案的结果将会对国内其余90%的电视节目制片商和观众产生重大影响。

正如本案一审所指出的,"即使认为家庭使用的版权材料录像侵犯了他人版权,用户仍可以使用Betamax合法录制无版权材料或者版权人允许复制的材料;禁令将剥夺公众利用Betamax从事非侵权录制行为的能力。[……]被告在庭审中用各领域代表性机构的证人证言,强有力地表明了,Betamax可被用来复制体育、宗教、教育和其他类型的节目。原告质疑上述证人证言的重要性,并主张鉴于用户对Betamax的侵权性使用要多于非侵权性使用,法庭应当签发禁令。[……](一审法院认为)不管将来家庭使用Betamax进行复制的行为中,合法与非法的使用比例如何,签发禁令都将使公众无法再将该工具(或产品)用于非侵权性用途,这样的救济措施未免过苛,这在版权法领域是没有先例的"。②

---

① Id.,at 442.
② 480 F. Supp.,at 468.

本院认为,一审的以上认定表明,很多版权人均认可 Betamax 用户的录制行为——无论其收费与否——在这部分市场份额上,Betamax 用户("改变观看时间")的录制行为是正当的。① 尽管不能从其他版权人对于"改变观看时间"的态度推定,被上诉人也许可 Betamax 用户的复制行为,但在判断上诉人的帮助侵权责任时,必须考虑这一认定对其他版权人的影响;被上诉人无法证明,其主张的救济措施只对自身的节目产生影响,同样无法证明,其能够代表几乎全体版权人的利益。如果认定上诉人帮助侵权责任成立,必将损害众多广播商的利益,使其失去通过"改变观看时间"本可吸引的观众群。②

(ii)未经授权的改变观看时间

即使未经授权而使用版权作品的行为,也不必然侵权。1976 年版权法规定了大量对版权材料的非侵权性使用行为,该法的第 107 节是对合理使用原则的法典化,在特定的侵权诉讼中,如果法院希望适用"法律推理的衡平规则",则需考量第 107 节所规定的因素,其规定如下:

尽管有第 106 节的规定,但对版权作品的合理使用不是侵权行为;合理使用是指为了批评、评论、新闻报道、教学(包括为在课堂上使用而大量复制)、学术、研究等目的,以复制品或唱片形式复制,或以第 106 节规定的任何其他方式使用的行为。在判断任何特定情况下的对作品的某种使用是否属于合理使用

---

① 464 U.S. 417, at 444, 447.
② 464 U.S. 417, at 446.

时,须考虑以下因素——

(1) 使用的目的和性质,包括该使用是否是商业性的或是出于非营利性教育目的的;

(2) 版权作品的性质;

(3) 所使用部分在整个作品中的数量和质量;及

(4) 使用对版权作品潜在市场或价值的影响。①

对于第一个判断因素,即使用的目的和性质,根据地区法院的事实认定,用户家庭的"改变观看时间"行为必然是非商业性的、非营利性的。②

与主张"合理使用"首先应是"生产性"使用的少数派不同,多数派法官认为,合理使用原则是一种"法律推理的衡平规则",要结合每一个案件的具体事实来判断。上诉法院的错误在于,其未将"法律推理的衡平规则"运用于本案,③而是将"生产性"作为将一种使用行为归类为合理使用的必要条件,如此一来,那些为避免因个人时间冲突错过了信息或娱乐节目、而录下节目的行为自然被排除在外了。

但立法者已经清楚地告诉我们,合理使用原则的适用必须合理地平衡各方利益。尽管对使用行为是"生产性"还是"非生产性"的界定可能有助于我们达到这种平衡,但其并非完全的决定性因素。并非所有的版权都是可替代的,有的版权所涉及的材料有着更广阔的二级市场,更容易遭受商业损害;也并非所有

---

① 17 U.S.C. 107(1982 ed.).
② 464 U.S. 417, at 448.
③ 464 U.S. 417, at 455.

使用方式都是可替代的,因此营利性的使用要比自娱自乐更难主张合理使用抗辩;但仅看所谓社会"生产力"远不能解决上述问题。例如,教师为准备讲义而进行复制显然是生产性的,为扩充其对自身专业的理解而复制同样也是生产性的;但另一方面,诸如为方便盲人使用而复制版权作品,这种立法者明确认可的合理使用,却并无除了娱乐或传播信息以外的动因,同样道理,在医院用录像机为病人录下本会错过的节目,除了能让病人心情舒畅外也找不到什么生产性目的。事实上,"改变观看时间",使观众能看到想看的节目,效果也不外乎此。立法上并未将生产性、非生产性的改变观看时间行为区别对待,但的确要求考虑这一复制行为的经济后果。

再看合理使用的另外两个判断因素,即本案中版权视听作品的性质①及所使用部分的重要性:本案涉及的节目本来就是供观众免费完整观看的,因此复制全部节目的事实并不影响合理使用的认定。

关于改变观看时间对版权作品的价值或潜在市场的影响,本院认为,尽管商业性使用行为可以被推定为有损害版权作品的价值或潜在市场的可能性;但对于非商业性使用则必须证明这种可能性的存在。而本案中,被上诉人未能证明,改变观看时间行为将会对其版权作品的潜在市场或价值造成高于最低限度的损害。

一审中,原告方的专家多次承认,仅为改变观看时间而非以

---

① 17 U.S.C.107(2)(1982ed.).

收藏为目的录制节目,不会带来太大损害。原告的担心是,Betamax 的使用会超越某些"无形的边界":使版权人失去对节目的控制权。① 而这些已经不是商业判断,而是哲学的忧思了。

原告所预见的损害集中在,"改变观看时间"将对有关观众收看模式和收视率的评估结果所产生的影响,但其倚重的评估系统因为计算过程很不严密,为业界所诟病。② 一审法院注意到,现有的计算技术已能将使用 Betamax 收看电视节目的人计算在内,③而且所谓"观看 Betamax 录像带的人越多,收看直播节目或电影的人就越少"的预测也是"没有事实基础"的;④一审法院也拒绝接受被上诉人"改变观看时间将会减少重播节目的收视率"的观点,认为从目前电视节目市场情况来看,"改变观看时间是有利于原告的,而非有害";⑤而所谓"剧场或电影院的租映情况也将会受到'改变观看时间'的录制行为的影响"也是"没有实质依据"的。⑥ 综上,一审法院认为,"改变观看时间是有利于观众的,让更多的人能看到其节目,对原告、广播商和广告商也有好处,这不难理解",⑦"庭审中的证人证言表明,Betamax 的出现可能会使原告改变市场策略,但这并不意味着损害",⑧"时至今日,原告的电视节目业务仍然蒸蒸日上,没有确凿的证据证

---

① 480 F. Supp. ,at 467.
② Id. ,at 469.
③ Id. ,at 466.
④ Id.
⑤ Id.
⑥ Id. ,at 467.
⑦ Id.
⑧ Id. ,at 469.

明 Betamax 会改变其经济前景"。① 本院同意一审的上述分析。

综上，本院根据诉讼记录和一审的事实认定得出以下结论：(1)上诉人已经证明，对很多许可电视台免费播出其作品的版权人来说，其不反对为"改变观看时间"私人收看而录制节目的行为的可能性更大；(2)被上诉人未能证明，"改变观看时间"有对其版权作品的潜在市场或价值造成"高于最低限度"的损害的任何可能性。因此，Betamax 是可以用于实质非侵权性用途的。

2. 少数派的观点

（i）经授权的改变观看时间

多数派认为改变观看时间属于合理使用的第一个理由是，很多版权人并不反对这种做法，如果认定索尼公司帮助侵权责任成立的话将会损害上述版权人的利益和其本可吸引的观众群。② 但这种观点实际是将责任认定和救济措施的选择混为一谈。签发禁令的确可能损害上述版权人的利益，但尚未认定责任就考虑这个问题未免为时过早。应当看到，在不妨碍经授权的改变观看时间的情况下提供救济是可能的，如上诉法院提到的缴纳使用费方式，诉讼双方也可以寻求其他影响较小的救济措施，如索尼公司可以研制具有信号干扰功能的录像机，使版权人可以"干扰"未经授权录制其节目的行为；即使目前没有合适的救济措施，多数派也不应误读版权人的权利，以至于随着技术的发展、将来合适的救济措施成为可能时，版权人也无法贯彻其

---

① Id.
② Ante, at 442, 446.

权利。

即使在责任认定阶段可以考虑救济方式问题,多数派所使用的一审事实认定也失之草率。例如,一审十分倚重职业体育联盟代表的证人证言,却并未讨论上述联盟是不是版权人、对赛事节目是否享有专有权;即使其享有专有权,也仅占 Betamax 使用总量的 7.3%。类似的问题还有很多,一言以蔽之,一审并未就已授权的"改变观看时间"行为的比例做出认定。

(ii)未经授权的改变观看时间

合理使用原则被称为"版权法中最让人头痛的问题",[1]这并非虚言。本院在以往判例中曾讨论该问题,但每次都会出现势均力敌的两种意见,莫衷一是,至今也未形成指导性意见。[2] 1976 年版权法有关合理使用原则的规定也并未提供确切的规则,只列举了几个"供考虑"的因素,[3]并未重点强调其中任何一个,也并不排除有其他因素的存在可能。参众两院的报告中指出,第 107 节只是对合理使用原则的法典化,旨在"重述司法现实中的合理使用原则,而非改变、限缩或扩张该原则"。[4]

合理使用原则的制度理性在于,有时教条地保护版权人的

---

[1] Dellar v. Samuel Goldwyn, Inc., 626F. 2d 661, 662(CA2 1939); see Triangle Publications, Inc. v. Knight-Ridder Newspapers, Inc., 626F. 2d 1171, 1174(CA5 1980); Meeropol v. Nizer, 560 F. 2d 1061, 1068(CA2 1977), cert. denied, 434 U. S. 1013(1978).

[2] Williams & Wilkins Co. v. United States, 203 Ct. Cl. 74, 487 F. 2d 1345(1973), aff'd, 420 U. S. 376(1975); Benny v. Loew's Inc., 356 U. S. 43(1958).

[3] 17 U. S. C. 107. 合理使用的四项判断因素同上文,此处不赘,译者注。

[4] 1976 House Report 66. see 1975 Senate Report 62; S. Rep. No. 93—983, p. 116 (1974); H. R. Rep. No. 83, 90th Cong., 1st Sess., 32(1967); H. R. Rep. No. 2237, 89th Cong., 2d Sess., 61(1966).

独占权反而会阻碍"科学和艺术的进步",与版权制度的初衷相悖。以学术研究为例,为了社会公共利益,允许后来的研究者有限使用前人的作品,尽管是慷前人之慨,但这对后来的研究起到了"补贴"作用,其外部效用最终会使所有人受益。① 类似的补贴作用在其他领域同样适用,第 107 节列举了合理使用最常见的情况,合理使用可能适用于"以批评、评论、新闻报道、教学……学术或研究为目的"的作品中。参众两院的报告在某种程度上扩大了第 107 节所列举的范围,判例法中也出现了其他一些适用该原则的情况。但上述情况都有一个共同点:他们都是生产性使用,都在前人作品所创造的价值的基础上,为公众创造了更多价值。本案中,为家庭观看而制作录像带是一种通常使用而并非生产性使用,一审也认定,"Betamax 用户使用录像带的目的与收看原节目相同,他们并无新的贡献"。②

少数派承认,有些情况下允许非生产性使用不会影响作者的创作动力,比如复印旧报纸的剪报寄给朋友,或者在自己的公告栏上引用别人的话,这些使用并不影响作品的价值或市场的情况,因此,尽管这些行为并未使公众受益,也没有必要教条地保护作者的独占权,因而上述行为可能被认定为合理使用。但法院应当谨慎考虑的是,其决定是否会置作者权利于非生产性的通常使用而不顾。前文已经提到,对于生产性使用是否属于合理使用,尚且需要考虑"该使用对版权作品的潜在市场或价值

---

① See Latman, Fair Use Study 31; Gordon, Fair Use as Market Failure: A Structural Analysis of the Betamax Case and its Predecessors, 82 Colum. L. Rev. 1600, 1630(1982).

② 480 F. Supp. , at 453.

的影响",而且对影响的评估不能局限于目前的现状,而要防微杜渐,作长远考虑。①

因此,少数派主张,至少对非生产性使用而言,版权人只需证明该使用行为具有损害其作品的市场或价值的潜在可能性即可。② 对于新技术来说,要证明其造成的实际损害、哪怕是可能损害,都是很难证明的,如果强求这样的证据,很可能产生"根据现有的技术水平限制了作者的权利,使该权利又随着无法预见的技术进步而日益缩水"的危险。③ 因此,如果版权人能够证明一种使用行为招致损害的合理可能性,就应当认定该行为侵权;对于无法使公众受益的使用行为,不能因为它是一项尚未造成损害(但也许将会造成损害)的新技术,就拒绝版权人的权利保护请求。

被上诉人提出了很多使用录像机录制节目会对其造成的损害,包括会减少其作品在电影院的销量,会减少其预录录像带或光盘的销量和出租率,会减少重播节目的收视率进而减少其重播许可费收入;而且,如果广告商认为录像观众会删除广告,或认为其无从把握录像观众的收视率,则广告商可能只愿意根据"直播"的观众收视情况提供赞助,这样一来,录像机录制行为甚至会减少被上诉人的首播节目许可费。以收藏为目的录制节目可能会提高被上诉人上述损害的可能性,改变观看时间也会提高实质性损害的可能性。

一审认定,使用录像机不会造成损害,④但少数派认为其适

---

① Register's Supplementary Report 14,1975 Senate Report 65.
② See 3 M. Nimmer,Copyright 13.05[e][4][c],p. 13—84(1983).
③ Register's Supplementary Report 14.
④ 480 F. Supp. ,at 468.

用的标准是错误的,而且举证责任分配不当。一审得出上述结论的理由包括:原告未能证明以收藏为目的而录制节目用户群不容忽视;①原告自己的预录光碟与录像机录制的录像带相比,更有竞争优势;②电影的观众人数未必会降低;③对于很多录像带观众来说删除广告"可能太过麻烦";④对于原告可能减少的广告收入,一审认为原告已经在用一些替代方案弥补其所预见的损失;⑤原告所预见的损害是"建立在很多假设以及变幻莫测的市场行情之上的",因此,一审认为"无法确定用户家庭录制行为的影响"。⑥

尽管一审不愿预测该行为的效果是情有可原的,但少数派认为,不应由被上诉人承担这种不确定性的法律风险。被上诉人已经证明了这种损害的潜在可能性,这一点在新技术发展的早期阶段,尚未、也不可能彰显出来,但却是不可否认的。

而且,一审在分析损害问题时,并未将录像机录制节目对"版权作品的潜在市场或价值"⑦的影响考虑在内。所谓不能损害作品的"潜在"的市场有两层含义:首先,被诉侵权人必须证明,其行为并未损害版权人向原本愿意付费收看、收听其作品的人主张赔偿(或者禁止他人收看、收听)的能力,侵权人仅证明其

---

① Id., at 467.
② Id., at 467.
③ Id., at 468.
④ Id.
⑤ Id., at 452.
⑥ Id.
⑦ 17 U.S.C.107(4).

行为并未造成版权人的损失,甚至为版权人开来收益,都是不够的;其次,即使是侵权人的行为为版权人的作品开辟了市场,侵权人也不能在并未赔偿版权人损失的情况下而利用该市场。①

本案中,被上诉人及其法律顾问证明了录像机技术的出现为其版权节目创造了一个潜在的市场。这一市场主要服务于在节目播出时不能或不便收看的人以及希望在其他时间收看节目的人;因为以上人群愿意购买录像机和录像带,表明其也会愿意为在方便时观看版权节目而付费,毫无疑问,其中大部分人也将愿意向版权人支付使用费。被上诉人正确地证明了,他们被剥夺了开发这一较大规模的市场的机会。

综上,诉讼记录和一审的事实认定表明,改变观看时间确实对被上诉人版权作品的"潜在市场"造成了实质性不利影响。

(2)索尼公司是否承担帮助侵权责任

1. 多数派的观点

(i)判例研究

版权法并没有明确规定任何人需要为他人的侵权行为承担责任;与之不同的是,专利法明确的将积极诱使他人侵害专利权的人认定为侵权人,②并且进一步要求这些"帮助"侵权人承担侵权责任。③ 版权法中没有明确的法律规定,并不意味着并未直接参与侵权活动的人不需要承担侵权责任。因为几乎所有的法律

---

① See Iowa State University Research Foundation, Inc. v. American Broadcasting Cos. ,621 F. 2d 57(CA2 1980).
② 35 U. S. C. 271(b).
③ 35 U. S. C. 271(c).

部门中都存在替代责任的概念,要求某一主体为他人的行为承担责任的情况很多,帮助侵权只是其中一种。

被上诉人所提出的帮助侵权责任并无先例可循,因此,法院需要考虑一些原本是针对其他问题而提出的论辩理由或做出的判例,事实上,诉讼双方在很大程度上也是在用上述论辩理由和判例维护其立场。

被上诉人主要依据的是 Kalem Co. v. Harper Brothers 案,在该案中,制片人在未取得《宾虚》(*Ben Hur*)一书的版权人授权的情况下将其改编成电影,然后将电影卖给经销商,后由经销商安排了电影的商业放映,最高法院认为制片人应对其销售行为承担责任。Holmes 法官在判决意见中写道,"被告不仅希望、而且通过广告诱使他人将其电影作为《宾虚》故事的戏剧再现使用。这是使用这些电影的最显而易见的目的,也是其拍摄目的。如果这样的行为仍不构成帮助侵权的话,那么除了参与侵权活动最后环节的人以外的人都可以高枕无忧了;被告的责任基础就在于上述为法律调整的各个领域所公认的原则"。①

被上诉人主张,根据 Kalem 案,只要为侵权活动提供"手段"并用广告鼓励该行为,就足以认定侵权责任。本院认为这一结论未免过于大而化之:Kalem 案中的制片人不仅提供了侵权活动的"手段",其更提供了侵权作品本身,尽管是以一种全新的媒介表达的。而索尼在本案中并未向 Betamax 用户提供被上诉人的作品,这些作品是由被上诉人自己提供给电视台的。索尼提

---

① Id., at 62—63.

供的是一种能够复制完整电视节目的设备,这些节目可能没有版权,可能有版权但版权人并不反对复制行为,也可能是版权人反对复制的节目。Betamax 可能被用于对版权作品的授权使用或无权使用,但是其潜在使用的范围比 Kalem 案中电影《宾虚》的侵权用途的范围要大得多。因此 Kalem 案不能支持被上诉人要求上诉人承担责任的主张。

还有一些与 Kalem 案类似的所谓"舞厅案"(dance hall cases),①这些案件中,"帮助"侵权人对于他人使用版权作品都有控制的能力,但却在未经版权人同意的情况下授权他人使用版权作品。本案与上述案件的情况不同,索尼与 Betamax 用户的唯一联系是对 Betamax 设备的买卖关系,一审明确指出,"索尼公司的员工既未直接参与涉诉侵权行为,也没有与录制版权作品的用户的直接联系","没有证据表明涉诉录制行为受到了索尼广告的影响或鼓励"。②

(ii)参照专利法

如果要求索尼公司在本案中承担替代责任,就必须证明,索尼公司在销售该产品时应当知晓,其消费者可能使用这一产品在未经授权的情况下复制版权节目。在版权法中,尚未出现根据该理论认定替代责任成立的先例;本院认为可以参考专利法的判例进行类推,因为专利法与版权法在发展中存在着紧密的渊源关系。专利法中明确定义了侵权和帮助侵权的概念。帮助

---

① Famous Music Corp. v. Bay State Harness Horse Racing and Breeding Ass'n,554 F. 2d 1213(CA1 1977);KECA MUSIC,Inc. v. Dingus McGee's Co. ,432 F. Supp. 72(W. D. Mo. 1977);Dreamland Ball Room v. Shapiro,Bernstein & Co. ,36 F. 2d 354(CA7 1929).

② 480 F. Supp. ,at 460.

侵权仅限于,在明知某元件是为用于特定专利的相关用途而专门制造的主观状态下,销售该元件的行为;而且专利法明确规定,销售"一种具有实质性非侵权用途的通用物或商品"的行为不构成帮助侵权。①

如果销售行为仅因购买者将该商品用于侵害他人专利权,就被认定为帮助侵权的话,人们就无法获得该商品,公共利益必然会受到损害。有鉴于此,在专利法领域涉及帮助侵权的案件中,法院通常并不允许专利权人将其独占权扩张到其法定特权的边界之外。这些判例并不认可专利权人对上述无专利商品销售的控制权,除非这些商品无法用于商业性非侵权用途;②而且除非某种商品只能用专利方法使用,③否则专利权人无权主张其销售构成帮助侵权;作为帮助侵权的基础,侵权商品必须就像是为成为某种专利发明的组成部分而专门打造的;④"如果某种商品既能用于侵权用途可能用于合法用途,那么其销售者就不构成帮助侵权。否则将会阻碍商业的发展"。⑤

本院承认,专利法与版权法之间有很大的不同,但都有着承认帮助侵权责任的必要性,因为专利权、版权的保护都不应仅限于对设备的仿制、产品的发行,以及使上述仿制行为成为可能的活动的规范。商业要想获得发展,就必须一方面满足版权人的合法要求,为其法律特权提供有效的而非象征性的保护,另一方面确保他人能够自由地参与与此无关的商业活动,并在这两方

---

① 35 U. S. C. 271(c).
② Dawson Chemical Co. v. Rohm & Hass Co. ,448 U. S. 176,198(1980).
③ Id. ,at 199.
④ P. Rosenberg,Patent Law Fundamentals 17. 02[2](2d ed. 1982).
⑤ Henry v. A. B. Dick Co. ,224 U. S. 1,48(1912).

面间寻找一种平衡。因此,销售复制设备和销售其他商品一样,如果该设备是被广泛地以合法的、不被权利人异议的方式使用的话,就不构成帮助侵权;事实上,只需要其能被用于商业性实质非侵权用途即可。因此问题就在于 Betamax 能否用于商业性实质非侵权用途,根据前文有关合理使用问题的分析,本院已能确定,Betamax 的一种潜在的使用方式是符合实质非侵权性使用(substantial noninfringing uses)这个标准的,即用户在家中进行的私人非商业性"改变观看时间"行为。①

2. 少数派的观点

(i) 判例研究

少数派认为以往判例表明,除实际实施侵权行为的人以外,其他人可能也要承担版权侵权责任。②尽管 1976 年版权法的责任条款仅简单规定,"任何侵害版权人任一专有权的人……都是版权侵权人",③但参众两院的报告表明,国会希望保留帮助侵权的司法原则;④但该原则并没有确切的定义,在为数不多的试图为其定义的案件中,第二巡回区法院的 Gershwin Publishing Corp. v. Columbia Artists Management, Inc. 案认为,"一方如果在知晓侵权行为存在的情况下,引诱、导致或者实质上帮助了其他人的侵权行为,则可能被认定为帮助侵权人"。⑤ 少数

---

① 464 U.S. 417, at 442.

② Kalem Co. v. Harper Brothers, 222 U.S. 55, 62—63(1911); 3 M. Nimmer, Copyright 12.04[A](1983); see Twentieth Century Music Corp. v. Aiken, 422 U.S., at 160, n. 11. Buck v. Jewall-LaSalle Realty Co., 283 U.S. 191, 198(1931).

③ 17 U.S.C. 501(a)(1982 ed.).

④ 1975 Senate Report 57; 1976 House Report 61.

⑤ Id., at 1162.

派认为虽然该定义并无不当,但并未使本案的问题迎刃而解;地区法院和上诉法院都援引了该定义,但却得出了完全相反的结论。

地区法院免除索尼公司责任的理由是,索尼公司与Betamax用户之间并没有直接的联系,并未参与任何复制行为,也不知道上述复制行为侵犯了被上诉人版权。① 少数派同意Gershwin案法院的观点,即使被告通常无法控制侵权人,其也可能需要承担帮助侵权责任。而且,在判断帮助侵权时,并不要求被告实际知晓他人的具体侵权行为,只要被告有理由知道会发生侵权行为就足够了。② 帮助侵权责任也并未要求被告知道侵权行为违反了版权法,根据1976年版权法第504节c款第2项的规定,侵权人证明他"没有意识到也没有理由意识到其行为将构成版权侵权行为"的,可以减少其法定损害赔偿,但并不免除责任。本案中,索尼公司无疑有理由知道,有些Betamax用户将会使用它录制版权作品。③

地区法院还认为,索尼并未导致、引诱或在事实上帮助Betamax用户实施任何侵权行为。④ 但在这类案件中,因果关系可以是间接的;并不需要证明特定的Betamax用户是因特定广告而实施侵权行为的。地区法院认定,Sony曾在Betamax的广告

---

① 480 F. Supp. ,at 460.
② 443 F. Supp. 399(SDNY 1966); see Screen Gems-Columbia Music,Inc. v. Mark-Fi Records,Inc. ,256 F. Supp. 399(SDNY 1966).
③ See 480 F. Supp. ,at 459—460.
④ Id. ,at 460.

中宣传，Betamax可用来录制"喜欢的电视秀"、"根据小说改编的节目"和"经典电影"，①但广告中并未警告上述录制行为可能构成侵权。而正是Betamax或其他一些录像机，使得家庭电视节目观众有可能实施从电视频道中录制节目这一侵权行为。从电视频道中录制节目并不只是Betamax的一种可预见的使用方式，而是该设备的主要用途。综上，少数派同意上诉法院的观点，即如果从电视频道中录制节目构成侵权的话，索尼公司就已经引诱和在事实上帮助了Betamax用户的侵权行为。

(ii) 是否可以参照专利法

索尼公司辩称，如果某种商品具有实质性非侵权用途的话，那么即使其也可以用于侵权，其制造商和销售商也不需要承担责任。② 地区法院援引专利法中规范帮助侵权责任的"通用物"原则支持其观点。③ 本院的多数派对此并没有如此激进。④ 少数派认为，这个技术性的、司法创制的专利法原则，不适宜完全引入版权法领域；尽管版权法与专利法的宪法渊源相同，⑤但二者发展到现在，提供保护的方式并不一致，过去法院在审理版权案件时，很少参照专利法上的概念。⑥

但少数派同意，"通用物"原则关注的很多问题在版权法中同样存在。就像地区法院所注意到的，如果因为某种商品可能

---

① 480 F. Supp., at 436.
② Brief for Petitioners 41—42.
③ See 35 U.S.C. 271.
④ See ante, at 440—442.
⑤ See U.S. Const., Art. I, 8, Cl. 8.
⑥ See Bobbs-Merrill Co. v. Straus, 210 U.S. 339, 345—346 (1908).

被用于侵权行为就让其制造商或者销售商承担帮助侵权责任的话,将会阻碍商业的发展。①

综上,少数派认为,如果某种商品大部分的使用方式是非侵权性的,其制造商和销售商就不应当为其侵权性的使用方式承担责任;②但是,如果该产品的几乎所有使用方式都是侵权性的,就可能要适用帮助侵权责任;如果没人会为某种产品的非侵权性用途购买该产品,则其制造商很显然有意从该侵权行为中获利,这种情况下就应当由其承担责任,在这种情况下,版权人所主张的独占权并未超过其合理界限,因为该产品的制造商帮助了他人的侵权行为而且从中直接获利,同时又没有为公众创造足够价值以使该行为正当化。

上诉法院认为索尼应当承担帮助侵权责任的理由是,"Betamax 制造、广告、销售的主要目的在于复制电视节目","几乎所有的电视节目都是版权作品"。③ 少数派同意第一个理由,但认为第二个理由有待商榷。少数派认为,问题的关键并不在于有多少电视节目是有版权的,而在于有多少录制行为是侵权的。诉讼双方的争议始终集中在版权节目的数量以及其中被允许录制的数量,但侵权性录制所占的比例归根结底是一个事实问题,地区法院拒绝认定"合法与非法的家庭使用录制节目各自的比例",④但在少数派看来对这一事实问题的解决是非常重要的。

---

① 480 F. Supp. , at 461; see also Kalem Co. v. Harper Brothers, 222 U. S. , at 62.
② See ante, at 440—441.
③ 659 F. 2d, at 975.
④ 480 F. Supp. , at 468.

因此,少数派认为,此案应发回地区法院重审,对这一问题进行更深入的考察。

最终,最高法院以 5∶4 的多数做出了判决:用户家庭的为"改变观看时间"而录制电视节目的行为构成对版权作品的"合理使用";索尼公司出售具有"实质性非侵权用途"的录像机并不构成"帮助侵权"。

10. 太阳信托银行诉霍顿米夫林公司戏仿作品侵权案

一、案件背景

(一)审理法院　美国联邦第十一巡回区上诉法院
(二)案　由　　霍顿米夫林公司(Houghton Mifflin Company)戏仿作品侵权案
(三)上诉人
　　霍顿米夫林公司(Houghton Mifflin Company)
(四)被上诉人
　　太阳信托银行(Suntrust Bank)
(五)诉讼结果　撤销原审地区法院的诉前禁令并发回重审

二、案件事实

Suntrust Bank(以下称 Suntrust)是 Mitchell Trust 的受托人,Mitchell Trust 享有对《飘》(*Gone With The Wind*,以下称 GWTW)的版权。Alice Randall 是 *The Wind Done Gone*(以下称 TWDG)的作者,他声称其作品是对 GWTW 的批判评论作品。为了达到批判原著的目的,作者在 TWDG 的前半部分采用了 GWTW 中大量的人物、情节和场景。

Suntrust 声称,(1)TWDG 书的前言中明确地提到了 GWTW;(2)TWDG 书中抄袭了 GWTW 中的核心人物、人物特点和人物之间的关系;(3)抄袭 GWTW 中的场景和情节;(4)甚至逐字地盗用了 GWTW 的对话。①

Houghton Mifflin 是 TWDG 的出版商,对 Suntrust 提出的前三个控诉没有提出异议,但是声称两部作品没有达到实质相似的程度,而且由于 TWDG 是一部对 GWTW 的戏仿作品(parody),应当受到版权法中"合理使用"的保护。Houghton Mifflin 拒绝停止发行 TWDG,随后 Suntrust 向地区法院提出临时禁令和诉前禁令的请求。

地区法院支持其诉前禁令的请求,禁止 Houghton Mifflin 继续发行、展示、销售 TWDG,②认为被告的行为侵犯了原告的版权利益。被告上诉,口头答辩后,本院认为诉前禁令违宪,因此发出撤销禁令的判决。③ 现本院撤销该判决,并给出如下详细的法律意见。

三、上诉法院的判决意见

本院认为,该案需要考虑的问题是,法院是否可以向利用受版权保护的作品对该作品进行评论和批评的一方发出诉前禁令。作品受版权保护,但是享有版权并不意味着他人不可以批评或者评论该作品。因此,本院所需考虑的问题就是,批评者在多大程度上可以利用原作品对该作品进行批评而不侵犯作品的

---

① Suntrust Bank v. Houghton Miffilin Co. ,136 F. Supp. 2d 1357,1364(N. D. Gao. 2001),vacated,252 F. 3d 1165(11th Cir. 2001).
② Suntrust Bank,136 F. Supp. 2d at 1386.
③ Suntrust Bank v. Houghton Miffline Co. ,252 F. 3d 1165(11th Cir. 2001).

版权。

下面讨论诉前禁令的合理性。

诉前禁令的作用是在全部合理地裁决争议之前保证争议所涉及的利益保持原状,不受侵害。① Suntrust 必须举证证明下列事实才可以获得诉前禁令:(1)实体利益上胜诉的可能;(2)如果没有诉前禁令将会产生不可恢复的损害;(3)侵权行为对原告的损害远远高于法院发出诉前禁令给被告带来的损失;(4)禁令不会给公众利益带来损害。②

(一)实体利益上胜诉的可能

(1)具备初步事实证据

Suntrust 需要证明以下两点才能达到具备初步事实证据的程度:(1)其对 GWTW 有合法有效的版权;(2)Randall 在 TWDG 中抄袭了 GWTW 的要素。③ 毫无疑问,Suntrust 对 GWTW 享有合法有效的版权。因此,Suntrust 需要证明两部作品存在一般人都能够识别出的实质相似。④

经本院的审查,认定两部作品实质相似。TWDG 虽然改变了有些人物的名字,但是使用了大量 GWTW 的人物、场景和情节。TWDG 中有的段落也是全部援用了原著中的描述、人物之间的关系,或者提到原著中很多的情节。因此,本院同意地区法

---

① Northeastern Fl. Chapter of Ass'n of Gen. Contractors of Am. v. City of Jacksonville, Fl. ,896 F. 2d 1283,1284(11th Cir. 1990).

② Am. Red Cross v. Palm Beach Blood Bank, Inc. , 143 F. 3d 1407,1401(11th Cir. 1988).

③ Feist,499 U. S. at 361,111 S. Ct. at 1296.

④ Leigh,212 F. 3d at 1214.

院的如下认定:TWDG,尤其是书的前半部分,只是对原著的概括,并且把原著中的人物和故事主线作为其书的写作材料。①

Houghton Mifflin 声称,TWDG 在利用原著中的人物讲述自己的故事时,里面人物的特点和原著是相反的,因此两个作品之间不存在实质相似。本院认为,虽然人物被赋予了不同于原著的特点,但是这并没有改变 TWDG 利用了原著中受到版权保护的人物、场景和情节的事实。

(2)合理使用

Houghton Mifflin 抗辩:TWDG 作为戏仿作品满足了"合理使用"的条件。在"Campbell 案"中,最高法院提出,虽然版权法的 107 条没有专门列出戏仿作品,但是戏仿作品作为对原作品的评价和批评是有可能受到"合理使用"条款的保护的。然而,并不是说只要作品是戏仿作品就必定满足"合理使用"条款的保护。

在考虑某个作品是否是戏仿作品从而满足"合理使用"条款保护前,需要判断该作品是否具有明显的戏仿性。在"Campbell 案"中,最高法院对戏仿作品的定义似乎有点含混不清。一方面,它说戏仿作品是要实现滑稽和嘲弄的效果;另一方面它对戏仿作品的定义又显得非常宽泛,认为戏仿作品就是一种对原作品评价的作品②。"Campbell 案"留给我们的经验是,法院在判断某作品是否具有戏仿特点时,不应该依据作品的质量或者作品是否幽默来判断。本院在判断作品是否具备戏仿特点时,则

---

① Suntrust,136 F. Supp. 2d at 1367.
② Campbell,510 U. S. at 579,114 S. Ct. at 1172.

采纳了最高法院对戏仿作品的宽泛定义。本院认为,如果作品的目的是通过运用原著的大量元素来评价或者批评原著,那么该作品就是戏仿作品。依照该定义,TWDG 不仅是对原著的评价,而且还批评了原著提到的内战时期的奴隶制度以及黑人和白人的关系,因此是部戏仿作品。作者虽然是通过艺术性的小说而不是学术论文阐述自己的观点,但是并不能以此就否认该戏仿作品是对原著的"合理使用"。

1. 使用作品的目的和性质

(i) 商业性

无论 TWDG 具有什么样的教育价值,毫无疑问的是该作品具有商业性。最高法院指出,区分商业性和非商业性的关键不是看使用原著是否为了金钱收入,而是要看使用者在利用原著获利时是否向原作品版权所有人支付合理的费用。① TWDG 的商业性对其合理使用抗辩的成立造成不利,但是这种不利和其使用原著具备的高度转换性相比可以忽略。作品的转换性程度越高,其他因素对其构成合理使用的影响越小。②

(ii) 转换性

TWDG 对原著的使用是否具备转换性就是要考察该作品是完全代替了原作品还是在原作品的基础上添加了新的元素、意义和性质。③ 本案中"转换性"这个因素是个双刃剑:一方面 TWDG 确实在原著的基础上添加了新的元素;但是另一方面

---

① Haper & Row, 471 U. S. at 562, 105 S. Ct. at 2231.
② Campbell, 510 U. S. at 579, 114 S. Ct. at 1171.
③ Campbell, 510 U. S. at 579, 114 S. Ct. at 1171.

TWDG大量运用了原著的素材。

但是，TWDG是一部戏仿作品，其目的是为了反驳原著的观点；而且地区法院在审判中提到：原著用的是第三人称讲述故事，而TWDG运用的是第一人称。TWDG中人物的描写和性格完全和原著中相反。即使是使用了原著中的人物，TWDG也是用该人物讲述了另一个完全不同的故事，因此目的和作用和原著完全不同。即使Randall有些地方完全引用原著，其目的也是为了攻击反驳原著的观点。

鉴于上述事实，本院认为，Randall若没有大量使用原著素材会很难完成对原著的评价和批评。TWDG作为戏仿作品，不仅对原著进行了评价，同时也创造出新的作品，给公众带来利益，具备高度的转换性。

2. 被使用作品的性质

原著的版权受到保护的程度高于演绎作品的版权受到的保护。鉴于戏仿作品几乎都需要大量使用原著中的要素，因此本院认为，该要素对判断是否构成合理使用的影响很小。

3. 使用部分的数量和质量

毫无疑问，Randall在写作的过程中大量地运用了原著中的人物和场景，但是作者在运用这些元素时都赋予了其不同甚至相反的含义。但是Suntrust声称，TWDG中有些细节是完全抄袭了原著，评论和批评原著的戏仿作品是不需要用到这些细节的。

最高院在"Campbell案"中指出，戏仿作品需要有足够的篇幅来介绍原著，以说服读者作者是值得评论和批评原著的。[1]

---

[1] Campbell,510 U. S. at 588,114 S. Ct. at 1176.

戏仿作品需要有足够的篇幅介绍原著,但是其他多余的来自原著的内容必须要为其评论服务,并不是说一旦超过一定篇幅就是对原著版权的侵犯,需要考虑的因素是:(1)作品对原著的批评和评论在多大程度上属于戏仿作品;(2)戏仿作品是否会对原著起到市场代替效应。①

就第一点考虑,本院认为 TWDG 是戏仿作品。就第二点考虑方面,本院认为仅当对原著引用的多余的部分会对原著产生市场代替时,才能认为使用该多余的部分是非法的。但是根据本院所看到的记录,本院无法判断 TWDG 使用原著部分的数量和质量和其批判的目的之间有多大的相关性。

4. 对作品市场的潜在影响

Suntrust 举证证明 GWTW 版权的价值,并说明其授权许可许多原著的演绎作品。在审查这些证据之后,本院认为,Suntrust 的证据主要是关于原著及其演绎作品的价值,没有提供任何 TWDG 会代替原著的演绎作品市场需求的证据。然而最高法院和上诉法院都提出,戏仿作品侵权案中,提供证据证明戏仿作品对原著潜在市场的影响或者对原著版权的侵害是非常重要的。② 若能证明戏仿作品对演绎作品的市场影响,将不利于侵权人合理使用抗辩的成立。③

相反,Randall 在其提供的证据中特别指出其作品不会影响原著的市场需求。因此,本院根据双方提供的证据,认定 TWDG 作

---

① Campbell,510 U.S. at 588,114 S. Ct. at 1176.
② Campbell,510 U.S. at 588,114 S. Ct. at 1177.
③ Campbell,510 U.S. at 588,114 S. Ct. at 1178.

为戏仿作品不会影响原著的市场需求。

(3)关于实体利益的总结

本院不同意地区法院得出的"Suntrust 在实体利益上可能胜诉"的结论。相反,根据本院的综合分析,本院认定 TWDG 作为戏仿作品满足"合理使用"的条件。

(二)不可恢复的损害

一方面,Suntrust 没有举证证明出版 TWDG 会对原著以及其演绎作品的市场需求造成损害,即使 Suntrust 的版权受到侵害,Suntrust 所承受的只是金钱上的损失,这种损失可以通过金钱救济得到弥补;另一方面,TWDG 作为戏仿作品可能构成对原著的合理使用。综合上述因素本院认为,法院发出诉前禁令是不合理的。因此,本院撤销地区法院发出的诉前禁令。

四、上诉法院结论

撤销地区法院的诉前禁令,并发回原审法院,按本院意见重新审理。

11. 美国 Perfect 10 公司诉亚马逊公司案[①]

一、案件概况

(一) 审理法院　美国第九巡回区上诉法院
(二) 案　　由　Google 公司为其搜索引擎用户提供 Perfect 10 裸体模特缩略图以及通过内网链接(in-line linking)提供裸体模特全尺寸图片的侵权案
(三) 原告/上诉人
　　美国 Perfect 10 公司
(四) 被告/被上诉人
　　谷歌和亚马逊公司(Google & Amazon.com)
(五) 诉讼结果　部分维持原判,部分撤销原判并发回重审

二、背景介绍

Google 的搜索引擎可利用其存储数据库获取大量网页并对这些网页进行编目。Google 的用户输入查找内容后,搜索引擎通过搜索其数据库来找出和查找内容相关的网页,其搜索结果可以是文本格式,亦可为图片格式或者视频格式。

以图片格式提供搜索结果的搜索引擎称为 Google 的图片搜索引擎。Google 的图片搜索引擎根据用户的查找内容提供的

[①] Perfect 10, Inc. v. Amazon. com, Inc. 508 F. 3d. 1146 (9th Cir. 2007), amending 487 F. 3d 701 (9th Cir. 2007).

搜索结果是含有很多缩略图的网页。这些缩略图是储存在第三方计算机上的全尺寸的图片的缩小版,分辨率较低。

用户可以通过 Google 提供的地址连接到发布图片的计算机,并下载全尺寸的图片到自己的计算机上(全尺寸出现在网页的下半部分)。Google 并没有储存这些图片,也没有把这些图片传输给其引擎用户,实际上图片是第三方提供的,Google 只是提供了图片的介绍。这种让浏览器把其他不同计算机的内容统一到一个窗口的过程被称作内网链接①。

Google 公司有一项业务是通过和 Amazon.com 订立协议,允许 Amazon.com 在其网页上显示 Google 的搜索结果。看上去该搜索结果是 Amazon.com 为其用户提供的,而实际上是由 Google 提供的。

Perfect 10 出售受版权保护的裸体模特的照片,订购该服务的用户每月付费后输入用户名和密码可以在网站的"会员区"享受相应服务。Google 无法将这些受密码保护的"会员区"图片编目、储存。Perfect 10 授权 Fonestarz Media Limited 销售并发行图片的缩小版本供手机用户下载使用。

但是有些网站的发布者未经过 Perfect 10 公司同意便重新发行其图片,一旦出现含有这些图片的网站,Google 便会对这些网站进行编目,并根据用户的搜索需求提供缩略图。当用户点击缩略图时,便可以从第三方网站的计算机上获得 Perfect 10 的图片。

2001 年 5 月,Perfect 10 通知 Google 其缩略图以及出现在

---

① Ibid at 15452 Citing Kelly V. Arriba Soft Corp.,336 F. 3d 811,816(9th Cir. 2003).

窗口下面的全尺寸的图片侵犯了 Perfect 10 的版权,一直到 2005 年,Perfect 10 不断向 Google 发出类似的通知。

2004 年 11 月 19 日,Perfect 10 提出 Google 侵犯其版权的诉讼。Perfect 10 于 2005 年 6 月 29 日向 Amazon.com 提出类似的诉讼。2005 年 7 月 1 日和 8 月 24 日,Perfect 10 向法院寻求诉前禁令以阻止 Amazon.com 和 Google 复制、发行、公开展览、侵犯或者帮助侵犯其版权照片的行为,阻止其提供可以连接到含有 Perfect 10 全尺寸侵权图片的链接。

地区法院合并审理上述两起诉讼,并于 2005 年 11 月 7 日对 Perfect 10 提出的诉前禁令申请举行听证。地方法院判决批准一部分针对 Google 的诉前禁令申请,否决另一部分针对 Google 的诉前禁令申请,完全否决针对 Amazon.com 的诉前禁令申请。Google 和 Perfect 10 交叉上诉关于部分同意、部分否决诉前禁令申请的决议,Perfect 10 对地区法院否决针对 Amazon.com 的诉前禁令的决议提出上诉。

三、原告的诉请

(一)直接侵权

Perfect 10 诉称 Google 的搜索引擎侵犯了其受版权法保护的专属权利,即展示权和发行权。原告必须满足两个条件才能构成"具备初步事实证据的直接侵权案件":(1)原告必须证明被侵犯标的所有权属性;(2)原告必须证明被告侵犯了《美国法典》第 17 编 106 条保护的至少一项版权所有人的专属权利。[①]

---

① Ibid at 15458 citing Napster,239 F. 3d at 1013. see 17 U. S. C. § 501(a).

即使原告满足上述两个要求,被告也可以通过提出"合理使用"而免责。①

Perfect 10 对图片的所有权是毫无争议的。②

地区法院认为,Perfect 10 提出的 Google 侵犯其缩略图的展示权的诉求可能得到主张,③但认为 Perfect 10 提出的 Google 侵犯其全尺寸图片的展示权或者发行权的诉求可能不被支持。④本院认为地区法院的判决是对自由裁量权的滥用。⑤

(1)展示权

关于 Perfect 10 提出的 Google 侵犯其展示权是否具备初步事实证据的问题,地区法院认为,若计算机所有者将图片作为电子信息储存在自己电脑的服务器上,且直接将图片提供给因特网用户,则构成对图片所有者展示权的侵权行为。⑥但若计算机所有者的服务器里并没有储存该图片,而只是通过内网链接的方法向网络用户提供该图片,则不应认为其侵犯图片所有者的展示权。⑦ 地区法院将这种推理方法称为"服务器测试地"原则。⑧

根据"服务器测试地"原则,地区法院得出以下结论:Perfect 10 提出的 Google 侵犯其缩略图展示权的诉求可能得到主张,但

---

① Ibid at 15458 See Kelly,336 F. 3d at 817.
② Ibid at 15458 See Perfect 10,416 F. Supp. 2d at 836.
③ Ibid at 15458 See Perfect 10,416 F. Supp. 2d at 844.
④ Ibid at 15458 See Perfect 10,416 F. Supp. 2d at 844—45.
⑤ Ibid at 15458 Citing Napster,239 F. 3d at 1013.
⑥ Ibid at 15458 See Perfect 10,416 F. Supp. 2d at 843—45,see 17 U. S. C. § 106(5).
⑦ Ibid at 15458 See Perfect 10,416 F. Supp. 2d at 843—45.
⑧ Ibid at 15458 See Perfect 10,416 F. Supp. 2d at 838—39.

是 Google 通过内网链接侵犯其全尺寸图片的展示权的诉求将不予支持。① 地区法院的上述分析符合版权法的规定,本院同意地区法院对上述两个问题的裁决。

按照版权法,当把图片保存在计算机服务器(或是硬盘或者其他存储设备)时,图片就成为固定在有形媒介物上的作品。当计算机所有者将图片放到计算机屏幕上或者把电子图片传输给其他人时,计算机所有者就展示了图片的复制品。毫无疑问,Google 的计算机服务器里存有 Perfect 10 的缩略图片,并将这些缩略图提供给其用户,因此 Google 侵犯 Perfect 10 缩略图展示权的情形符合"具备初步事实证据的直接侵权案件"的要求。

然而,当 Google 通过内网链接的方式展示 Perfect 10 全尺寸的图片时,却并没有侵犯其全尺寸图片的展示权,因为 Google 的服务器里并没有储存这些图片,其并没有版权意义上的图片的复印件。换句话说,Google 没有固定作品的媒介,因此不能通过媒介复制、传输作品的复印件。(《美国法典》第 17 编 101 条)

Google 并没有提供图片的复印件,而只是提供了引导用户浏览器到达含有全尺寸图片的网站的 HTML 指令。提供 HTML 口令并不是提供复印件。首先,HTML 指令是文本信息而不是图片信息,其次,HTML 指令本身不会使侵权图片出现在用户的计算机上,它只给用户提供了侵权图片的地址。浏览器同储存侵权图片的计算机相互作用,这样用户才能在自己计算机上看到侵权图片。Google 可能为用户获取侵权图片提供了便

---

① Ibid at 15458 See Perfect 10,416 F. Supp. 2d at 843—45.

利,但是这种提供便利的行为只有可能让 Google 承担"帮助侵权责任"①,而不产生直接侵权责任。Google 的计算机服务器里并没有储存全尺寸的侵权图片,这些侵权图片是储存在含有该图片的网页发布者的计算机里面。

(2)发行权

地区法院决议,对 Perfect 10 提出的 Google 侵犯其全尺寸图片的发行权的诉求将不予支持。②

地区法院认为,发行是对复印件的事实上的传播。③ Google 并没有把全尺寸的图片提供给用户,因此并没有发行这些图片。

本院认为,地区法院对这一问题的分析符合版权法的规定。版权法规定了版权所有人可以通过销售或者转让或者租赁或者出借的形式发行作品的复印件。这里的"复印件"指的是载有作品的物质媒介。美国最高法院指出,复印件可以通过电子传输的方式发行。④ Google 的搜索工具为用户提供了如何找到全尺寸图片的 HTML 指令,但是 Google 并没有发行侵权图片的复印件。

(二)间接侵权

地区法院裁决,根据帮助侵权和替代侵权原则,Google 不应承担通过内网链接 Perfect 10 全尺寸图片的间接侵权责任。⑤

---

① Ibid at 15461 See Metro-Goldwyn-Mayer Studios, Inc v. Grokster, Ltd. ,545 U. S. 913,929—30(2005),Napster,239 F. 3d at 1019.

② Ibid at 15463 citing Perfect 10 416 F. Supp. 2d at 844—45.

③ Ibid at 15463 citing Perfect 10 416 F. Supp. 2d at 844.

④ Ibid at 15463 See N. Y. Times Co. v. Tasini,533 U. S. 483,498(2001).

⑤ Ibid at 15475. 地区法院裁决,Perfect 10 提出的 Google 对其缩略图直接侵权的诉求将可能得到支持,因此这里地区法院只讨论 Google 对 Perfect 10 全尺寸图片(不需讨论对缩略图的间接侵权问题)间接侵权是否要承担间接侵权责任。

地区法院认为关于 Google 是否对 Perfect 10 全尺寸图片实施帮助侵权或者替代侵的问题，Perfect 10 可能无法证明它在这个问题上具有优势的法律依据。① 在审查地区法院的裁决中，本院遵循美国最高法院对间接侵权的解释：即，帮助侵权是指一方故意引诱或者鼓励第三方直接侵权；替代侵权是指一方从第三方的直接侵权中获利并且没有采取措施阻止或者限制第三方的行为。②

(1)间接侵权的条件之一：第三方的直接侵权

Google 承担间接侵权责任的前提是，Perfect 10 证明存在第三方的直接侵权。③

Perfect 10 宣称，第三方的直接侵权方式有三种。

首先，第三方的网站未经 Perfect 10 的许可直接复制、展示和发行其图片。Google 对这一点没有异议。

其次，Perfect 10 宣称 Google 的搜索引擎用户下载并储存 Perfect 10 的图片，直接侵犯其版权。但是 Perfect 10 没能提出相关证据。

再次，Perfect 10 宣称 Google 的搜索引擎用户在登录侵权网站时其浏览器自动高速缓存 Perfect 10 的全尺寸图片，因此构成直接侵权。地区法院驳回 Perfect 10 这一请求，认为，高速缓存器的这种储存可能构成"合理使用"。④ 地区法院推理，浏览器的高速缓存不具备商业性，具有转换性使用性质，对作品的市场

---

① Ibid at 15475 See Perfect 10, 416 F. Supp. 2d at 856, 858.
② Ibid at 15475 Citing Grokster, 545 U. S. at 930.
③ Ibid at 15475 See Napster, 239 F. 3d at 1013 n. 2.
④ Ibid at 15476 See Perfect 10, 416 F. Supp. 2d at 852. n. 17.

潜在影响微乎其微,同时该使用符合"合理使用"的四个条件。对此,本院予以支持。

综上所述,本院认为,本案中存在第三方的直接侵权。

(2)帮助侵权

"Grokster 案"详细地列出了帮助侵权的构成要件。一方故意引诱或者鼓励第三方直接侵权即构成帮助侵权。帮助侵权责任具体分两种:(1)一方通过具体的行为积极鼓励或者引诱另一方直接侵权;(2)一方向另一方发布用来侵犯版权的产品(该产品已经达到实质上或者满足商业意义上的侵权)。①

Google 援引"Sony 案",认为不能因为自己提供或者销售用来侵犯版权的产品(这里指是 Google 的搜索工具)就要承担帮助侵权责任。由于 Perfect 10 并没有以这种帮助侵权作为提出自己请求的基础,因此本院需要审查 Google 是否会因为第一种帮助侵权而承担责任。

从"Grokster 案"中,我们得出结论:必须在故意为侵权提供帮助情况下,才会承担帮助侵权责任。在分析帮助侵权的案例时需要依据来源于普通法的"过错责任原则",②必须把责任归咎于其故意上。

本院对援引"Grokster 案"提出的归责原则审查帮助侵权责任。本院也援引了 Gershwin Publishing Corp. v. Columbia Artists Management, Inc. 的一般规则:一方明知有侵权行为却引

---

① Ibid at 15477 Citing Grokster, 545 U.S. at 942.
② Ibid at 15478 . Citing Grokster, 545 U.S. at 934—35.

诱、导致或者实质上帮助另一方侵权行为的实施,应当承担帮助侵权责任。①

本院在"Napster案"中对网络中的帮助侵权责任承担规则进行了进一步阐述:②如果计算机系统运营者知道其系统上存在具体的侵权材料却没有从其系统上移除该材料,则该运营者知晓并为直接侵权因为提供了帮助。

地区法院认为,假设Google明知在其服务器上存有侵权作品,由于Google没有积极鼓励其用户访问侵权网站,也没有使侵权网站从中获利,因此Google并没有实质上为第三方侵权行为提供帮助。③ 本院认为,地区法院的这一分析是错误的。毫无疑问,Google为网站向全世界发行侵权图片提供了实质性的帮助,也实质性地帮助了全世界的网民获得侵权作品。根据本院审查帮助侵权责任的规则,本院认为,如若Google明知通过其搜索引擎可以获得Perfect 10的图片,并且Google可以采取简单的措施来减少对Perfect 10版权的侵害但是没有采取相应的措施,那么Google就应当承担帮助侵权责任。

但是"Perfect 10向Google发出通知"以及"Google对通知的回应"这两个事实存在争议,而且Google是否能够采取合理的、可实施的措施停止提供侵权作品也存在事实上的争议。因此,就Google是否因其内网链接Perfect 10图片构成帮助侵权

---

① Ibid at 15479. Citing Gershwin Publishing Corp. v. Columbia Artists Management, Inc., 443 F. 2d 1159, 1162(2d Cir. 1971). See Ellison, 357 F. 3d at 1076; Napster, 239 F. 3d at 1019; Fonovisa, Inc. v. Cherry Auction, Inc., 76 F. 3d 259, 264(9th Cir. 1996).

② Ibid at 15479. Citing Napster, 239 F. 3d at 1019—20.

③ Ibid at 15481 Citing Perfect 10, 416 F. Supp. 2d at 854—56.

这一诉求将发回原地区法院重审。

(3)替代侵权

从"Grokster案"我们知道,一方从另一方的直接侵权中获利并且拒绝行使制止该侵权行为的权利则属于替代侵权。① 原告需要举证被告具备"控制"②侵权方的能力并且被告从侵权方的直接侵权中获利。因此,Perfect 10 需要举证 Google 有权并且有能力制止或限制第三方网站的侵权行为,并证明 Google 从该侵权行为中获利。然而 Perfect 10 无法证明 Google 有制止或限制第三方侵权的权利。③

"Napster案"中,Napster要求用户注册,并且有权利取消用户账户使其不能享有 Napster 提供的服务。因此其有权利和能力防止其用户从事侵权行为。然而 Google 无法阻止第三方网站的侵权行为,因为这些侵权行为发生在第三方网站,Google 无法关闭第三方网站或者屏蔽其提供侵权图片的功能。④ 同时地区法院认为,Google 系统的监控功能具有局限性,不可以分析网上的每一张图片,并将这些图片与现存的受版权保护的图片进行对比来识别哪些图片属于侵权图片。

综上,本院认为,Perfect 10 无法举证证明 Google 具备阻止或限制第三方网站的权利和能力,因此本院同意地区法院的判

---

① Ibid at 15482 Citing Grokster,545 U. S. at 930.
② 这里的"控制"指的是有权并且有能力监督直接侵权人。
③ Ibid at 15478 Citing Grokster,545 U. S. at 930 Perfect 10 不能证明 Google 同第三方网站签订类似 Fonvisa 案中的合同,在这种合同下 Google 有权限制第三方网站复制、展示、发行 Perfect 10 的图片。
④ Ibid at 15485,Citing Perfect 10,416 F. Supp. 2d at 831.

决,Perfect 10 无法证明 Google 其在替代侵权诉请中所具备的"控制"能力。① 因此,Google 无需承担替代侵权责任。

四、被告的抗辩

(一)合理使用

在 Perfect 10 诉 Google 搜索引擎侵犯其缩略图展示权的诉讼中,Perfect 10 表面上已经具备初步事实证据,因此 Google 需要证明其对缩略图的使用是"合理使用",不构成对 Perfect 10 版权的侵犯。②

在考虑某一使用作品的实行是否属于"合理使用",应当考虑四个因素:

1. 使用的目的与性质,包括该使用是商业性使用或是基于非营利性教育目的的使用。
2. 被使用作品的性质
3. 使用部分的数量和质量
4. 对作品市场的潜在影响

(1)使用的目的和性质

这一因素的核心在于考虑使用该作品是否是对原作品进行了转换,以及在何种程度上对原作品进行了转换。③ 转换性作品不只代替了原作品,而且在原作品的基础上添加了新的特点,添加了新的表达形式或者想要传达的意思。

Google 对 Perfect 10 缩略图的使用具备高度转换性。版权

---

① Ibid at 15486. Citing Perfect 10,416 F. Supp. 2d at 858.
② Ibid at 15464. See 17 U. S. C. § 107.
③ Ibid at 15467 Citing Campbell,510 U. S. at 579.

人可能是基于娱乐或者审美等因素创作图片,但是搜索引擎的使用完全改变了图片的功能,它把图片转换为用户搜索所需信息的方向针,搜索引擎作为一个电子查阅工具也会带来社会公众利益。因此Google在其搜索结果中显示Perfect 10的图片并没有减弱其对图片使用的转换性。

地区法院认为,手机用户会下载Google提供的缩略图而不会下载Perfect 10的正版图片。同时也指出,Google搜索引擎的商业性质不利于判定其对图片进行了转换性使用。

本院认为,考虑到Google搜索引擎给公众带来的利益,该搜索引擎对缩略图使用的高度转换性超过了其取代原作品和商业性的程度。同时,本院不支持地区法院的下述观点:Google对缩略图的使用代替了手机用户下载使用Perfect 10的图片。本院认为,Google对缩略图的转换性使用程度明显高于其偶然的代替使用或者其搜索引擎轻微的商业性使用程度。

(2)被使用作品的性质

Perfect 10的图片具有创作性,而且之前已经公开发行。[1] 首次发行权是作者享有的第一次公开发行作品的权利。[2] 公开发行权包括作者选择何时、何地、以何种方式公开自己的作品,且发行权一次用尽。当Perfect 10通过上传图片到网上实施其对图片的发行权之后,Perfect 10就失去了版权法对未发行作品的保护。由于其已在网络上发布,即使Google的行为不存在,

---

[1] Ibid at 15472 Citing Perfect 10, 416 F. Supp. 2d at 850.
[2] Ibid at 15472 Citing Harper & Row, 471 U. S. at 564.

公众亦可登录原告网站获得原告作品。因此,本院支持地区法院的观点:在被使用作品性质的认定上,该因素只是稍稍有利于Perfect 10。

(3)使用作品的数量和质量

考虑到搜索引擎的功能,本院认为 Google 对 Perfect 10 缩略图的全部使用是合理的。因为,Google 需要使用完整的缩略图,这样用户才可以识别图片并判断是否通过该图片的链接进行进一步的搜索。如果 Google 只显示一部分缩略图,用户会很难辨认该图片的有用性,从而降低了搜索引擎的使用效率,因此本院认同地区法院的判决:这一因素没有对任何一方有利。

(4)对作品市场的潜在影响

地区法院认为,Google 对缩略图的使用没有影响 Perfect 10 的潜在市场。而且 Google 对缩略图的使用极具转换性,因此很难推断出其对图片的使用具有市场代替效应。[1]

地区法院认为,手机用户免费从 Google 上下载到缩略图,会对 Perfect 10 手机用户市场造成影响。[2] 但是没有证据表明 Google 用户下载缩略图到手机上,这项潜在的市场影响没有得到证实。因此,本院认为,这项因素没有对任何一方有利。

综上,本院认为,Google 对 Perfect 10 缩略图的使用目的完全不同于 Perfect 10 的目的,Google 对其缩略图的使用给公众带来巨大利益。鉴于版权法的目的之一是为了扩大公众利益,

---

[1] Ibid at 15474 Citing Campbell,510 U. S. at 591.
[2] Ibid at 15474 Citing Perfect 10,416 F. Supp. 2d at 851.

又结合考虑"Google 对缩略图的使用极具转换性"以及"未证实手机用户下载缩略图"这两个因素,本院认为,Google 对 Perfect 10 缩略图的使用属于合理使用,同时本院决定取消对 Google 使用缩略图的诉前禁令。

(二)千禧年数字版权法(Digital Millennium Copyright Act DMCA)

Google 提出它应当符合《千禧年数字版权法》第二部分(美国法典第 17 编第 512 条)中规定的对其责任限制的条件("避风港规则"[①])。由于地区法院决议,Google 将可能不会承担 Perfect 10 提出的帮助侵权或者替代侵权责任,因此在地区法院的审理中没有涉及 Google 的这一抗辩。地区法院在重审 Google 间接侵权责任时则需要考虑 Google 是否满足"避风港规则"的条件。

(三)本案的情况

本院认为,Amazon.com 仅仅通过 HTML 指令引导用户登

[①] 主要规定体现在 DMCA 第 512 节第(d)条中,即(d)信息定位工具——服务提供商因为通过使用信息定位工具,包括目录、索引、指南、指示或超文本链接,将用户指引或链接至一个包含了侵权材料或侵权行为的在线站点而侵犯版权的,服务提供商不承担经济赔偿责任,除非在(j)款中有规定,也不对禁令或其他衡平性救济承担责任,如果该服务提供商——

(1)——

(A)不实际知晓材料或行为是侵权的;

(B)在缺乏该实际知晓状态时,没有意识到能够从中明显推出侵权行为的事实或情况;或

(C)在得到知晓或意识到(侵权行为)之后,迅速移除材料或屏蔽对它的访问;

(2)服务提供商在具有控制侵权行为的权利和能力的情况下,没有从侵权行为中直接获得经济利益;以及

(3)在得到(c)款第 3 项所述的指称侵权通知后,作出迅速反应,移除被指称侵权的材料或侵权行为的内容,或屏蔽对它们的访问。

录 Google 的计算机并获取缩略图,或者到第三方计算机上获得全尺寸的侵权图片。因此,Amazon.com 没有侵犯缩略图和全尺寸图片的展示权和发行权。

Amazon.com 没有监督 Google 或者第三方侵权行为的权利和能力,也没有证据显示 Amazon.com 从侵权行为中获利,因此 Amazon.com 不承担替代侵权责任。

然而地区法院没有考虑 Amazon.com 是否知悉其服务器上有无侵权作品,[①]是否能够采取简单措施防止侵害扩大。Perfect 10 虽已向 Amazon.com 发出通知,告知其网站方便了用户获得侵权照片。然而,这些通知是否使 Amazon.com 知晓其系统中存在侵权图片是存在争议的;此外,Amazon.com 是否可以采取合理的措施停止用户获得侵权图片但是没有采取措施,这个事实也是存在争议的;地区法院也没有考虑 Amazon.com 是否满足《千禧年数字版权法》第二部分规定的"避风港规则"的条件。因此,本院决定,地区法院重审 Amazon.com 是否需要承担帮助侵权责任,以及审查其是否满足"避风港规则"的条件。

五、本院结论

综上所述,法院的结论如下:

(1) 本院认定 Google 对 Perfect 10 缩略图的使用属于合理使用,因此推翻地区法院关于 Google 对缩略图的使用属于直接侵权的判决,并撤销对 Google 使用 Perfect 10 缩略图

[①] Perfect 10,Inc. v. Amazon.com,Inc. 508 F. 3d. 1146(9th Cir. 2007),amending 487 F. 3d 701(9th Cir. 2007)Citing Napster,239 F. 3d at 1022.

的诉前禁令。

(2)由于没有考虑 Google 和 Amazon.com 是否知悉侵权行为而没有采取合理可行的措施阻止侵权行为,地区法院错误的分析了 Google 和 Amazon.com 是否存在间接侵权[①]这一问题,并认为 Google 和 Amazon.com 无需承担间接侵权责任。本院推翻上述判决。在审理 Google 和 Amazon.com 是否应当承担间接侵权责任这一问题时,需要进行大量的事实调查,因此,本院决定发回地区法院重审。

---

① 该间接侵权是指帮助侵权。

12. 凯利诉阿里巴软件公司案

一、案件概况

（一）审理法院　　美国联邦第九巡回区上诉法院
（二）案　　由　　阿里巴软件公司（Arriba Soft Corp.）搜索引擎侵权案
（三）上　诉　人　　凯利（Leslie Kelly）
（四）被上诉人　　阿里巴软件公司（Arriba Soft Corp.）
（五）诉讼结果　　部分维持原判，部分撤销原判，部分发回重申

二、案件事实

Leslie Kelly（以下称 Kelly）是一名职业摄影师，拍摄了很多受版权保护的美国西部风景照片，并把这些照片放到自己的网站上，或通过与第三方签订授权协议后，同意第三方上传到其网站上。Arriba Soft Corp.（以下称 Arriba）有一款搜索引擎软件，其搜索结果是以图片形式而不是文字形式显示。Arriba 通过拷贝其他网站的图片来建立自己的图片数据库。用户双击搜索结果中的缩略图便可以在 Arriba 的网页中看到缩略图的全尺寸图样。

Arriba 还开发了一款可以下载网页上图片的软件。该软件将网页上全尺寸的图片下载到 Arriba 的服务器上，利用全尺寸图片生成缩略图，然后删除全尺寸图片。虽然用户可以下载并使用缩略图但由于图片分辨率低，放大图片会导致图片失真。1999 年 1—6 月，用户双击 Arriba 搜索结果中的缩略图会出现

"图片属性"这个界面,该界面通过内网链接的方式展示全尺寸图片,图片周围分布着图片的文字介绍、上一页网站的链接和 Arriba 标识以及相关广告。

1999 年 7 月到 2000 年 8 月,Arriba 的搜索结果的缩略图旁边显示"来源"和"详细信息"两个链接。点击"详细信息"链接,可以看到类似"图片属性"这个界面,但是显示的不是全尺寸图片而是缩略图;点击"来源"链接将会出现另外两个窗口,最上面一个窗口显示全尺寸图片,中间一个窗口显示的是缩略图,最下面的窗口是 Arriba 网页。

1999 年 1 月,Arriba 的软件从 Kelly 的网站上下载了 35 张图片,Kelly 发现后向 Arriba 发出通知。随后 Arriba 删除了缩略图,并禁止其软件从 Kelly 网站上直接下载图片。几个月之后,Kelly 又声称 Arriba 软件从第三方网站上下载并使用其照片,Arriba 随后禁止了其软件从第三方网页上下载 Kelly 的照片。

Kelly 控诉,Arriba 侵犯了其对缩略图的展示权、复制权和发行权。Arriba 承认 Kelly 的诉讼具备初步事实证据,但是只承认侵犯了 Kelly 缩略图(不是全尺寸图片)的展示和复制权,Kelly 提出的诉讼具备初步事实证据。

Arriba 抗辩其对图片的使用是合理使用。

地区法院的判决有越俎代庖之嫌。在简易裁判中,地区法院认为 Arriba 对 Kelly 的缩略图和全尺寸的使用均属合理使用。但是,Kelly 只提出 Arriba 侵犯了其缩略图的版权,Arriba 也只承认 Kelly 提出 Arriba 侵犯其缩略图(不是全尺寸图片)的展示和复制权方面的诉求,Kelly 提出的诉讼具备初步事实证据。地区法院认为,Arriba 对 Kelly 的缩略图和全尺寸图片的使用具有高度转换性,并且这种使用并没有对 Kelly 的作品产生市场代替效应。

三、上诉法院的判决意见

本院重新审查了地区法院的简易裁判[①]以及其对"合理使用"原则的运用。地区法院在做出其判决时需要考虑 Arriba 的两个行为,第一个行为是 Arriba 对 Kelly 照片的复制,利用这些复制件生成缩略图并将这些缩略图展示在搜索结果中;第二个行为是当用户点击缩略图时,Arriba 会提供全尺寸图片。对于第一个行为,本院支持原地区法院的判决,Arriba 是合理使用;但是对于第二个行为,本院认为地区法院不应当对该事项做出判决,因为原告和被告双方都没有要求法院对使用全尺寸图片是否侵权做出简易裁判。

(一)Arriba 的第一个行为属于合理使用

版权所有人享有复制、发行、公开展示作品复印件的权利,这些权利都具有排他性。在侵权案件中,原告需要证明自己对作品拥有所有权以及被告拷贝其作品的事实。[②] Arriba 承认,Kelly 提出的 Arriba 侵犯其缩略图版权的诉讼具备初步事实证据,并提出合理使用作为抗辩。

在判断某该行为是否是合理使用时,需要考虑四个因素。

---

① Los Angeles News Serv. V. Reuters Television Int'l. Ltd. ,149 F. 3d 987,933(9th Cir. 1988).

② Hustler Magazine,Inc. v. Moral Majority,Inc. ,796 F. 2d 1148. 1151(9th Cir. 1986).

(1) 使用的目的与性质

1. 商业性

最高法院认为,对受版权保护的作品进行商业性使用并不意味着该行为就不是合理使用①,"主要是要看新作品是完全取代了原作品还是在原作品的基础之上添加了一些新的元素,并且新添加的元素可以带来新的目的、意义、性质,改变了以前作品的表达;换句话说,新作品是否并且在多大程度上具备转换性。"②

毫无疑问,Arriba网站对Kelly照片的使用具备商业性,但是这种商业使用同传统意义上的商业使用相比具有偶然性,且其对照片的利用程度也没有传统意义上的商业利用程度高。③ Arriba并没有利用Kelly的照片来宣传自己的网站,也没有出售Kelly的照片来营利。相反,Kelly的照片只是其数据库中成千上万的图片中的一部分,由于Arriba对照片的使用不具有高度开发利用性,因此Arriba对照片的商业性使用这个因素仅对其行为构成合理使用的抗辩的成立稍稍不利。

2. 转换性

虽然Arriba完全复制了Kelly的照片,但是缩略图比原图小很多,分辨率也很低。更重要的是,缩略图的使用目的和Kelly原图片的使用目的完全不同。Kelly原图片是为了达到美学

---

① Campbell v. Acuff-Rose Music, Inc., 510 U.S. 569, 579, 114 S. Ct. 1164, 127 L. Ed 2d 500(1944).

② Campbell v. Acuff-Rose Music, Inc., 510 U.S. 569, 579, 114 S. Ct. 1164, 127 L. Ed 2d 500(1944).

③ See, e.g., A&M Records, Inc. v. Napster Inc., 239 F. 3d 1004, 1015(9th Cir 2001).

意义上的欣赏目的,属于艺术作品。Arriba 对缩略图的使用目的和美学欣赏没有任何关系。Arriba 的搜索引擎是给网上图片编目并且方便用户获得图片的工具。而且,用户也不可以放大图片达到美学欣赏的目的,因为缩略图的分辨率较低,一旦放大,照片便会失真。

Kelly 声称 Arriba 完全复制了其图片而没有添加任何新元素,因此 Arriba 对图片的使用不具备转换性。一般而言,在另一种媒介中不加任何修改地重新传送作品不符合合理使用的要求。但是本案中,Arriba 的行为不只是对 Kelly 照片的再现,Arriba 对缩略图的使用目的完全不同于 Kelly 的目的。因此,Arriba 对缩略图的使用没有取代原照片的目的,相反,这种使用是对照片的另一种使用,具备转换性。

版权法的目的是为了促进创造,给公众和社会带来利益。Arriba 对 Kelly 照片的使用符合了版权法的目的,也满足了合理使用。缩略图并不会遏制艺术创造因为对它的使用不是为了达到美学意义的欣赏,因此它不会减少人们对原作品的需求。此外,缩略图的使用方便了公众从网络上获得需要的信息,给公众带来利益。

考虑到 Arriba 对图片使用对公众带来的利益以及其具有转换性,本院认为该因素对 Arriba 有利。

(2)被使用作品的性质

版权法保护具有创造性的作品,事实本身不受版权的保护。[1]

---

[1] A&M Records, 239 F. 3d at 1016 citing Campbell, 510 U. S. at 586, 114 S. Ct. 1164.

Kelly 的作品给公众提供美学意义上的欣赏，其作品具备创造性。其次，作品是否已经出版也是需要考虑的一个因素。① 对已出版的作品使用更有可能构成合理使用。Kelly 的照片已经出现在网上。本院综合考虑作品的创造性和作品是否出版这两个因素，认为该因素只是稍稍有利于 Kelly。

(3)使用部分的数量和质量

虽然对作品的全部复制并不意味着肯定不会构成合理使用，但是复制作品的全部将对构成合理使用的抗辩的成立会造成不利。② 个案中，由于使用的性质和目的不同，对原作品使用的数量和质量也不同。③ 如果为达到使用的目的，即使使用了大部分原作品，也可能构成合理使用。

本院认为，该因素没有对任何一方有利。虽然 Arriba 复制了 Kelly 的整张照片，但是 Arriba 的行为是合理的。Arriba 需要拷贝整张照片，这样用户才能根据照片判断自己是否需要使用该照片以获得更多信息，否则用户会无法判断该图片是否具有有用性，从而降低了 Arriba 搜索引擎的功能。

(4)对作品潜在市场的影响

Kelly 照片主要面向如下市场：首先 Kelly 利用自己的照片吸引因特网用户登录到自己销售书籍和旅行套件的网站；其次 Kelly 可以向其他网站或者照片数据库销售自己的照片。

---

① Harper & Row Publishers, Inc. v. Nation Enters. , 471 U. S. 539, 564, 105 S. Ct. 2218, 85.

② Worldwide Church of God, 227 F. 3d at 1118.

③ Campbell, 510 U. S. at 586—87, 114 S. Ct. 1164.

Arriba 对 Kelly 照片缩略图的使用并不会造成对其潜在市场的影响。首先,用户可以通过缩略图登录到 Kelly 的网站,不会因为 Arriba 使用缩略图而减少 Kelly 网站的登录人数;其次即使用户对 Kelly 的照片感兴趣,他们可以通过搜索结果中的缩略图进入 Kelly 的网站看到全尺寸图片。缩略图不可能代替全尺寸的图片,因为放大低像素的缩略图会导致图片失真。

Arriba 对 Kelly 照片的使用也不会影响其销售和授权其他网站使用其全尺寸照片。Arriba 并不销售缩略图也没有授权第三方使用缩略图,下载缩略图的用户也不可能销售放大以后的缩略图,因为图片放大就会失真。因此只有进入 Kelly 的网站才可以获得全尺寸的图片。因此,这个因素有利于 Arriba。

综合考虑了上述四个因素,本院认为 Arriba 对照片合理使用的抗辩成立。

(二)对全尺寸图片侵权

如前所述,地区法院对 Arriba 内网链接 Kelly 全尺寸图片是否构成合理使用也做出了简易裁判。地方法院不应对原告未提出的请求做出简易裁判。[1] 双方都没有提出全尺寸图片是否侵权的诉求。因此,本院撤销原地区法院该判决,并发回原地区法院重新进入审理程序。

四、上诉法院的结论

本院认为,根据版权法,Arriba 对 Kelly 照片的复制并通过

---

[1] Kilroy v. Ruckelshaus,738 F. 2d 1448,1452(9th Cir. 1984).

复制作品生成缩略图供 Arriba 搜索引擎使用的行为属于合理使用。在此，本院同意地区法院判决；然而，本院认为地区法院不应对 Arriba 通过内网链接 Kelly 全尺寸照片是否构成合理使用做出简易裁判，本院撤销地区法院这一判决并发回原法院按照本院意见重新审理。

13. 欧洲足球联合会等诉布瑞斯科姆等案[①]

一、案件背景

(一)审理法院　英国高等法院大法官法庭(THE HIGH COURT OF JUSTICE, CHANCERY DIVISION)
(二)案　由　网络服务提供者布瑞斯科姆等直接侵权案
(三)判决时间　2006年5月5日
(四)诉讼两造
　　原　告
　　欧洲足球联合会(the Union of European Football Associations)
　　英国天空广播集团(British Sky Broadcasting Group PLC)
　　英国天空广播有限公司(British Sky Broadcasting Limited)
　　被　告
　　基思·布瑞斯科姆(Keith Briscomb)、温迪·弗里曼(Wendy Freeman)、AJ.儒士比(AJ Rushby)
(五)诉讼阶段　一审,现已审结
(六)诉讼结果　根据原告申请,做出简易判决

二、案件事实

第一原告欧洲足球联合会("欧足联")(the Union of Euro-

[①] Union des Associations Europeennes de Football(UEFA) v Briscomb, 2006 WL 1635072,[2006] EWHC 1268(Ch).

pean Football Associations)是欧洲区各项足球事务的管理机构,第二原告英国天空广播集团("天空集团")(British Sky Broadcasting Group PLC)是一家经营管理着多个卫视频道的集团股份公司,第三原告英国天空广播有限公司("天空有限")(British Sky Broadcasting Limited)是天空集团的全资子公司,负责集团旗下各卫视频道的节目播放。①

欧足联致力于组织、推进高水平职业竞赛,其欧洲冠军联赛("冠军杯")(the European Champions League)是欧洲俱乐部间的顶级赛事。全球多达1.5亿的观众会收看其赛时节目;近百家广播商通过与欧足联订立合同,取得了赛事的播放许可;每次比赛时,赛场当地的广播商作为主播放机构,制作多边广播信号,传送到自己及其他经许可广播商所覆盖的地区,其他广播商再以自主方式转换信号以供其播放。②

与此同时,欧足联为增强冠军杯节目的影响力、提高赛事知名度,为节目量身打造了统一的品牌宣传,包括节目内容滚动条、赛事间隙播放的短片、欧足联的"星球"标志以及专门制作的配乐——"冠军杯"音乐;这些都是冠军杯的附属作品。③

三名被告——基思·布瑞斯科姆(Keith Briscomb)、温迪·弗里曼(Wendy Freeman)、AJ. 儒士比(AJ Rushby)均从事网络服务的个人,通过 www.sportingstreams.com 网站及其他一些包含"体育流媒体"关键词的近似或关联网站,为其用户提供

---

① Id.
② Id. Citing: The claim of the claimants, para. 3, 4.
③ Id. Citing: Id. , para. 5.

他人的节目以供观看。该服务的原理是,被告使用电脑以数字形式抓取并处理相关节目,将其转换为可以通过"数据包"形式在线传播的数字信号。在上述节目抓取及信号制作的过程中,被处理节目的每一部分都要复制到被告电脑上;随后,这些部分又会随着数字信号的传播和节目的处理,复制到接受数据流量的被告用户的电脑上。原告声称,被告用这种方式,通过网络传播了大量由天空频道、独立电视频道录制的欧足联冠军杯赛事节目。[①]

三、两造的主张及法院的判决理由

原告诉称,被告向公众传播/授权他人传播冠军杯赛事节目的行为、复制/授权他人复制上述节目的行为侵犯了欧足联的版权。原告请求法院:签发禁令;要求被告上缴侵权物品;根据原告的选择,或调查(原告所遭受的)损害大小,或调查(被告的)利润额;发布法庭命令,判令被告承担一切支出、进一步的救济和诉讼费。

被告本人或任何代表均未出庭。

大法官法庭判决意见:

(一)欧足联享有相关节目及附属作品的版权

首先,众多广播商与欧足联的合同证明,欧足联是天空广播(BSkyB)和独立电视(ITV)录制的节目的版权人;欧足联关于附属作品创作过程的陈述和提交的相关合同也证明,其同时也是

---

① Id. Citing: Id., para. 14, 16, 19.

附属作品的版权人。

(二)网络传播行为侵犯节目版权

原告主张,被告向公众传播/授权他人传播上述节目的行为违反了1988年《版权、外观设计与专利法》第20节[1]的规定,侵犯了欧足联的版权。

本问题的争议在于,计算机屏幕显示的节目图像是否是版权法意义上的"物质形式"。原告所援引的先例中,法院认为,尽管1956年《版权法》(the 1956 Act)并未给出"物质形式"一词的定义,但没有理由认为电视监视器(television monitor)所显示的图像不属于"物质形式"的一种。[2] 本案中,计算机屏幕在显像方面的作用与电视监视器没有本质区别,因此不影响被告侵权责任的认定。法院同意上述推理及其结论。

(三)复制行为侵犯节目版权

原告同时主张,被告复制/授权他人复制上述节目的行为违反了1988年《版权、外观设计与专利法》第17节[3]的规定,侵犯了欧足联的版权。[4] 法院同意这一主张。

---

[1] Copyright, Designs and Patents Act 1988(c.48) s.20, 1988 c 48 Pt I c II s 20.
该节针对的是"通过向公众传播侵犯版权"的行为。根据该条的规定,向公众传播广播节目的行为要受到广播节目版权人的限制,该节所谓的"向公众传播"包括"广播"和"允许公众在其个人选定的时间和地点获得作品"方式的电子传输。

[2] UEFA,[2006] EWHC 1268(Ch).Citing: Bookmakers Afternoon Greyhound Services Limited & Ors v Wilf Gilbert(Staffordshire)Ltd [1994] FSR 723.

[3] Copyright, Designs and Patents Act 1988(c.48) s.17, 1988 c 48 Pt I c II s 17.
该节针对的是"通过复制侵犯版权"的行为。其中,有关电影或广播的复制包括作为该电影或广播一部分的图像之全部/实质部分拍照;有关任何作品的复制均包括制作其瞬时复制品或作为对作品的其他使用而附带行为而制作复制品。

[4] UEFA,[2006] EWHC 1268(Ch).Citing: Id. ,para.22.

(四)有关节目版权侵权的其他指控

原告认为,既然被告的计算机存储器存有上述节目的复制品,被告在其经营过程中,占有含有侵权复制品之物的行为,同样侵犯了原告的版权。法官未对原告上述主张发表看法。①

(五)被告行为侵犯附属作品版权

法院认为,原告在请求要点中主张被告侵犯了附属作品("星球"标志、"冠军杯"音乐、间隙短片及节目内容滚动条)的版权,其主张理由充分,应予支持。

(六)救济方式

欧足联诉称,被告行为对其造成了损失与损害。② 不仅如此,原告认为,只要未对被告施以限制措施,其很可能继续其侵权行为;因此有必要对被告签发禁令。原告提交了曾向被告发出的大量警告或引起其注意的通知,要求被告终止侵权活动,但迄今毫无成效;被告显然无视欧足联的版权,只顾从侵权行为中牟取暴利,因此原告同时主张附加损害赔偿金。③

本案中,大量证据已经送达被告。包括有关欧足联如何取得直播节目及其附属作品版权的证据;有关欧足联如何推广、实施"冠军杯"商业概念的证人陈述;有关被告"流媒体"技术的运作原理的证人陈述;有关三名被告直接参与以流媒体方式传播冠军杯赛事的证人陈述和证据。

法院认为,没有必要再讨论证据细节。证据已经表明,大量

---

① Id. Citing: Id., para. 23.
② Id. Citing: Id., para. 37.
③ Id. Citing: Id., para. 39.6.

直播赛事已经或正在遭受被告之传播、复制行为的侵犯。法院认为,原告已经成功确立了其请求依据。

(七)法院的结论

支持原告的简易判决请求,并与原告方律师讨论法庭命令的形式问题。

14. 拳击界促销公司诉西坡俱乐部等案[①]

一、案件背景

(一)审理法院　加拿大联邦法院

(二)案　　由　9012—4314魁北克公司等侵犯体育赛事节目版权(公开表演的权利和通过电信向公众传播的权利)案

(三)判决时间　2003年10月27日

(四)诉讼两造

原　　告

拳击界促销公司(Interbox Promotion Corporation);

被　　告

9012—4314魁北克公司(西坡俱乐部)(9012—4314 Québec Inc. (Hippo Club))、岸吧(BANK-O-BAR)、造物吧(Bar du Zoo)、维尔赛蒂尔吧(Bar Le Versatile Inc.)、2548—8024魁北克公司(埃垂艾吧)(2548—8024 Québec Inc. (Bar L'Étrier))、布如意·李卜80啤酒馆(Brasserie La Broue Lib 80)、台与杆球室(La Queue de Billard)

(五)诉讼阶段　一审,现已审结

(六)诉讼结果　驳回了原告对9012—4314魁北克公司的诉讼请求;部分支持原告对其他被告的请求。

[①] Interbox Promotion Corp. c. 9012—4314 Québec Inc.;2003 CarswellNat 4933;2003 CF 1254,2003 FC 1254,34 C. P. R. (4th)329,253 F. T. R. 1.

二、案件事实

1999年5月28日,在蒙特利尔有一场万众瞩目的拳击比赛,比赛于22点30分开始,不到20分钟即告结束。① 比赛的直播机构有三家,分别为加拿大的按次计费英语、法语节目服务商"深蓝"(Indigo)、"观众之选"(Viewers' Choice)和美国的主题类英语频道"娱乐体育电视网2台"("体育2台")(ESPN 2)。②

原告是该赛事节目的制作方,被告均为魁北克的合法营业机构。原告诉称,其指派的调查公司在比赛当晚走访了236家营业机构,发现其中71家公司不顾原告的政策声明播放了该场比赛;原告起诉了其中49家,大部分已经庭外解决,目前仅有7家仍在诉讼当中。③

三、两造的主张、抗辩及法院的判决理由

原告诉称,被告于比赛当晚,在无权、未经原告许可的情况下为其客户播出比赛的电视节目,该行为侵犯了原告对三台节目所享有的版权。原告请求法院向被告签发长期禁令(permanent injunction),并向每个被告主张补偿性损害赔偿金及惩罚性损害赔偿金(compensatory and exemplary damages)。④

(一)原告的版权

原告主张,被告在未经其许可的情况下播出赛事节目的行

---

① Id.,para.1,2,4,6,7.
② Id.,para.4.
③ Id.,para.4,35.
④ Id.,para.4,8.

为侵犯了原告版权。因此法院分别对本案中的版权标的以及原告据以起诉的必要利益(requisite interest)进行了讨论。

(1)赛事节目属于"作品"

本案中存在应予保护的"作品"吗?

在先例中,法院一贯认为,很难将体育赛事认定为《版权法》上的"作品"。① 尽管如此,体育赛事的电视转播节目(无论是否配以有声评论)却与《版权法》所承认并保护的"以电影或电影摄制方式所制作的录像作品"相似。赛事结果的不确定性赋予其赛事转播作品以原创性(originality)。②

本案中,上述三台节目内容(图像、声音、动画、服装)各不相同,因此为三部独立作品。③

(2)原告具备起诉的"必要利益"

上述三台节目都是经赛事现场的移动演播室制作信号、有线电视运营供应商传输信号、有线或卫星转播,最终通过电视播放的。④

---

① Id.,para. 21. Citing:FWS Joint Sports Claimants v. Canada(Copyright Board),(1991),36 C. P. R. (3d)483(Fed. C. A.),at 489—90.

② Id.,para. 21. Citing:McKeown,John S. Fox Canadian Law of Copyright and Industrial Designs. 3rd ed. Scarborough:Carswell,2000("McKeown"),at 174—75;Canadian Admiral Corp. v. Rediffusion Inc.,[1954] Ex. C. R. 382(Can. Ex. Ct.),at 394—95;Royalties for Retransmission Rights of Distant Radio & Television Signals,Re(1990),32 C. P. R. (3d)97(Copyright Bd.)at 138.

③ Id.,para. 22.

④ Id.,para. 23.
法官在描述上述节目的制作、传输过程时,还强调节目会首先"被固定"在录像带上;但法官在其判决理由的其他部分,并未明确说明本处讨论信号"固定"的用意所在。
根据《版权法》的规定,通信信号的"固定"会影响到其版权保护期限的起算时间,(s.23(1)(c))而通信信号的版权属于广播商,并非本案原告,因此与本案无关,故而将该部分从案情摘要正文中略去。译者注。

1. 原告是两台加拿大节目的版权人

本案中的两台加拿大节目,其制作、记录等必要工作的指导、协调,都是由原告负责的,制作经费也是原告承担的。根据《版权法》的规定,制作人指负责作品制作中的必要安排的人;[1]而且除非证明存在相反情况,否则推定作品中存在版权,制作人被视为版权人;[2]因此原告是这两台节目的唯一版权人。[3] 版权人对其作品所享有的特权中,包括以任何物质形式对作品或其重要部分的创作、复制,以及对作品或其任何重要部分的公开表演等专有权。[4] 其中"表演"可以是"对作品[……]或通信信号[……]以可视形象的表现,包括通过[……]电视接收设备的表现"。同时,版权人还享有通过电信手段向公众传播作品的独占权和授权他人从事该行为的专有权。[5]

因此,原告的利益基础在于版权人所享有的与作品相关的专有权,也即,授权该作品的公开表演的权利和通过电信手段向公众传播的权利。[6]

2. 原告对"体育 2 台"的节目具有必要利益

尽管"体育 2 台"的节目是该台自己制作的,但有证据表明,原告在加拿大境内拥有该节目的独享所有权。[7]

---

[1] Id., para. 24. Citing: The Copyright Act, R. S. C. 1985, c. C-42, s. 2.
[2] Id., para. 19. Citing: Id., s. 34. 1(1).
[3] Id., para. 24.
[4] Id., para. 17. Citing: R. S. C. 1985, c. C-42, s. 3(1).
[5] Id., para. 17. Citing: Id., s. 2, s. 3(1)(f).
[6] Id., para. 20.
[7] Id., para. 25—28. Citing: NFL Enterprises L. P. v. 1019491 Ontario Ltd. (1998), 85 C. P. R. (3d) 328 (Fed. C. A.), à la p. 331; Titan Sports Inc. v. Mansion House(Toronto) Ltd. (1989), 28 C. P. R. (3d) 199 (Fed. T. D.), at 203—4.
尽管原告方为了证明其具有"必要利益",援引的合同条款既可能解释为版权的确认性条款,也可解释为权利转让条款,但法官认为这并不影响本案中原告作为权利主体的适格性。

因此,原告具备《版权法》第36节第1款对于提起诉讼所要求的必要利益。

同时,原告也符合《版权法》第5节的规定;①三部作品亦均在法定保护期内。②

3. 原告的必要利益独立于广播商的版权

需要注意的是,《版权法》将与"作品"和"通信信号"有关的各项权利分别赋予了版权人和通信信号的广播商。③ 即除非证明存在相反情况,否则推定通信信号中存在版权,广播商视为其版权人;广播商对于通信信号的版权包括对组成信号之节目、广告以及其他内容的汇编权,其版权范围窄于作者的版权范围。④根据权威学者的论著,该权利与作品版权相互独立,不影响作品版权的行使。⑤

(3)"版权侵权"的界定及适用

"版权侵权"是指"在未经版权人同意的情况下,实施根据本法规定,版权人才有权实施的任何行为。"⑥当发现版权侵权时,版权人可以主张包括禁令及损害赔偿金在内的各种救济。⑦

本案中,原告许可"深蓝"和"观众之选"两个频道在加拿大境内独占性地传播赛事节目,根据其按次计费的标准,营业机构

---

① Id.,para. 29. Citing:R. S. C. 1985,c. C-42,s. 5(1)(b).
该部分是对于制作人在电影作品制作时的国籍/住所要求,译者注。
② Id.,para. 29. Citing:Id.,s. 11. 1.
③ Id.,para. 16,19. Citing:Id.,s. 34. 1(1).
④ Id.,para. 18. Citing:Id.,s. 21.
⑤ Id.,para. 19. Citing:Id.,s. 34. 1(1),McKeown,supra,at 289.
⑥ Id.,para. 15. Citing:Id.,s. 27. 1.
⑦ Id. Citing: Id.,s. 35,37,39(1),39. 1.

用户需要根据自身的客容量,按每个"合法座位"12.50美元(折扣前)缴费。① 依照原告与其有线电视运营商的约定,原告将获得以上收入的60%。② 原告并未许可任何人在加拿大播出或公开表演"体育2台"的相关节目。③

赛前,原告还与"深蓝"和"观众之选"共同为比赛及收视费率做了宣传。如在1999年4月22日"深蓝"频道新闻中声明,"为鼓励营业机构继续合法地播出'深蓝'频道拥有广播权的体育赛事,赛事当天将实施若干控制程序","任何有违本播放政策的行为可能招致罚款甚至起诉。"④

因此,在加拿大境内任何未经授权便公开表演"体育2台"节目的行为,都将侵犯原告版权;同理,在全世界任何地点未经授权而公开表演上述另两台节目的行为,也将侵犯原告版权。⑤

因此接下来的问题是,被告是否播出了上述节目。⑥

(二)针对西坡俱乐部(Hippo Club)(西坡)的诉讼

诉讼两造对于当晚西坡是否播出了拳击赛各执一词。法院在综合考虑了两造证人在案件中的利益、记忆内容、所述故事的连贯性、语境、特定细节、先前陈述等之后,采信了被告证人的口供,⑦

---

① 居民用户则缴纳59.95美元(折扣前,计税)以收看当晚时长4小时的整档节目。
② Id. ,para.30—33. 对于居民用户,原告能获得前10,000笔缴费的40%及随后交易量的45%。
③ Id. ,para.30.
④ Id. ,para.34.
⑤ Id. ,para.28.
⑥ Id. ,para.36.
⑦ Id. ,para.42.

认为无法认定"西坡"在比赛当晚播放了"体育2台"的相关节目。驳回了原告对"西坡"的诉讼请求。①

(三)针对其他被告的诉讼

尽管听证会通知已按程序发出,但其他六名被告并未出庭。

根据现有证据,在比赛当晚,分别有三名被告的营业机构播出了"深蓝"和"体育2台"的赛事节目,而且上述被告均未订阅"深蓝"的按次付费服务或支付使用费,[也未得到原告授权在加拿大播放"体育2台"的节目],因此其他被告的播出行为侵犯了原告版权。② 关于对原告的救济方式,鉴于原告未能证明被告有侵犯原告其他节目版权的可能性,因此没有必要适用宽泛的禁令性救济。

然而,根据《版权法》"推定作品中存在版权"的规定,应当推定其他被告知晓版权的存在;其他被告也未能证明,他们在播放节目时不知道、且没有合理理由认为该节目不受法律保护,其诉讼程序中的承认恰恰表明被告的知情。况且,原告在节目播出前已经公布了"公开表演"的条件。③

因此,法院对于原告的补偿性损害赔偿金(compensatory damages)请求应予支持。④ 具体数额根据原告损失的利润计算,⑤即总收入为其他被告的客容量与每个"合法座位"12.50美元的

---

① Id., para. 37,63.
② Id., para. 66.
③ Id., para. 68. Citing: Id., s. 34.1(a).
④ Id.
⑤ Id., para. 69. Citing: McKeown, supra, at 656 and in Hugues Richard; Laurent Carrière; Georges T. Robic; and Jacques A. Léger, Canadian Copyright Act Annotated, Vol. 2, (Toronto: Carswell, 2003) at 35—36, and see MCA Canada Ltd. (Ltée) v. Gillberry & Hawke Advertising Agency Ltd. (1976), 28 C.P.R. (2d)52 (Fed. T.D.), at 56.

乘积，再从中减去有线电视运营商的40%份额——上述运营商并非本案的当事人，其独立的诉因应不受影响。①

原告还要求每个被告支付5,000美元惩罚性损害赔偿金。法院认为，"当一般赔偿金与增加的赔偿金之和仍不足以取得惩戒和震慑效果时"，才可以支持惩罚性损害赔偿金请求。② 结合本案情况，在原告、节目服务商及有线电视联营公司已经预警诉讼风险的情况下，其它被告的明知故犯是公然的侵权行为。因此，应当对其课以惩罚性损害赔偿金，以儆效尤。但考虑到其侵权时间及重复侵权的可能性，每个被告500美元的惩罚性赔偿金足以起到震慑效果。

此外，原告有权要求其他被告承担其费用，但无权主张双倍费用。

(四)法院的结论

综上，部分支持原告的诉讼请求：

其他被告及其成员不得从事任何侵犯原告前述节目版权之活动，不得以任何方式向公众传播或公开表演前述节目；准予原告的补偿性损害赔偿金、惩罚性损害赔偿金请求，具体数额依法院裁量；③由其他被告承担原告费用。

驳回原告其他请求。

---

① Id. , para. 70—72. Citing: Id. , s. 13(4), 13(6), 36(2), 36(4); Motel 6 Inc. v. No. 6 Motel Ltd. (1981), 56 C. P. R. (2d)44(Fed. T. D.)à la p. 53; Bishop v. Stevens(1985), 4 C. P. R. (3d)349(Fed. T. D.)à la p. 356 conf. par [1990] 2 S. C. R. 467(S. C. C.); Jeffrey Rogers Knitwear Productions Ltd. v. R. D. International Style Collections Ltd. (1986), 19 C. P. R. (3d)217(Fed. T. D.)at 219—20.

② Id. , para. 73. Citing: Profekta International Inc. v. Lee(1997), 75 C. P. R. (3d)369 (Fed. C. A.)à la p. 372, citing Hill v. Church of Scientology of Toronto, [1995] 2 S. C. R. 1130(S. C. C.)at 1208—09.

③ Id. , para. 65.